U0067205

▶批判教育學導論◀

宋文里　審訂

張盈堃、彭秉權、蔡宜剛、劉益誠　譯

Critical Pedagogy

AN INTRODUCTION
2nd Edition

Barry Kanpol

Translated from the Bergin & Garvey edition of **Critical Pedagogy An** *Introduction,* 2nd Edition, by Barry Kanpol, originally published in the English language by Bergin & Garvey, an imprint of Greenwood Publishing Group, Inc., Westport, CT, USA.

Copyright © 1999 by Barry Kanpol. Translated into and published in the Complex Character Chinese language by arrangement with Greenwood Publishing Group, Inc. All rights reserved.

作者簡介

Barry Kanpol 教授，曾任教於 St. Joseph University (Philadelphia)的教育系，目前為 IPFW (Indiana University-Purdue University, Fort Wayne)教育學院院長。

本圖為 Barry Kanpol 教授近照（攝於 2004 年 5 月）

審訂者簡介

宋文里

美國 University of Illinois (Urbana-Champaign) 博士，現任清華大學社會學研究所（即前社會人類學研究所）教授。

譯者簡介

張盈堃

清華大學社會學研究所碩士，目前為美國 University of Wisconsin (Madison) 課程與教學系博士候選人。

彭秉權

清華大學社會人類學研究所碩士，目前在美國 Ohio State University 的 School of Educational Policy and Leadership 攻讀教育的文化研究博士學位。

蔡宜剛

清華大學社會人類學研究所碩士，曾譯有《非凡小人物》（E. J. Hobsbawn 原著）及其他社會學、文學著作多種。

劉益誠

清華大學社會人類學研究所碩士。

中文版序

Colleagues and Friends:

It is an enormous pleasure to introduce myself. Now Dean of a School of Education in Fort Wayne, Indiana, I am trying to negotiate how elements of critical pedagogy can be inserted programmatically.

For sure, one of the necessary conditions for becoming a critical pedagogist, is to engage both in and out of public schools and higher education as public intellectuals. That means, quite simply, understanding and acting upon elements of the social structure where inequities exist, such as in race, class and gender configurations. As budding criticalists yourselves, you take on the mantle of democratic hopes and possibilities as you instruct the 1000's of students you come into contact with. Your responsibility is to present multiple paradigms of meanings in all your content areas so that students will have the critical capability of choosing their paradigm that they operate out of. In a cautionary note, I urge you NOT to "force" critical pedagogy into the minds of students, for this would be antithetical to a "critical" tradition. Rather, present the arguments of oppressive social structures in a rigorous and fair way so that student themselves can come to the conclusions that critical pedagogy in theory and practice is a viable option to traditional theories. Use your own and other stories to emulate the injustices that surround you. And, while you do that, be mindful of other experiences and differences that engulf your own particular culture.

I wish you all the best as you embark on your new career in whatever teaching field you choose.

Sincerely,

Barry Kanpol

Dean, School of Education

Indiana University-Purdue University

Fort Wayne, Indiana

USA

譯者序

　　批判教育學議題的討論逐漸在台灣的學界受到重視，本書的翻譯大致上也是順應這樣的脈絡。這本書的核心主軸在於概述在教育中的批判理論運動，這個運動在很多的方式上回應了學校對其今日處境的發現，並且透過三個不同年級與人口差異之各地區所完成的教師研究與建立一個跨領域的可能性批判的平台，帶出所謂批判教育學的「批判」元素。在 Kanpol 的看法中，批判教育學是一種嘗試改變學校不平等結構的手段與方法。批判教育學也是個文化政治的工具，它正經地看待人類的差異，特別是關聯至種族、階級與性別議題。在分享批判、奮鬥與希望的語言上，批判教育學試圖鬆緩受到壓迫者，並且終止人類所遭受的許多壓迫的形式。如同 Kanpol 在這本書所傳達的：「批判教育學指的是檢驗的工具與方法，期望藉以改變允許不平等與社會不義的學校結構。批判教育學是一種文化的—政治的工具，它嚴肅地採納人類差異的說法，特別是當這些差異與種族、階級與性別有關的時候。在它最基進的意義上，批判教育學尋求讓被壓迫者不再受到壓迫，以共享的批判的語言、抗爭的語言與鬥爭的語言來團結人們，終結各種形式的人類苦難。……最後，批判教育學也表達人的信仰與信念是如何鑲嵌在學校教育中（頁46）。」因此，在這本書中，Kanpol 致力於讓職前與在職教育工作者成為批判教育學的中堅份子，也就是他所謂的批判教育者，或是 Henry Giroux 所謂的轉化型知識份子，這是指致力去了解在學校周遭與學校裡壓迫性社會結構的教師。因為，批判教育學的理念讓這群教育工作者學會在對抗制度性的混亂、壓迫及精神上的垂死與流亡之中，如何表達他們自己對致

力於教育工作的信念與信心。

　　然而本書並未涉及與分析批判教育學所汲取的各種理論背景，大抵上來說，理論背景包括美國進步主義的傳統（如 John Dewey、Myles Horton, Herbert Kohl, Maxine Greene, Ivan Illich 等等）、巴西的文化識能計畫（如 Paulo Freire, Augusto Boal 等等）、霸權與權力論述（如 Antonio Gramsci 與 Michel Foucault）、法蘭克福學派的批判理論（如 Max Horkheimer, Theodor Adorno, Walter Benjamin, Leo Lowenthal, Eric Fromm, Herbert Marcuse, Jürgen Habermas 等人），以及當代思潮的影響（如後現代主義、後殖民主義、文化研究與女性主義等等）。在批判教育學的發展背景，最重要的關鍵人物乃是巴西的基進教育家 Paulo Freire。他的經典著作《受壓迫者的教育學》（*Pedagogy of the Oppressed*）一書已點出了整個批判教育學論述的核心：如何使受壓迫者參與開展解放的教育學？

　　此外，Freire 描述傳統的教育方法為「囤積式教育」（banking education），這種教育抹煞學生的創造力，使其批判思考的能力變得呆滯。Freire 曾對囤積式教育做如下的定義：在這種教育底下，教育好像是客戶到銀行從事的存款行為，教師是存款者，只要將特定的知識存在學生的帳戶之中，其教育結果便告結束，而學生們要辛苦地加以接納、耐心地背誦，學習的過程便告結束。在這種囤積式教育下，知識成為一種禮物，由自認為「擁有知識的人」贈送這些知識給被判定為缺乏知識的人。學生愈努力將這些被給予的知識儲存起來，則愈不可能發展批判的意義。也就是說，囤積式教育隱含權威的政治意涵，讓受壓迫者內化宰制階級的價值而不知。教育在這種環境底下，成了統治階級傳遞、灌輸特有意識形態的工具，囤積式教育在統治階級的操控下，失去引導人民反省教育本質，而是在反民主、反人道的權威宰制下，締造一個堅固的非人道社會，剝奪人人自由反省、開展存有、創造人性化的存有權。

　　當然，批判教育學不只侷限在Paulo Freire的論述，他的思想也影響到歐洲與北美的教育學者，諸如 Michael Apple、Robert Connell、Roger Dale、Miriam David、Jame Gaskell、Madeleine Grument、Henry Giroux、John Harp、Liv Mjelde、Robin Small、Philip Wexler、Paul Willis、Geoff Whitty、Michael Young、Peter McLaren, bell hooks 等人，當然也包括本書的作者Barry Kanpol。雖然批判教育學發源自拉丁美洲、發揚於美國，其生成發展的環境顯然與台灣的教育脈絡不盡相同，但是批判教育學所標幟的「重新理解教育裡的文化政治意涵」方向，在在展現論題鮮活、論述有力的特徵，我們認為這對台灣教育問題的思考開啟了新思維與新方向。不過，很值得一提的是當批判教育學正開始受到台灣學界重視的同時，它也很快地成為新的消費商品，甚至也溜進補習班的講義裡。別忘了批判教育學一再強調的批判／轉化或是它在開啟批判性的語言／可能性的語言，這是一種結合行動與反省的實踐，沒有行動的反省就是咬文嚼字的空談主義（verbalism），沒有反省的行動則是為行動而行動的盲動主義（activism）。因此，我們一直認為批判教育學很珍貴的地方在於回到某種實用主義的立場，了解在實際的社會或文化脈絡中，社群或行動者抗拒的可能性，就像Kanpol說的：「大抵來說，批判理論是對上述教育問題的一種反映，同時也是一種實用主義的回應。……在批判的社會理論領域內，以及如何理解學校主要只是傳統的場所，本書就是要為讀者提供工具與方法，去『做』批判理論，用非常不同的方法去構想教育（頁45）。」

　　本書的翻譯工作是由張盈堃先作全書的初步譯稿，然後由四人合作校閱，分別是宋文里——第一、第八章，劉益誠——第二、第七章，蔡宜剛——第三、第四章，彭秉權——第五、第六章。最後再由宋文里作全書的逐句校訂。雖然經過這麼多道手續，但疏漏之處仍在所難免，希

望讀者發現時可以直接向譯者們反應，以便未來能再作修訂而使這本書
變得更完善可信。

目　錄

1

故事與新聞：
教育中的個人性與公共性

導論

美國的教育正處在危機的狀態中。過去十年，自從具有影響力的一九八三年國家報告《在危機中的國家》（*A Nation at Risk*）發行以來，產生了很多關於學校與教師角色的討論。《在危機中的國家》這份國家報告有兩個主要的爭議：(a)學校必須在具有競爭性的世界經濟中為學生作預備，以及(b)學校必須符合差異文化的需求[1]。

很多教育期刊與書籍主張，就歷史面來看，學校的初步功能已經是經濟功能──把學生預備為工作的勞力。縱使第二個議題（差異文化）在這個報告中扮演的角色並不吃重，但學校卻更為忽略。結果，Henry Giroux 就指出關於老布希（Bush）總統的「美國 2000」計畫〔這個計畫在柯林頓（Clinton）主政時還持續運作〕的問題：

> 「美國 2000」提出教育領導的觀念，但這觀念所指出的目標及方案和它所未指出的一樣重要。這觀念環繞著選擇學生、標準化測驗以及公立學校的再私有化等預設的議題而組成，而並沒有迫切的意思來表達學校課程作為提升民主生活素養的重要性……舉例來說，「美國 2000」忽略了兒童貧窮、未就業、健康照顧、青少年懷孕、嗑藥、暴力與種族歧視等

等問題[2]。

Giroux 主張教育改革的基本議程只是把經濟福祉再推進一步，但較不在乎文化的關切。文化關切是個低度開發的議題，而在本書中我將把關切的焦點放在此。我不會寫到標準化測驗或學校如何選擇學生，相反地，我的焦點是民主（與文化）議題，並特別注意它們和學校所在的場域之關係。

將此謹記於心，則美國學校體系最大的改革之一，或許有一天會關切到教育圈所謂的多元文化或差異的教育。在嚴重的都市輟學率[3]與逐漸增加的少數移民者的數目之間，有許多的想法已經並且會持續對焦於好幾百萬新移民者與其他在教育上被剝奪的美國人身上，說明什麼才算是公平與正義的教育。然而並沒有足夠的想法進入可執行的方案，使差異團體的教育得以平等化，儘管有少數幾個動機高尚的努力與少數的成功方案，像是「起頭計畫」（Head Start）一樣。在閱讀過 Jonathan Kozol 令人動容的書《野蠻的不平等》（*Savage Inequalities*）之後，可以很清楚地明白，美國的教育是處於可怕的夾縫之中。顯然，面對美國的一般問題，和特別屬於教育的問題，其最大的共同之處是如何建立正義、公平、關懷、照顧的教育體系，以及民主地對待廣大的學生與家長們。這些都是主要議題，在其中批判社會理論得以將它所要面對的工作予以概念化地表達出來。這將是一本批判社會理論以及接續哲學與實踐的書，特別是批判教育學。但在我開始定義之前，我想要把這個導論的章節轉過來描述我個人與公共的生活，

使得批判理論與批判教育學在第二章以後的章節，特別是第八章中，更可以處理。因為親近地關聯至批判理論，使我的在學經驗、我的職前師資培育經驗，以及一些教育上的公眾輿論都比較容易達到一致性。我現在就把我的注意力集中在這部分。

　　我出生在澳洲，在以色列住過十年、在英國一年，住在美國則已經有十二年了〔在中西部俄亥俄州的哥倫布市（Columbus）；南部北卡羅萊納州的格林保羅市（Greensboro）；西部加州的奧蘭耶市（Orange），以及目前住在東岸賓州的哈利斯堡市（Harrisburg）〕。我過去的教育經驗是兼具學生、助教以及教師，這已深深地影響我看待學校，以及特別是在學校之內的教師角色。因為我是如此地投身於教育的場域，所以我經常會忍不住被出現在報端關於教育的特別新聞事件所吸引。

　　在新聞中常會報導前布希總統的「美國 2000」計畫、貧窮層次的提高以及如何影響學校、在教育中經濟所占的角色、標準化測驗，及性別與少數族群議題等等。在某些方面，這些都使我以社會、文化與政治的角度來看待學校的角色。撇開所有的媒體（不論是正向或負向），批判理論者認為學校先天地就是知識分配不平等的地方，大部分而言，是藉由種族、階級與性別來區分。也就是說，不同的人藉由種族、階級與性別的區分，而獲得與／或擁有特權，在不平等的方式上得到教育知識、技巧與課程的特定形式。舉例來說，在一九八〇年代初期，Jean Anyon[4] 描述課程的知識不平等地分配至勞動階級、中產階級與上層階級學校中的不同學生團體。她也描述教師對學生的期望是如何因這些不同的學

校設置而出現差異，接下來又因此加劇他們的期望。簡言之，An-yon 的研究所描述的乃是不公平的階級差異如何再生產。

　　當我反省過去的經驗時，我懷疑自己是否已經成為這個問題的一部分。我如何會涉入這些教育的結構之中——當我在思考學校、教師、學生以及大文化中的一般教育場域之時，這是我一直在問自己與學生的問題。因此，我在教育中的個人經驗，從身為小學與中學的學生，到有學位的學生，到成為公立學校教師，這些都會緊密連結至教育的公共辯論。我問道：我是誰？我的觀點是否近於性別歧視者與／或種族主義者？我到今天還是嗎？我的父母過去是這樣嗎？我如何擁有特權？為何我能擁有特權？我在學校門牆之外所擁有的關係是什麼，這些關係看起來像是什麼？為什麼我想來教書？誰是我喜歡教的對象？我喜歡教的又是什麼？為了成為更好的批判教育學者，我們必須「告解」出這些問題的答案。

　　在這一章，我將對讀者簡介一些關於我在教育方面的個人故事，故事區分成我作為中小學學生、有學位的學生與教師的經驗。然後，我將連結這些故事至一些媒體對教育的呈現。

個人故事

　　我在中小學的日子大多數是在澳洲墨爾本郊區的中產階級學校度過。在這段時間，我上的是一所私立的猶太日間學校，叫作

Mount Scopus College。如大家所知道的，我的學校生涯深遠地影響著我為什麼成為教育者。接下來我個人的故事區分為五個延伸的主題：(a) 威權主義，(b) 性別，(c) 恐懼與作弊，(d) 競爭，以及 (e) 刻板印象。我是就讀於私立學校，但這些主題瀰漫在任何學校體系中，且其壓迫的對象兼及學生與教師。

威權主義

在 Mount Scopus College，學術的嚴格性與制度的一致性是主要的學校哲學。鞋子必須是發亮的黑色，頭髮必須高於耳朵，女孩的內衣必須是灰色的（而且由女性副校長每個月加以檢查），男孩的領帶必須整潔無瑕。男孩在夏天一定穿短袖，即使那天的天氣很冷；在冬天一定穿黑色的寬鬆長褲，即使那天的天氣很熱。作為小學生，我們在遊戲場外，照指定的班級、依字母的順序排成一列。假若任何一個人不遵照這種字母的順序，則我們將會全部被送到男性小學校長 Penny 先生（化名）那邊。Penny 先生的皮帶在我的回憶中猶歷歷在目，我們一個一個排成一列，手掌上接受那皮革刑具鞭打的痛楚。Penny 先生漲紅的臉到現在還讓我忍不住咯咯發笑，和他當年處罰我們的時候一樣。我是有一點反叛，甚至在當時那個年代，還很享受成為被關注的中心。得到這種注意的一種方式，就是偏離簡單的學校規定，像是準確地排隊、準時地到校，每天不用心地學習所列出來的拼字等等。不去順從規則就是一種減緩學校無趣的方式。

　　中學的校長是個矮個兒，瘦小與禿頭，他有變灰的八字鬍與細扁的嘴唇，他總是穿著灰色或黑色的套裝。Penny 先生的眼神深邃、關切與嚴厲。在一九九一年，這是我離開學校的十八年後，再度拜訪他惡名昭彰的辦公室。我坐在辦公室外彷彿我在等他一樣，我回憶起那份昔日的恐懼與緊張，這是我在十二歲的時候，等待被責罵與煩惱的感受。我清晰地回憶起他如何上下打量著我，然後嚴格而諷刺地責備我（他捏著我的耳朵），因為我在通車途中的不良行為（例如我不應當移動至其他的位置）。儘管我現在擁有社會與學術地位，這個校長還是能夠持續地在我的身上注入恐懼。我想起他最愛用的威脅：「Kanpol，我要活活剝下你的皮，把你的屍塊掛在牆上。現在，把襪子拉出來，孩子，滾出去！」十八年後單單因為回憶起這些事件，我的臉就會一陣熱一陣冷。我在想，甚至在我離開了學校後，他還如何監視著我！然後我想起更多的片段至這個記憶的拼圖。我十六歲的時候，有次他打電話告訴我媽：「Kanpol 太太，你的兒子在學校裡不會成功。他嗑藥，和壞學生混在一起，還奪走所有女孩子的純真。」這個陳述的意涵是很清楚的。然而，我從未像他所描述的嗑藥，而且那時候我還是個在室男。我交往的人，持續到今天都是我的朋友（以及我們全都持續嘲笑這個校長以及拿他開玩笑，正如我們當年所為）。此外，我還想著，是誰定義對與錯的行為？以及他怎麼知道我的朋友是誰？他是特勤調查員嗎？我猜他真的是！

　　我從來就不是這所學校所自豪的學業優異學生，然而，我是非常傑出的澳洲規則足球員。這對校長而言不是個好兆頭，他是

歇斯底里的分數導向者，主要關切的是畢業生的成績。只要想像在澳洲（在英式的學校體制下），這所學校有著 98.5% 的成功升學率，便知它算是國家的第一學府。在澳洲，就像英國，普遍地理解到十一與十二年級是定義學生是否成功的分類機器，在某方面像美國公立學校的升學與非升學課程（譯者按：即所謂的 AP 課程），或把可能升學與職業取向的學生分類出來。有趣的是，Jeannie Oakes[5] 持續地寫下美國的各種學校如何制度性地以相似的方式來區分學生的前途。我的學校校長顯然是在十一年級先作分類，讓某些在十二年級無法自然拿到入學許可的學生先滾蛋，所以升學率增加了。的確，我是十一年級的犧牲者，被甩出了這個體系（結果，我的父母比預期早了一年移民至以色列）。

　　我回憶我的八年級，同一個校長打電話叫我的父母到他的辦公室（這是在我的歷史只考了十五分之後），以及向他們批評如下：「Kanpol 先生與 Kanpol 太太，我很抱歉告訴你們這些，但你們的兒子不會在這個學校成功，你們應該考慮送他去學一技之長。我想他應該是個理髮師。是的，這對他的才能來說是個很好、很誠實的專業。」然後我打斷這個談話——

　Barry[6]：但為什麼我的歷史考試只得到十五分？

　校長：因為你把你的名字拼得太正確。

　　當我屈辱地離開辦公室時，我真懷疑學校是個什麼鬼地方。我討厭這個獨裁者（隨後我在日記中寫道：他在身材和舉止上都

讓我想到希特勒）。我知道這個故事後來變成我對抗學校威權主義元素的一部分主張——教師個人品質、給成績的程序，以及對學生評價的程序等等。直到一九九一年，坐在校長室的外面，我還沉浸在恐懼的感受中。這個校長真是影響我至深！

性別：男性宰制

　　我最喜歡的學校故事之一是關於八年級的數學老師。我常懷疑為什麼我從來就不是個數學很好的學生，或許是因為我從來沒學到數學。我回憶起 Twomey 先生（化名），他的個子高瘦，略微禿頭，棕色牙齒，渾身帶著菸草味，有低沉而帶威脅的嗓音。他常會對著班上的男生吼叫：「現在開始做，你們這些笨蛋，不然我打你屁股。」他隨身所帶的鐵條是個凶兆。Twomey 先生教數學的方式真絕。他在教數學習題的推導時，總是會倚身到某個女生的桌上，雙臂包圍著她（有一次他的雙臂包圍在 Lee-Ann 的身上，她是我兒時的甜心之一）。真希望我能取而代之，真希望我也能把我的雙臂搭在Lee-Ann的肩上。我們（男生）以為Twomey先生班上的女孩子很喜歡他的行為。有一次我們走出數學教室，我對一個朋友評論道：「是的，假若Twomey先生能用他的雙臂包圍著女孩子，那我們也有機會辦到。」的確，我們這些男生習慣用這種方式揶揄女孩。不可否認地，我自己就是主要的嫌犯——直到有一天我不幸在玩足球時摔破下顎——在那天之前我還一直用我的一些遭遇來賣弄我的性勇猛。後來我對自己承諾，不再用

醜陋的字眼來談女性。我破裂的下顎就像來自上帝的信息：不可再用這樣的方式談論女孩！

好吧，就算 Twomey 先生給了我數學的教訓，女孩被對待得像是特別的東西，但沒有一個八年級的男生會質疑 Twomey 先生教數學的奇特方法。我們只想要採用他的戰略。是的，數學很有趣，但荷爾蒙也很會飛舞，雖然我從來沒機會通過這一科。為什麼？再多說一點，透過媒體以及同時透過我的校外社會關係，強化了我把女性視為物品來對待。在媒體中，Dobie（*Dobie Gillis*，譯按：括號內為節目的名稱）總是在追他嗅到的性感女友；Wilber（*Mr. Ed*）總是被他的妻子母愛地照顧，特別是假若他提供她想要的物質滿足；以及 Fonzie（*Happy Days*）總是讓女性神魂顛倒地回應他的電話。此外，我在打足球的日子，在更衣室內所談論的總是包括女性身體解剖的部位。是的，我掉入這個男性宰制的陷阱，以及受到它的威脅，不管我喜不喜歡這樣。

恐懼與作弊

因為上述的經驗（特別是校長）常在我心，我在學校的日子生活在恐懼中，這個恐懼會在無可計數的方式上冒出來。舉例來說，我坐在十一年級的英國史課堂中，這是期末考的前一天。我們的老師 Whacker 先生（化名），他是以至少當掉 40%的學生而聞名。在期末考的前一堂課結束前，Whacker 先生很快收拾起他的公事包並轉身要走出教室。我看他要離開，就大叫：

Barry：老師，你不祝福我們明天考試順利嗎？

Whacker 先生：Kanpol（停了一下），你需要的不是祝福，而
　　　　　　　　是奇蹟。

　　讀者們可猜猜在這個學期裡我到底發生了什麼事？通過考試
的成績是五十分，我的得分是四十八，不及格。

　　在學校中恐懼與同儕壓力導致許多作弊的體系應運而生，這
是由班上的男性成員所設計與組成的。舉個例子來說，當我們被
引導至大禮堂（那裡一排排的座椅被排成長條直線，方塊接著方
塊，年級接著年級），我們排成一列，聰明或頭腦好的在前面，
普通的在中間，而剩下的（包括我自己）在後面——這些人被刻
板印象地認為非學業傾向。我覺得自己是安全的，我坐在作弊線
的尾端，知道我將越過前一個人的肩膀，看到他們從前面的好腦
袋所獲得的答案。作弊變成一種藝術，甚至是嗜好。當我和夥伴
們一起嘲笑我們的成功，我也生活在持續的恐懼中，害怕這個科
目會被當掉，在作弊的行動中被抓、被退學，以及沒有達到我對
了不起傢伙的印象——運動員永不會當掉任何科目，會玩女人，
會調情。而且，最後，我的父母會深深地對我感到失望。是的，
作弊有它的短期高點，甚至我的同學 Gregory 在地理考試中拿了八
十八分，而我拿到六十五分。此外，我知道這個學校很少檢查簽
認繳回的成績卡。結果，我因恐懼父母對我的低成就而處罰我，
因此塗改我的分數。這樣，歷史的三十一分變成八十一分，或十
五分變成七十五分等等。明顯地，作弊有它的短期所得，以及長

期的不幸。

　　我很清楚記得有兩百五十個人（我父母的友人以及我自己的）在寺廟中慶祝我的 bar mitzvah（譯按：一種猶太的成年禮，男十三歲，女十二歲，通過此禮之後要遵循猶太律法）。我一點也不了解我的 bar mitzvah 還代表時裝的展示會，以及所舉辦的地點有重大的社會地位涵義。我特別記得的是我很害怕站在這些人之前，也很怕他們談論關於社群、連帶、家庭的猶太傳統價值，當時我想到：如果我竄改最近的成績卡而被人發現，或我的朋友向我的父母打小報告說我們應該已收到成績卡（我把成績卡保留到 bar mitzvah 之後），或我們在 bar mitzvah 之前有個考試等等，我就內心直打哆嗦。這個 bar mitzvah 反而不是進入猶太傳統男子氣概的入會儀式，而是對我再現了巨大的衝突、恐懼與憂慮的時刻。

　　雖稱它是恐懼，但學校卻威迫我進入不順從狀態。我開始發現到，生活在刀口上有它短期的好處，然而我對這種生活風格卻付出巨大的代價。父母、學校與同儕的壓力大到可以整天瀰漫在我的生活中。或許這是為什麼我在這一所學校沒讀完十一年級就輟學了。畢竟，根據校長的看法，我從未在學業上成功，如果我能有一技之長，就已算是好運了。在十一年級時，我覺得當理髮師也許真的是正確的專業。那時真恨不得在早幾年我就聽從了校長的話！

競爭

　　我想要連結至三個關於競爭的小故事。首先，作為小學的學生，能正確作答或完成學校的功課，我們的作業簿上就會蓋個有校徽的大印章。在得到六個印章之後，可因學習的努力而換得一枝棒棒糖為獎賞。我們拚命競爭，看誰在這個禮拜獲得最多的棒棒糖。獲得一定數量棒棒糖的人乃是在班上受歡迎者的定義。我們為了棒棒糖而產生慘烈的競爭，大家都在算誰的棒棒糖更多，因此學生變成彼此的裁判。此外，在教室的前面，有一張大圖表記錄著我們每一個人的名字，上面有我們在學校獲得的印章次數，而其結果是為了棒棒糖。學習的動機不但是外在的，而且是為了競爭的。回首過去，我感到自己像是Skinner盒子裡的老鼠，為了外在動機而去壓獎賞桿，或Pavlov那隻嘴裡流著唾液的狗。生活只被設定在這個場景中，我們一直藉由壓桿子的次數而被同儕、教師、學校與家長作批判式的判斷。

　　其次，我清楚地憶起Alan。Alan體型粗短，我記得他看起來很醜，但他在運動上總是很努力。當他被選入任何運動隊伍中，他總是全力以赴。然而，在運動上他很笨拙，沒什麼潛能。我則被刻板化為校隊的運動員，而且總是當隊長。隊長首先要一個個地挑選隊員，而我總是最後才選Alan。我必須不計一切代價贏得比賽——不管因此導致哪個Alan什麼苦難。競爭的精神在我的意識中根深柢固，而人類的尊嚴則是其次。我常想到Alan。當我今

天在打競爭性的籃球比賽時，有一個新的俄羅斯移民（他們的籃球很有限，運動技巧也一樣沒什麼）在我的隊上。這個老人對聯盟的理念是讓每個人都能玩。對我而言這還是很難的（我又是隊長），我放不下為了贏球而贏球的想法。我提醒自己，這俄羅斯移民就是另一個 Alan。每當我想到此，我就懷疑自己是否能捨棄一些把我帶大的價值——在某些方式上，傾向於傷害與貶低他者的價值。

　　我常問我的學生，學校如何促成這種競爭態度，為什麼有如此多的文化總是想要贏，而不去想參與的必要。我告訴我的學生，我讀八年級的女兒哭著回家，她說：「那些男生老是贏，他們在一隊，而女孩子都在另外一隊。」我在文學碩士班基礎課堂上有位很有見地的學生，他提醒我：對於輸贏，男孩與女孩的態度是不同的。然後他又提醒道：學校能夠而且應該孕育的是照顧、滋養與相互連結的價值，而不是只有我所主張的以貶低他者為目的的競爭價值。是的，似乎連競爭都會帶來性別間的傷害。然後我才了解到或許，只是或許，連我享受的寫作、出版也變成另外一種征服性的籃球賽，另外一種壓桿子的動作，或為了獎賞而攀爬的高峰，這是由我男子氣概的競爭本能所散發出來的。所以，你有多少出版著作？在哪裡出版？有幾本書的合約呀？

　　第三，我回憶起 Forn 太太（化名），她是我朋友 Gregory 的母親。我記得一通在我們收到地理考卷成績之後的電話。「所以 Barry 考得怎麼樣？」Forn 太太問我媽。我媽答說：「他考六十五。」「喔！我的 Gregory 拿了八十八。」Forn 太太這樣回答。

家長的壓力乃是至高無上的統治權，而且迫使我們在最要好的朋友之間也得進行割喉式的競爭。此外，我願讓本書的讀者知道，我得到六十五分的唯一理由是因為我的死黨們與我所設計的傑出作弊系統，否則，我恐怕連三十五分都拿不到。

　　在慘烈競爭的架構之內與要求不擇手段的成功，使得競爭被注入我的意識之內──就像在我每天生活中會自然發生的事一樣。這對某些事情來說是好的，但對其他事就不這麼好了。顯然地，我已經被它的後座力挫傷，我在十一年級中輟了學業，而Gregory變成了律師。他的父母談起他，還一直以為他真的得過八十八分。

刻板印象

　　我父母打算移民至以色列已很多年，這個計畫提前了一年，正是因為我的輟學。在以色列我被安置到一所美國國際中學，我對我的美國史教師記憶深刻。她教的課挺有趣的，但這門課我卻只拿了個 D 的成績。多年之後，我在俄亥俄州的 Columbus 修讀的學位是有關學校在社會秩序與課程理論中的角色，當時我攻讀的是博士學位，我也參與大學之外有關以色列的事務。有一晚我與前妻去聽一場關於以色列的問題討論。我不敢置信──這個座談會的與會者是我在以色列美國學校的歷史老師。是的，我很興奮，就像個小男孩一樣，我覺得必須向她展示我的成績。我小心翼翼地接近她，並說：「Lucy，你還記得我嗎？」她看著我大約五至十秒（當然這簡直像是好幾分鐘），之後她答覆我：「喔！

是的，你是……你是……你是運動員。」我心死矣。在反省之後，我現在知道刻板印象是如此害人、如此沒有結果的和令人氣餒。

　　我回憶起移民至以色列的經驗——新的文化、新的臉孔、不同的習慣以及奇怪的語言。六年過去了，我終於能說一口還算流利的希伯來語，雖然當初我很抗拒生活在當地文化中。但我回想起有一天一位計程車司機對我說的話。當他載我到目的地，他說（當然是用希伯來語）：「你知道，你一定不會有正確的腔調。」我想起被異化與毫無價值的感受（好像這麼多年來我還不曾感到我是個移民），在許多會被視為差異之處感受到如此的刻板印象。我回想起我每天面對無所不在的官僚體制對眾多移民人口的刻板印象：「小心羅馬尼亞人，他們很狡猾」、「南非人把自己的錢看得死緊」或「這些阿拉伯人在你不注意的時候，會在背後偷襲你。」而這些害人的刻板印象持續至今。

師資培育

　　我清清楚楚回憶起我在以色列的師資訓練學程（我還該說，這和我在俄亥俄、北卡羅萊納、加州與賓州所教的並沒有什麼不同）。這些學程有許多相似性，以及一點點相異性。我當時的目標是要成為英語教師。和我在同一個學程中其他的準老師相比，我很幸運地找到一所中學的教職，該校急著要替補一名九年級和十一年級的英語與文學老師。所以在教學的真實世界中，有許多

屬於不同學科的問題、不同學生的學習風格、還有讓教師忙得團
團轉的例行公事等等，當我還是 Tel Aviv 大學師資培育學程的學
生時，這些就都已打擊著我。

　　我自己曉得我是被描述為張狂而自以為無所不知的人。我早
被認定是個很難被教成為會教書的人，因為我認為自己有能力，
而且早就參與過學科訓練與教學實作之間的戰場，並且要教的是
那些真的不想學習的孩子。然而透過我一開始就很固執和令人討
厭的態度，我私自領會到一個重要而核心的事實，就是在下述的
三種情況之間有很主要的差別：(a)師資培育者說的關於學校是什
麼；(b)我從講義中拿到的國家頒布的課程標準；(c)在教室的四面
牆壁之內實際發生的事情。不論是幸運或不幸，作為一個準教師，
我透過這些矛盾而看到了──而這對我造成極大的困擾。

　　Haliday 女士（化名）在這個師資培育學程中，是我主要的指
導老師。她是英國人，六十五歲，心態傳統，亦即有一套關於班
級該如何經營的想法──只有她的方式才對。我們的個人特質之
間就有衝突。在班上的三十幾個學員之中，我是唯一的男性，即
使這位女士沒有對我作怪，我都已經被下夠馬威了。我相信在我
所直接經驗的教學實習之中，孩子們日復一日的規訓問題和惡作
劇都使得新手教師真正有入會儀式的體驗。在大學裡，我準備了
我所謂的教師歸納法課程（透過有關規律及法則的批判過程，學
生可在認知上達到結論），好讓班上同學與 Haliday 做仔細的檢查。
我對我的成功非常有自信，以致將實際的經驗投入這場檢查。我
在班上展示了一些演繹式的英語教學法（在其中，學生只是簡單

地被授與語言的規則、語法，以及解釋為什麼與如何，因為學生在每日特定的時間有此需要──譬如說，星期一早上七點半的第一節課）。我回憶 Haliday 告訴我，後者並不是正確的教學法，而且這或許會讓學生感到無趣。我對 Haliday 抱怨說，在大學圍牆外的真實世界裡，師生之間會有鬥爭，而這是在學程中所沒學到的東西。我知道我當時只是個乳臭未乾的二十二歲小伙子，但我也覺得，在某些方面，我對這個議題的看法是正確的。在教室中有不同的學習風格，不同的文化，以及不同的教師、學生和家長期待的形式。這些議題與其說是在處理教學，還不如作為純粹的社會學與／或教育哲學來看待。與其學習整套希臘教師的教法，我覺得有一兩門課程來談談文化議題、社會關懷、社會上的得利者與不利者等等，都會給我更多的幫助。然後或許我可以把所學到的柏拉圖與理想社會應用至一九八〇年代對真實世界所當考量的東西。當然，毫不意外，相對於我的努力，我所得到的是班上最差的成績。我並沒有依順這個從底部切除我的體系。是的，在那時候我是個非常困惑的準教師。

　　信不信由你，我得再修兩門 Haliday 的課──而我最害怕的是錄影課程，在其中我得準備一堂很短的課來讓班上學員作批判。我用這堂課談的是教學的衝突與女性化的問題。我很愚蠢地認為 Haliday 與班上的十位女同學會珍惜這個呈現衝突議題的努力。但我很快地學到：把衝突處境予以呈現，或是看出許多矛盾，這在師資培育的科系與學校場所中是經常要被掩蓋的。結果這個班級如何處理我的議題呢？她們說我的姿態不正確，我的聲調有點太

高昂，我沒有對全班學生都敏感，我是「對教材太過感性而沒有客觀地呈現」，以及我的穿著打扮也許應該改進。儘管我對於自己的教學能力有十足信心，但我在離開 Haliday 那些令人興奮而又充滿趣味的課堂之時，就知道教學並不適合我，或是這些大學教授本來就看不慣我這種人。還有，也許我是真的很笨！我應該可以把這場遊戲玩得更好才對！

　　儘管我有內在的戰爭和外在與這些教師的衝突，像是與 Haliday，我仍設法完成我的學位。這場仗是打不完的。我甚至能夠藉由大學的方式來瞞過我的教學督導，讓他以為我是個優秀的英語教師。然後我幸運地有個九年級的班級，他們很了解處境，也很能跟我一起玩。是的，他們表現得很乖，好像他們很在意功課，以及讓我看起來很了不起。他們喜歡的是課後的自由時間，以及我為他們所設計的遊戲，縱使其中包括一些英語課程，他們也覺得很好玩。

　　我再度造訪 Tel Aviv 大學時是在我完成這個學位學程之後僅僅一個月。當我在上樓梯時，我在走廊上看到的正是 Haliday。她帶著打字機，當我們彼此接近時（我實在應該避開她，但我已無從選擇），她竟滑了一跤就跌在我跟前。這個人四腳朝天躺在地板上，沒人看到也沒人能幫忙，除了我這忠實的老友之外。老實說，這想法橫跨在我心中：是該讓她自己爬起來嗎？當我往下看她，內心雖是一陣竊笑，外在卻一本正經，我伸出手並且說道：「我能幫妳忙嗎，Haliday 女士？」是的，我終於報答了她，因為她竟也得接受我的施恩。

我這個教師

　　我成為教師只為了簡單的理由：在這個國家中（以色列）我可以使用我的英語作為專業，因為在此希伯來文是主要的語言。我覺得英語是稀有而實用的商品，因此我使用英語作為工具來追求教學的職業。儘管我有幫助別人的天生能力，但教學對我而言可以使我徹底實踐。

　　我想要再說明我在公立學校教學的一些例子，來呈現我在先前幾頁中所陳述的主題。我在 Tel Aviv 郊區勞工階級的一所相當有歷史的高中，任教於九至十二年級。我第一次進入理科中學（Gymnasia Realit）作為全職的代課老師。我教十年級的課，當然是這個校園中最差的一個班級。當校長警告他們不要製造任何麻煩時，三十八個學生瞪著我。他離開教室的時候，學生開始大聲交談。我只是個二十二歲的小伙子而已，學生頂多小我六、七歲，我教他們英語和文學。我特別記得發給他們寫作的作業時，四個坐在教室後面、成熟高壯的男生不想寫作業。事實上，他們談論很多即將到來的學校籃球與手球比賽，遠多過於我想要他們學習的內容。我試著讓學生更專注在他們的作業上，但這時間很難熬。不過，我也記得我唯一可以與這些孩子（特別是男性）連結的方式是在中午時間的籃球場上。我在教師生涯的早期就學到，假若我能透過學生最重要的經驗來和他們連結的話，教學可以變

成很享受的事。因此，把教學結合至學生個人的經驗，這是作為教師所該學到的最重要一課。簡言之，要和這些運動員接上頭，我必須講運動員的話。很幸運地，以我過去在澳洲當學生與運動員的經驗，這是容易的。在那之後，教英語變得容易多了，而且還更為享受呢。

　　我下一個教學經驗讓我回想起在 Twomey 先生督導下的日子。我在隔一年教二十位十一年級的女生。在這個學校，我是個未婚的菜鳥教師，十六、七歲的學生盯著我瞧——或者我是否有妄想症？我是否也盯著她們瞧？這是我所教過最難教的班級，有明顯的性別緊張氣氛。我憶起我喜愛一些女孩勝過另外一些，因為我吸引她們。當時我無法承認自己有一丁點性別歧視的意念，而今天我可以做到。身為年輕男性，對此我是相當脆弱的。縱使作為教師的我從未跨越性的界線（也就是說：我相信我的行為舉止都是在道德正確的方式上），我確信曾想到假若我不是道德上正確的話，會有什麼結果發生，在當下我就是那樣想。不過，到了今天我了解從過去到現在，性別歧視一直站在最高支配點上。所有的男生在學校所說的話題，大部分都可關聯到性與運動，通常關於性的談話都是粗鄙的。我沒有私下聽過女孩子們談異性，但我總會回憶起沒扣好的短上衣、鮮紅的口紅與假睫毛。我只想到 Twomey 先生在這裡一定會有場好把戲的。雖然我沒把這班管好，但我必須說我是受歡迎的教師。我真懷疑是為什麼！

　　另外，我很喜歡回憶我所教過的一班十一年級。三十二位學生坐在座位上注意地聆聽我大聲朗誦《推銷員之死》(*The Death of a Salesman*）。Coby 坐在後面，他對這個劇本既不想閱讀也不作討論。事實上當我指定練習，要求他完成規定作業的時候，他回答說：「我不想作。」我覺得被他冒犯了。我是個年輕、有熱忱的老師，而他是學生——雖也很年輕，但基本上毫無熱忱。在我眼裡，我是教師、他是學生，他得聽我的，這是清楚的階層與權威。

　　Barry：Coby，把紙收起來，請你開始作。
　　Coby：不，我對這不感興趣。
　　Barry：把紙放下，現在。

　　同時其他鄰近Coby的男生也開始模仿他，做起和閱讀這個劇本無關的其他事。Coby的臉上有種狡猾的假笑，好像在說：「現在有你瞧的啦。」

　　Barry：Coby，開始作吧，現在。
　　Coby：命令我啊！

　　這時候，全班的學生對這情況都有了興趣。我是個沒經驗的老師，我該怎麼辦？

　　Barry：Coby，你現在出來這邊。
　　Coby：不！

　　Barry：（提高音調）現在！

　　Coby 走到教室的前面，他個子矮小瘦弱，而我又高又壯。我記得我當時的感受，我想要藉由體能把他丟到教室的窗外，我實際上是可以辦到的。Coby 臉上似笑非笑地走近我，並且站在我的面前，我們之間只有幾吋的距離。我說他非寫作業不可，我真的想揍他，我幾乎要動手了。但他鎮靜地微笑說：「你試試看，Kan-pol 先生，這樣你就會從這個學校滾出去，而且會讓你丟掉飯碗，我一定會讓你這樣。」

　　這場經驗對我時常有如惡鬼纏身。我告訴主修教育的學生說，我完全只能預期 Coby 來默認我的權威。更重要地，我現在了解到，事實上我是個純粹的威權主義者，要求 Coby（以及很多像他一樣的人）去做他們不想做的事。我從未發覺 Coby 以及他個人的經驗——他喜歡的與不喜歡的，這對 Coby 很不公平。由於他對學習英語文學毫無興趣，我就對他小題大作，但他事實上並沒有干擾任何人。Coby 代表了非常真實的日常規訓問題，以及我如何以傳統方式處理這個問題。後來校長立刻知道了班上所發生的這件事，他果然以嚴厲的方式處理了 Coby 的行為。我不禁想起我中學時的校長（他想要活剝我的皮掛在牆上）。我是不是也一樣地傷害了 Coby？

　　談到這裡，我還想要分享另一個典型的事件。我每天搭巴士到學校，在學校附近下車的時間是早上七點二十五分，而開始上課是七點半。我通常會跑幾米路到學校，到了班上還可剩下一分多鐘。有一個早上，下著傾盆大雨，我因為日前玩橄欖球而扭傷

腳趾頭，所以我跛行到校，並且晚了兩分鐘，渾身溼透。校長站
在我的教室門口看著他的錶，嘟嚷道：「你怎麼遲到了？」我全
身溼淋淋地站在那裡，帶著受傷的腳趾頭，格外挫折，感到不被
了解與不被器重。然後我才知道，在學校我必須對我的時間和課
程一樣都要有所交代。本來，我之所以想成為教師是因為我對語
言的掌握使我認為教學很容易，但還因為我相信教師是可以自主
的。在眾多的其他事件中，這一個教訓再加上其他的，讓我學到
的是：教師要對他們的每一個行為都做出交代，而不是真正能自
主。我又覺得自己像是個孩子，要對校長交代；我覺得彷彿我的
歷史又考了十五分。我受壓迫的學生經驗，就這麼連結到我當教
師的經驗。

　　把上述的故事謹記於心，我想要使讀者確信在我所敘說的這
些故事之間，有非常緊密的關係，除了兼有作為學生與作為教師
之間的關係，也和目前的教育公共論述有關。現在我就轉到公共
論述，來填平它與我個人故事之間的鴻溝。

公共論述

　　在過去大約二十年來的教育類書籍中，最驚人的一本是Jona-
than Kozol 的《野蠻的不平等》，他所揭露的乃是不平等的教育
體系如何使人受到重挫。這段取自 Kozol 書中的摘錄，可以擷取
到其中的精神：

　　問題是有系統的。在芝加哥體系中，超過六十歲的教師
數量是三十歲以下教師的兩倍。薪資太低而無法維持年輕有
幹勁的教師在這個體系中，致使城市必須仰賴低給付的代課
老師，而他們代表多於芝加哥教學人力的四分之一……但連
在芝加哥，代課教師還經常是短缺的。在芝加哥，平均每個
早上，有一百九十間教室的五千七百位學童上學找不到老師
……一位 Du Sable 中學自動機械科的學生說，他在上課十六
週才學到換輪胎。他的第一位老師在年度的開始便辭職了，
其他的老師在學期大部分時間中都睡覺度日。這位學生說，
老師走進來告訴學生：「你們可以講話，只要別太大聲。」
很快地，他就會睡著[7]。

　　上述所錄的事態與繼之而起的教育衍生事件是公立學校體系
的症狀，這已經被許多的政府專家、學者與教師描述為淪陷區或
死亡區。更有甚者，我們不只是將這些教育問題歸納為中輟或低
收入而已。很清楚地，這是個經濟的問題，包括金錢的分配與稅
賦的相關議題。然而，這也是學校再生產的性別歧視的文化問題，
以及是否需要國家考試的課程辯論。在接下來的部分，我要摘錄
媒體對這些議題的一些呈現。關於這個議題區分成三個總主題：
經濟、教師的職責、性別歧視。

經濟

　　我們生存在嚴酷與變動的經濟時代。如同我所寫的，美國已經從深層的不景氣中復甦。像前任總統老布希堅持他是個教育總統一樣，柯林頓總統也持續著老布希的教育計畫。然而在賓州，第一個慘遭刪減的預算就是教育。教育不是美國政府的優先議題，全美國教師都對老布希的計畫冷嘲熱諷。《紐約時報》（1992 年 2 月 12 日 A 版，頁 23）報導預算被砍直接衝擊到教室。有位校長這樣評論學校間的經濟不平等：「有些學區比其他學區花得起更多的經費……這就是體系運作的方式。」這個評論的意思是有些學校發現他們自己的經濟處境無法比得過人家。在俄亥俄州的 Mount Healthy，在那裡的教師抱怨連基本的必需品都缺乏（譬如剪刀），百科全書老舊不堪，薪水三年沒有調整，以及當地課稅的增加；甚至更多州刪除的經費是在隱藏的預算裡。一位 Mount Healthy 的校長說到：「這是我在教育界服務的第二十四個年頭，而這是我所見過最慘的一年。」

　　比起地方性學區成長的問題，或許更慘的是學校財政的異常，這是基於財產的現值。《紐約時報》（1992 年 2 月 12 日）報導說：富有的學區，像是長島的 Amagansett，那裡每班平均只有十六位學童，而貧窮的學區每班有高達四十人以上。在預算危機之內，較貧窮的學區（特別是美國的各個內城[8]）掙扎著去刪減一般開銷；而在富裕的郊區，像是長島的 Amagansett、Bridgehampton

與 Quoque 等區，教育是個人化的，而且在每位學童身上投入更多的花費。我們應該注意到貧民區的學校裡缺乏電腦與課外的材料，以及看到滿目瘡痍的教育硬體條件。然而在 Amagansett 學區的一位教師，他也在 Suffolk 郡的其他兩個學區（都在長島）任教，他對其他學區的評論是：「那裡的教師必須向學校行乞，他們把這個月能給你用的釘書針放在信封裡。而在這裡，因為孩子而需要的任何東西，我都能得到相當多。」

　　很可悲，這經濟窘境對於一般中產階級學區的普遍教師們意謂著一陣電擊。在加州的 Montebello（《紐約時報》，1992 年 2 月 19 日），平均每班有三十五至四十個學生，部分的原因是預算被砍，迫使學區大幅消減 20%的經費。更慘的是，Montebello 花在每位學生身上只有四千美元（低於美國的平均數，根據不同的學區，平均是每位學生五千至六千美元不等），而其中有高比例的拉丁裔人口。這個學區就像其他的貧窮學區一樣，有教師的高流動率、高度成長的學生逃學率，而花在每位學生身上的經費卻減少。在這類學區中，全部的現象總加為日日高漲的絕望。簡言之，內城正是少數族群獲得不平等的預算決定、惡劣的教師品質與設備短少的地方[9]。

　　今日美國財富的分配狀況，從教育來看就可以深切看出誰有誰無。將此謹記於心，我們再來注意看老布希總統對全部學生所編撰的美國 2000 計畫就會很有趣了，他概括化全美國，而罔顧族群、階級或性別的差異──但這的確會是個高貴的計畫，假若每個人真的能夠在財政上平等的話。

教師的職責

　　當前關於教師績效交代（teacher accountability）的模式在於把教師置放在缺乏創意的處境中，不能成為教學上的領導者，而他們原是希望能成為這樣的教師。大抵而言，教師的責任是確定學生能通過每一年級成績，而這標準通常來自（但非一定來自）國定課程的先決知識。對於國定課程的公共辯論在今日是普遍的，舉例來說，《紐約時報》（1992 年 2 月 4 日 B5 版）有這樣的報導：

　　　　由教育專家小組進行八個月的研究將在週三紐澤西州的教育委員會推薦統一測驗，其對象是四年級、八年級與十一年級的自然科學、公民、地理與歷史等科目，以及閱讀、寫作與數學的核心技能。這個測驗的目標在建立全州的教育衡鑑與監督體系……在去年所通過的法律下，權威當局被要求設計出統一的體系去評估紐澤西州各個學校的表現。

　　一九九二年五月十八日的《愛國者日報》（賓州 Harrisburg 的當地日報）刊登一篇文章，主張國定課程確有需要，因為這可以支持起一個高科技的社會。《愛國者日報》的 Carol Baer 評論如下：

　　有篇來自最近《新聞週刊》的文章報導說：Lang 氏家族
從阿拉斯加州搬至科羅拉多州再搬至德州。這些搬遷意謂著
到三個非常不同的學區去適應三種非常不同的學校。當 Lang
氏家族搬至德州後，教師預期每個孩子早已背熟九九乘法表。
但在丹佛，到了四年級還沒把它背下來，這導致他們的兒子
胃痛而且不想上學。Lang 氏家族終究請了家教，所以兒子可
以趕上同班同學，而他的胃也不再痛了。

　　想到學生在某一特定的州裡會受到比較糟糕的待遇，這或許
很可悲。但這樣的問題有時顯然並不需要私人家教就可獲得解決，
或許更重要的是在國定課程與教師績效交代模式之內出現了一種
重構學校的觀念。Baer 再次評論道：

　　成功的學校重建將要求各州去重新思考他們所仰賴的職
責機制有什麼本質，以及該如何混合。各州都需要更為關注
教育的成果，並且要為提升整個體系的結果而提供強大的誘
因，並藉由獎賞與制裁的形式來把表現與具體結果連結起來。

　　這種重構隱含著教師要順從設定的水準、方針與目標。國定
課程也把教育表現、以成果為基礎的模式取向強加在教師身上。
這論調意謂著：學生全都是相似的──他們全都有相似的需求，
且也能達到相似的學業目標。有趣的是 Baer 的文章並不是沒人反
擊。Jay Bodenstein（我以前教過的教育學程學生）在一九九二年

五月二十五日《愛國者日報》對 Baer 回應道：

> 豐富的社會差異構成我們這個國家，但這在教育中應用
> 國家標準一事上並沒有表現出來。對於國定測驗與國家標準
> 的呼籲完全忽略了組成這個國家的社會文化差異……什麼樣
> 的國定標準能測量教師多年的奉獻與經驗，能使得教師賦予
> 學生權能去作批判思考與獲致自我實現？……為了要從看來
> 是共同的國家問題找出共同的解決辦法，在基本上要先考量
> 社會、族群、文化、宗教與經濟差異，才可能讓這種簡單的
> 解決辦法行得通。

Bodenstein 點出了好問題。他主張：有那麼多種不同文化、學習風格和社經文化差異的時候，學校的重構如何讓教師擔負全部職責？而我則主張：任何的課程如何能擔負起全部文化差異的解釋？對於國定課程的主張預設了單一的學校體系，並且只致力於每個學生都有平等能力的課程。我自己在澳洲的學校經驗裡，從未達到學校對畢業的僵硬要求。在這樣的學校中，我是個被排擠的人。沒有一位老師教我達到標準，不論他／她是個多好的老師，我被校長的刻板印象記為失敗者。此外，在我師資培育的訓練經驗中，也都假定教學只有一條路是最好的。清楚地，其中都沒有提到學生不同的學習風格要如何處理。

我質疑，為什麼當教師的職責不能控制學校的這種種領域和課程時，他們卻必須對此有交代？對國定課程與教師績效交代模

式的討論肯定將持續好幾年。Alda Hanna（1992 年 10 月 27 日《愛國者日報》）教書二十八年，對於多元文化教育如何提供我們在國定課程與教師績效上的新觀點，作了如此的評論：「學校是無聊的，所以你必須做一些事情讓它有趣。你必須做一些讓孩子們感到有意思的事，讓他們可以發生關聯的事情。」很顯然地，在多元文化的社會裡，一些教師正是因為學生的差異而將課程延伸到超越國定課程的界線之外。因此，教師變得能有交代是因為差異性，而不是因為國定的標準。Hanna 所在的 Harrisburg 學校裡，教師們並沒有拋棄傳統的課程（例如：關於清教徒的移民、美國的獨立戰爭、歷任總統，或英美文學）。看起來，當教師們思及他們在學校被要求的職責有何目的、有何理由之時，他們會作更認真的思考。教師的職責會千絲萬縷地連結至國定課程與國定目標。我在大學教室所遇到的許多準教師與目前的教師都很反對這樣的課程。這種系統性與（我認為）無趣地使用之下的課程，我個人覺得迍邅難行。在這樣的體系下，目前在貧民區的高輟學率將急劇地爬升 10。然而，為什麼我們還持續推行國定課程呢？這並不是個容易回答的問題，儘管許多批判理論者，像是我，都主張高輟學率所確保的只是階級的分野，而這也都只是因為需要生產無意義的、低給付的與受剝削的勞工之故。

性別歧視

對我而言，性別歧視是格外地難談。身為中產階級的白種男

性，我認為自己已有社會特權。整體而言，我獲得完整的教育基礎，儘管剛開始時有一段輟學。我成長的社會中，男性總是被考慮為第一優位。我成長在家父長為基礎的家庭，在其中勞力的分工是截然清楚的，而角色的期望卻是被簡單地定義；男性與女性有他們在世界中結構化的位置。我在學校看見男性與女性被分配到不同的科目領域——女孩讀文科，而男孩讀理科。此外，我不斷看著像是 Twomey 先生這樣的教師，與他對待青少女的方式。性別歧視竟然是我成長的一部分，真夠差勁！然看到它在日常生活中和在新聞報導中運作，並且在中小學與大學裡愈演愈烈，更是格外地使人不安。

在《紐約時報》（1992 年 2 月 7 日）的一篇文章中，Susan Chira 報導：「學校仍是個機會不均的地方，女孩面對著種種歧視：來自教師、教科書、考試以及她們的男同學。」Chira 說，最近的研究顯示以下幾點：

1. 比起男孩，教師較少關注女孩。

2. 女孩在數學與科學等科目的分數持續落後，以及甚至在這些科目中表現很好的女孩，也傾向於不選擇與數學和科學相關的職業。

3. 同班男生對女生的性騷擾報告一直在增加中。

4. 有些測驗仍然對女生造成差別待遇，影響她們拿獎學金與上大學的機會。

5. 學校教科書持續忽略或刻板化婦女，及對女性而言嚴重的問題，如性虐待、性別歧視與憂鬱症等，女孩在學校總是

　　沒學到任何東西。

　　這樣的報告印證了我的觀點：性別歧視在學校不只和性騷擾與／或性虐待相關，它還成為舉國上下的消遣，並在課程的許多領域中，在師生關係中，以及在父母、祖父母、兄弟姊妹的家庭關係中被強化。我甚至還敢說：性別歧視因文化之不同而有各種變形——不論是弱勢或非弱勢。

　　與前述議題並非無關的是我們對於墮胎的關切。最近在 Harrisburg《愛國者日報》（1992 年 2 月 24 日第 8 版，頁 1）的文章中，Wythe Keever 報導了一位數學教師正在起訴他所屬的工會，「因為他反對使用會費去支持墮胎法案。」這位數學老師說：「身為基督徒，我相信生命在懷孕之時已經開始……我不相信公會必須參與支持那樣的事情……工會應只要守住教育，然後讓個人做出她們自己的墮胎決定。」在這段陳述之下隱含著許多問題。第一是工會角色的問題；第二是社群對於像是墮胎這種議題應否參與，就是在主張墮胎與性別無關之時而得以大張其魔幟；第三，或許也是最重要的，在這篇文章中藉由大篇幅討論工會的會費該在何處使用，而否定了性別歧視、墮胎法案或選擇權利的問題。

　　顯然地，我們的學校是存在於衝突之中。一九九三年五月十六日的《愛國者日報》發表一篇學校該教些什麼的文章。公共意見在許多衝突的議題上是有區隔的。33%的人投票反對教宗教，而 67%的人贊同；43%的人投票反對教同性戀，而 57%贊同；43.5%投票不該讓學生接觸到保險套，而 56.5%贊同。對於聯邦政府要花多少錢在學校，公共意見也有區隔。至於像是藥物的教育、

較小的班級規模、更寬廣的課程、對學生更安全的環境、對弱勢民族更好的教學、更好的規訓、素質更佳的行政人員、更好的性教育、更優良的教師，以及對學生能有更個人化的關注，這等等議題也不斷瀰漫在學校與公共意見中。

　　以上種種的新聞項目與公共衝突，在經濟、教師績效交代與教師性別歧視之間，以及在其他無數的議題上造成區隔，這些都是有關學校議題的冰山一角而已。這全都是些「文化戰爭」，也就是在上述區隔之間我們究竟該採取何方價值的問題。當我們在這本書裡往下談到；一開始去了解學校在我們的社會中（在理論上與實務上）的重要性時，這些價值議題就會變成首要的考量。

把個人故事放進教育公共辯論的脈絡中

　　這些故事中的個人與公共要素必須一直詳加檢視。也就是，我試著在持續的基礎上，匯集它們（及其他）的意義。這些故事並非我所擁有，而是更大文化的一部分，這是我成長於其中與現在居住於其中的文化。我並沒有對其意義作真理宣稱，即便它們真的發生在我的身上，以及發生在公共領域中。我把這些故事和新聞事件放在更為反思的方式上作檢驗，以此方式，學生和我都能把故事的情節拆解，使意義變得厚實，並且能討論發生在我們個人生命中的同異。當然，與學生進行開放與誠實的對話，這意謂能夠承擔自己過去和現在的族群、階級與性別的偏見，希望在建立語言思想的過程以改變我所描述的社會關係之時，也能對個

人的偏見有足夠的批判。那麼，這本書的大部分篇幅就能直接回
應這些有關改變的議題。現在我就把本書的組織結構作如下的摘
述。

章節安排

　　第二章將概述在教育中的批判理論運動。這個運動在很多的
方式上乃是回應了學校對其今日處境的發現——在內城與郊區學
校的高輟學率、性別歧視、族群對立與階級區隔的關係。
　　第三、四、五章描述最近在美國三個不同年級與人口多寡差
異之各地區所完成的教師研究。這些研究為我們帶出有同有異的
種種批判元素，但每個研究都有其各自的立足點。與其說是要深
度分析每個個案（實際上我還是做了一些分析與詮釋），我描述
這些事情的動態過程更是為了說明許多課程的用法，與教師—校
長關係，以及教師—教師的關係。我把大半的分析留給許多研讀
這本書的教師與準教師。為了促成此一工作，每一章的結尾之處
都設有可討論的問題與練習，讓每班去自行完成。
　　第六章與第七章是從第二章的概念抽引而出。第六章呈現一
個跨學科的課程規劃，企圖把本書先前呈現的批判理論理念付諸
實現。希望這一章會引導教師們達成更多的理解，以便能執行批
判教育學作為教學工具的可能性。第七章包括我對於一位著名的
批判理論家，和一名我的教育基礎課堂中的學生之訪談。再一次

地，第七章所呈現的材料是關聯至先前的章節，以及立基於那些
理念。最後，本版包括了額外的一章——第八章。我對於師資培
育作批判檢視，以及思考師資培育在理論與實務上推動批判的議
程究竟該如何進行，以便能進步地邁向二十一世紀。

課堂活動

1. a. 把班級分組，每一小組約四、五位學生。讓學生在組內先敘
　　 說個別的教育經驗，然後討論它們之間的相似與相異。
　 b. 從小組中指定一人記錄班上其他小組的報告。
　 c. 重新分組討論相似與相異教育經驗之間的共同性質。
2. 把學生圍成一圈，鼓勵他們說出自己的教育經驗，其方式是說
　 出他們過去關於課程、性別歧視、競爭、刻板印象等等的故事。
3. 讓學生蒐集教育的新聞，以新聞話題來分組，從這些新聞的立
　 場來討論目前的教育事件。
4. 讓學生寫下目前他們的教育哲學，在小組中的回應中作比較與
　 挑戰。在本書的結尾或課程的結束前，再作相同的練習。

問題討論

1. 為什麼你想要成為教師？

2.什麼樣的教師是了不起的教師？

3.討論你成長的環境類型。它能促進你的教育嗎？

4.在你的教育中，你的父母扮演什麼角色？

5.關於教育與其他的議題，像是性、族群與階級，你的父母對你灌注了什麼樣的價值？

6.在你的學校中，關於成功或失敗是否有同儕壓力？若有的話，是如何發生？

7.你過去的學校經驗如何影響你今日看待教育的觀點？

8.討論你過去的教育經驗中，族群、階級與性別的關係。譬如說，作為一個女性或男性，如何關聯至學校的經驗？

9.在上一題所提到的關係如何反過來影響你對族群、階級與性別的觀點？

10.你認為好老師與不夠好的老師是什麼樣子？這些老師們的價值觀是什麼？

11.你認為作為一個準教師的基本角色是什麼？

附註

1　National Commission on Excellence, "A Nation at Risk: An Imperative for Educational Reform." *Education Week,* April 27, 1983, pp. 12-16.

2　Henry Giroux, *Living Dangerously: Multiculturalism and the Poli-*

tics of Difference (New York: Peter Lang Publishers, 1993) pp.15-16.

3 Jonathan Kozol, *Savage Inequalitie*s (New York: Crown, 1991).

4 Jean Anyon, "Social Class and the Hidden Curriculum of Work." *Journal of Education,* 162 (1), 1980.

5 Jeannie Oakes, *Keeping Track: How Schools Structure Inequality* (New Haven, Conn.: Yale University Press, 1985).

6 即作者之名。

7 Kozol, *Savage Inequalities,* pp. 51-52.

8 原文是 inner-city，指的是位於市中心之內的住宅區。雖然伴隨著郊區仕紳化（gentrification）的趨勢，「內城」的確有被貧窮化的趨勢，但因為作者並沒有說明這裡的內城是特指哪個城市，我們在此必須取其普遍貧窮化的狀況來理解。

9 同註 7。

10 同註 7。

2

教師在危機時期的生活：
意義的緊張

導論

　　我們生活在一個人口性質不斷改變與社會急遽變動的時代。關於這一點，我們毋須深入探究當前世界發生的事件便足以了解。舉例來說，思索關於西班牙裔、亞裔與目前俄羅斯人大規模移民至美國的現象；還有俄羅斯移民至以色列的人；德國的社會動亂以及中東地區可能發生的類似事件；美國與世界的經濟衰退；失業人數不斷增加；以及像是在洛杉磯緊接 Rodney King 案件判決後所引發的社會動亂。雖然如此，美國的學校依然非常的傳統，日常教學仍一如以往地進行。的確，當前的學校和一九二〇年代的社會效能運動（social efficiency movement）差別不大，該運動的作用是要探索與實行最有效的方式，來提升學生的成績（透過測驗分數的提高），並且把教師的教學視為可信賴的生產方式。教師教得愈多，成效就愈好，這意謂著需要更好的與／或更有效的教學與學生學習。在這個社會效能系統裡，教師是依學生的成績而受評判，尤其是學生在標準化測驗的表現。學生的成績愈高，教師就會被認定為比較優秀，或是比較具有生產力。在這樣的看法下，學校與社會效能的意識形態產生直接的關聯，為市場經濟而培養學生。Bowles 與 Gintis（1976）指出，學校的這種作法是不公平的。換句話說，種族、階級與性別以大規模的方式不對等地被分成不同的勞動力。而大部分的學生被分流（track）至有社

會階級意味的區分中（例如，高中為升學導向所開設的化學課程
之相對於普通的自然科學課程；選修微積分的學生相對於選修各
種實作課的學生；院長名單上的學生相對於其他的學生），而這
份清單可以不斷地延伸下去。

　　時至今日，在打下社會效能運動根基的數年之後，學校實行
了甚至更嚴格的教師績效交代模型（teacher accountability mod-
els）、獨斷的學科計畫、大量增加的標準化測驗（如同在今日的
美國，每年有超過一億個標準化測驗），以及一種標準化課程——
連同為教師預先包裹的上課教材（prepackaged teacher-proof mater-
ials）。

　　在我寫作之際，對美國經濟的深度關切在白宮中占了絕大多
數。在美國，教育至少以兩種傳統的方式連結至經濟領域：經費，
以及共同接受的理念，即學校必須讓學生準備好，以迎接競爭性
的國內與國際（全球）經濟。關於這一點，沒有比最近公布的國
家報告（例如：《在危機中的國家》）有更好的描述。前總統老
布希堅決主張，我們要變成經濟上首屈一指的國家。在老布希總
統的「美國2000」計畫的六個主要目標中，其中之一是要提升全
國學生的成績。當然，此謬誤的預設在於，假若提升了成績，經
濟自然便會獲得改善，藉此便可在學生之間建立平等的求學管道
以及平等的社會關係。雖然柯林頓總統顯示了增加教育經費的跡
象，然而強調教育與經濟的關係仍然是首要課題，而非把焦點放
在社會與文化的關注上。

　　如同上一章所闡述的，教育預算遭到嚴重的壓縮。事實上，

在教育中遭受最嚴重打擊的是公立的高等教育機構，特別是在賓州與加州。當那些教授教導在職與職前教師時，他們自己為了配合預算刪減而被迫去教更多堂課，同時為了終身職的保障，被迫發表著作與擔任各項委員會的委員，如此一來，高等教育的教育系所如何以較佳的品質來行使教育未來教師的職責？教育學的教授重視的似乎是增加發表著作的比例，與更高的師生比，而不是質性地處理在職與職前教師的議題，以及周遭的文化環境（例如，內城學校以及它們獨特的文化、社會與經濟現狀）。

同時值得一提的是，公立學校被一些人說成是經濟弱勢團體的垃圾場，在許多個案中，讓貧窮不堪的內城學校環境更形惡化。當局似乎並未採取什麼措施來幫助這些弱勢團體，儘管有一些試圖處理這些議題的方案，像是「起頭計畫」，而高等教育在這方面也著力不深。

大抵來說，批判理論是對上述教育問題的一種反映，同時也是一種實用主義的回應。在我所說的批判理論文獻裡，有大量的相關資料是在描繪公立學校所再生產的種族、階級與性別的不平等社會關係[1]。還有一些文獻背離學校應該只是傳統場所的說法，顯示教師的角色如何能多樣化，如何能強化種族、階級與性別的功能，或者生產對教師生活的另類意義。在批判的社會理論領域內，以及如何理解學校主要只是傳統的場所，本書就是要為讀者提供工具與方法，去「做」批判理論，用非常不同的方法去構想教育，儘管傳統的局限（班級規模、空間、官方課程、政策局限、過時的教學方法論）限制了這種抱負。在有關教育的文獻中，進

行批判理論就被人稱為批判教育學（critical pedagogy）[2]。批判教育學指的是檢驗的工具與方法，期望藉以改變允許不平等與社會不義的學校結構。批判教育學是一種文化的─政治的工具，它嚴肅地採納人類差異的說法，特別是當這些差異與種族、階級與性別有關的時候。在它最基進的意義上，批判教育學尋求讓被壓迫者不再受到壓迫，以共享的批判的語言、抗爭的語言與鬥爭的語言來團結人們，終結各種形式的人類苦難。在此，對社會的改變與轉化來說，大學教授與公立學校教師間的連結是重要的也是必須的，不能加以輕視。批判教育學吸收了一種人類正義與尊嚴的道德視野，來作為它共同的視野。最後，批判教育學也表達人的信念與信仰是如何鑲嵌在學校教育中。在這個註解下，由教師表現出來的先知般的承諾成為引導的燈火，這是一種寓居於希望、人性與決定的承諾，用來對抗絕望、對抗永久陷入我所謂的制度性的混亂（種族、階級與性別不平等），對抗壓迫、貧困，以及遭自由放逐。對批判教育學的傳統來說，正義與同情是最高真理。因此，批判教育學的確是一種道德事業，對某些人而言，它甚至是一種精神事業。把這點謹記於心，批判教育學是本書的主要關切所在。在我勾勒我相信是批判教育學理論架構內的基礎概念之前，應當概略敘述批判理論的歷史，因為批判理論與批判教育學是分不開的。

關於批判的理論

批判理論建立在西方馬克思主義哲學的基礎上。在此,詮釋的重點是在社會的文化關係(性別、家庭、美學、流行文化、藝術等等)以及正統的馬克思主義,而後者的詮釋重心被化約成社會和經濟的關係。關於學校方面,正統的馬克思主義詮釋會把學生的失敗歸因於低下的社經地位。在此,對學校進行的嚴格馬克思主義分析(Bowles 與 Gintis, 1976),考察低、中、高階級如何被創造出來,成為學校中的經濟分野,而家長的收入與地位支持了這些分野。依照這種解釋方式,哪些學生能或者不能成功地獲取向上流動所需之文化資本(知識、技能、價值與態度)變得可以預期。

其他的批判理論者(廣泛地定義為新馬克思主義者)同樣把學校看成是一種文化事業。在此,學校被視為包含屈從的關係,而這些關係是透過權威、權力和控制議題被生產與再生產出來。因此,從新馬克思主義的觀點來看,我們不應該把學校僅僅視為一個機構,其功能在於生產經濟的不平等,還必須從文化生產的觀點來加以審視。換句話說,學校也生產種種不同的文化。教育理論者(Willis, 1977, 1990)認為,這些文化生產的意義與符碼,有別於墨守陳規的古典馬克思主義者對學校所做的分析。Willis 認為學生團體抗拒制度性邏輯(有利於群體團結的個人主義)、控

制的機制，以及權威結構，儘管他們在企圖提升自己的社會地位
這方面往往失敗。

批判教育學者非常懷疑上述兩種馬克思主義觀點，因為他們
是絕望的理論家。這些理論並沒有讓教育的消費者領會，學校如
何能成為真實的社會與文化的轉捩點。

批判理論的根基描述了工業革命如何使歐洲發生變革。作為
工業革命的結果，以商品為基礎的社會之發展在許多國家把資本
主義推向高峰。在資本主義的（經濟的／政治的）體系中，種族、
階級與性別的區分變得日益明顯。教學的女性化是一個例子，隨
著女性在一八五〇年代開始工作，許多婦女開始執起教鞭，這被
視為工作從家事領域向外自然擴展的結果。婦女被期待扮演養育
者與照顧者的角色，諷刺的是，這些價值有時候貶低與（或）刻
板化女性以及教育這項職業。今日，大約有 87% 的小學教師是女
性（Apple, 1986）。

工業革命同樣打造了美國的歷史，我們的教育體系也包括在
內。批判理論運動是作為工業革命之結果而崛起——至少是間接
地，尤其是作為對兩次世界大戰的回應。蘇俄沙皇制的殞落、布
爾什維克（Bolshevik）政黨奪取政權、德意志帝國體系的奠定、
俄國大革命的成功，以及帶來經濟封鎖與經濟低度發展之結果、
德國工人階級的分裂、大規模的通貨膨脹、高度失業率，以及經
濟復甦與政治穩定的些許徵兆，諸如此類的事件在在誘使了——
至少是部分地——批判理論運動的興起。二次世界大戰驅使法蘭
克福學派（包括少數的德國知識份子，他們對戰爭的殘暴感到憤

怒，並予以唾棄）對社會做出最嚴厲的批判。簡言之，法蘭克福學派從各種不同的經濟、社會與文化壓迫的性質中，像是社會偏見與經濟不平等、尋求新的道德社會秩序與社會解放。

作為一種知識的與實踐的批判運動，法蘭克福學派的座右銘之一是要讓個人與人民團體回憶或重溫往昔和歷史（尤其是從人類遭受壓迫與苦難的角度來理解），這些過往歷史處在落入含糊不明的危機中。重溫歷史以及他者與我們自己所遭遇到的異化、屈從、壓迫與痛楚，是批判理論者在過去與當前所稱對社會解放進行抗爭的一部分。

批判理論者主張：引起社會弊病的主要因素在於資本主義的生產關係。作為一種經濟體制，資本主義迫使我們成為一個以商品為基礎的社會，為了取得對他者的優勢而投入充滿敵意的競爭關係。在學校裡，這種關係轉化成兒童競相爭取的榮譽貼紙、高分數的成功率，以及對體育與學業成就的獎賞。如同上一章的描述，我的小學與中學生活就是典型的例子。社會的階級區分一直以來都是顯而易見的（不同水準的地區基金為典型的例子）。真實的種族與性別敵對心態、不平等的與刻板印象式的勞動分工、高度的移民人口與隨之而來的不確定的內城人口性質，這些現象都存在於學校中，同時也出現在學校周遭。現行教育體系一方面透過像是勤勞工作、自我規訓與積極性等價值來宣揚機會平等，另一方面卻支持社會、文化與經濟關係的不平等。批判理論者與批判教育學者主張，必須實現同時改變有別於現行的教育體系。根據批判的教育理論者與社會理論者的看法，這種改變遠遠不會

導致學生的異化、屈從與人民的壓迫。批判理論者與批判教育學
者認為,這種改變讓教育體系更接近美國與其憲法賴以建立的民
主理念,標舉道德的是在官方層面,而不是在實用層面。

　　作為一種社會運動,批判理論在一九六〇年代與一九七〇年
代以十足的說服力擄獲學生與知識份子的想像力。隨著公民權、
男/女同志、環保與女性主義運動的到來,教育領域的批判的社
會理論者加入了發生在美國國內與國外的激辯,這場辯論是關於
學校與其當事人(學生、教師與行政人員)之多重社會關係與文
化關係。從批判理論的立場出發,這些理論家的詰問是:學校何
以再生產不平等?學校使用什麼樣的機制來強化學校體系,從而
異化、壓迫教師與學生,並且讓他們對此服從?對於從事教育工
作的人來說,存在什麼樣的另類思考足以顛覆體系,並且對學校
生產另類與公正的觀點?很不幸地,批判理論者主要專注在前兩
個問題,他們並沒有積極地參與最後一個問題。

　　關於這一點,本書也將嘗試——至少有一部分——去回答最
後一個問題。不過,在我提出可能的做法之前,宜把目標稍微轉
向教師與批判理論的文獻。

文獻回顧

　　關於教師的文獻(可廣泛地界定為在教育領域從事一種批判
的社會理論與其發展)區分為早期的經驗研究作品[3]以及理論作
品,這些理論作品的作者所處理的不只是他們自己或他人的經驗

發現，而且在更廣大的批判理論脈絡內進行教育的理論表述[4]。這些作品大部分是在處理教育理論與實務領域中意義的緊張，這種緊張關係主要是涉及舊的教育社會學與新的教育社會學。意義的緊張圍繞在對以下重要問題的不同解釋：學校在社會秩序中到底扮演什麼角色？

在這些作品中，教育領域的批判理論已經確立其質疑與行動的方向，去消除校內人與人之間的不平等關係（例如：關於花在每名學生身上的費用與性別的刻板印象）。批判理論者必須處理的主要緊張關係，是介於傳統的教育觀點與批判的教育觀點兩者所代表的意義之間的緊張關係。傳統的學校是按階層等級的方式組織起來，師長自豪於高度智商的結果，並且把學生安排至事先決定的工作位置。這樣的學校對於成功、專業精神、權能賦予（empowerment）、效率與卓越等等到底是什麼，通常都已持有刻板的觀點；同時對於什麼樣的性別能做什麼樣的事情、各個性別在什麼樣的領域會成功，抱持一種清楚的勞動分工看法。這樣的觀點不同於那些主張對於學校持批判立場的觀點。這些理論家與實踐者相信，學校應該挑戰刻板印象式的與傳統的教育平台。我可以像這樣繼續指出學校──至少在我們這個國家中──所強化的不平等關係。然而，我在本章的目標並不是要從抽象的理論觀點去總結意義的緊張關係；相反地，我將首先概念式地分析重要而關鍵的概念，這是任何教師為了在課堂上表述批判理論時都可以使用的概念。一個批判教育者（一個從事批判理論、把它作為教學實踐形式的人）將需要在我所謂概念的傳統使用、與其更

為批判的使用之間作區辨。為了更清楚地了解接下來的章節，我們必須釐清這些概念。其次，我會概述本書的其餘內容。

為了了解批判教育學在概念上與實務上可能看起來像什麼，我會把這個討論劃分成兩個領域：傳統的部分以及對傳統的批判回應。這些傳統與批判的元素必須放在引導性的認識論（知識的形式）下加以考察，這樣的認識論就是廣為學術界所知的——不只是在教育系所，同時還在哲學、社會科學與人文學科領域——現代主義與後現代主義。在詳細敘述這個主要差異之後，我將略述涵括在它們意義之下的概念。這些概念之間的區分看起來像是這樣：

傳統的（現代主義）	批判理論（現代主義與後現代主義）
作為文化再生產的霸權	作為文化生產（抵抗）的反霸權
偏差	抵抗
去技能化	再技能化
多元文化主義	在差異之內的相似性
個體主義	個體性
惡性競爭	良性競爭
威權主義	權威
控制	民主
傳統的權能賦予	批判的權能賦予
傳統的識能	批判的識能

現代主義

　　現代主義（特別是後工業主義）被劃分成兩個領域。首先，現代主義是個人奮力朝向諸如自由與普世和平的目標。在啟蒙運動時期及其後，現代主義強調個人自由與批判性的思考、社會責任、理性、合理性，以及科學的進步與變遷。權力被認為是掌握在人民的手中，透過不斷地探索、發現與革新，從而掌控自然。和這種形式的現代主義相互呼應的是個體在資本主義過程中堅定不渝的信念：追求終極的成就、競爭與成功，以及假定起源自這樣一種生命觀的種種價值所代表的乃是一種真實的存在。在這種形式的現代主義之中，理性、現實、合理性等同於自由與富有創造力的個體。簡言之，這象徵著競爭殘酷的自由市場，就如同我就讀的私立學校和我任教的公立學校對分數的要求，以及一般的社會效能運動（這是我在這一章先前所提到的）。在現代的意義上，學校以我和其他人認為的一個保證品質的機構之虛假外貌，很自然地把學生導向過度競爭與不平等的生產關係上。因此，雖然分流制度（tracking）對經濟的利益來說似乎總是必要的，但它確實已制服了學生、讓學生對立，並且迫使他們成為功能性的與受管制的勞動力（Oakes, 1985）。

　　其次，另一種形式的現代主義採取一些非常重要的批判理論要素來評論社會。在現代主義這個形式中，存有對個人與公眾啟蒙的希望。這其中含有一種對民主與社群根深柢固的承諾（Habermas, 1981）。透過個體的理性與持續的反思，逐步形成一個個

人與社會的統一體，不斷朝著人類的發展、解放以及改善個體與社群之願景而前進。自由與正義變成解放性現代主義的指導原則。必須一提的是，這些烏托邦的夢想並非毫無價值，這些夢想可以被認為是針對理想化的民主，這是先前討論的第一種形式的現代主義所無法充分實現的——因為它內在的矛盾（就我們討論的議題來說，學校能不平等地劃分學生，儘管它在修辭上會說：教育社群的所有成員都有平等的教育機會）。

在某種程度上，學校可說是非常符合第一種形式的現代主義，如同持續不斷的成就測驗、評定量表、刻板印象等等所顯示的，儘管可能同時值得一提的是，學校也是生產種種社群、培育、同情與照料的形式。的確，學校裡確實存在這兩種形式的現代主義。當然，學校的功能是生產完善的、傑出的與道德的公民，使他們成為民主社群的一份子。然而，在強調學校與經濟的關聯成為當務之急的情況下，學校往往採取第一種形式的現代主義，而犧牲了學校作為民主場所的可能性。

後現代主義

相較於現代主義，後現代主義否定絕對論者所抱持的世界觀。在後現代的世界觀裡，沒有普遍的真理或普遍的理性（Lyotard, 1984；Lyotard, 1993）。後現代主義通常提出如下的問題：我們試圖去了解的是誰的世界觀？如何建構單一或團體的文化認同？知識是如何被傳遞？人們有多少種學習方式？是否可能存在任何的知識形式？有多少種現實存在？在它最保守的意義上，後現代主

義只是要試著去了解差異的多重形式、多重的詮釋、多重的認知方式或建構知識的方式。這種後現代主義可以被稱為知識的現象學或詮釋學。

　　而批判的後現代主義，乃是更進一步的後現代主義形式（至少就本書所討論的議題而言，特別是涉及教師與批判教育學），它和先前討論的第二種形式的現代主義關係更為密切。就像其他形式的現代主義，批判的後現代主義同樣追求人類的解放與自由。然而，除了與現代主義的相似點之外，後現代主義（以及批判的後現代主義）倚賴解構（拆解）社會、文化與人類的差異。對於差異抱持這種想法，批判的後現代政治方案把權力的焦點轉移到弱勢邊緣人口與被壓迫族群身上，這其中可能包括了任何形式的少數族群。關於教師方面，對受壓迫的教師處境發起抗爭，像是去人性化的評量表、績效交代圖示（accountability schemes）、標準化課程，以及威權的行政人員和他們所領導的科層體制，這種種現象在批判的後現代情境下，成為批判教育者的核心焦點。

　　此外，批判的後現代主義是關於真實的人們在多重的認同與主體性中，在日常生活的世界中所做的抗爭。簡單地說，對任何個體而言，種族、階級與性別的關係究竟會呈現何種樣貌，總是不同的與不斷改變的，且始終處於流動的狀態。舉例來說，我是個父親、前夫、丈夫、兒子、愛人、同事、作家、教授、演員、運動員與朋友。在瞬息萬變的時刻，我是所有這些角色的總和，在一天當中不同的時間裡，所有的角色混合在一起。當我身兼學生與教師時，我在種種制度之中的過往歷史讓我領悟到，一次僅

能扮演一種角色。這對我來說是要命的壓迫，並且或許和我在中學輟學有某種關聯。此外，美國 2000 計畫或者先前以成果為基礎的教育計畫，以及當前在賓州提出來的僵硬標準，這些全都假定了所有學生在相似的精確性之下可以達到某種知識領域。從一種批判的後現代綱領來看，沒有被納入考量的是人類的差異——因為有不同的人類經驗與生活觀點，當然，還包括不同的學習風格與習慣，所以不是每個人都能認識到相同的事物。在批判的後現代觀點看來，當務之急在於改變：從一種專為特權而辦學並滿足他們的選擇這般狹隘的、私有化的市場邏輯，轉移到一種日常生活公共領域裡以道德、倫理與公民生活來作為首位。舉例來說，光是理解與／或解構差異其實還不夠。在批判的後現代參照架構之內，批判的教育者總是尋求正義與公平的方式去改變一種制度，雖然這種制度似乎具有良善的意圖，但總的來說，它實際上壓迫了它的許多成員。因此，批判的後現代主義不只是消極的判斷，同時還積極參與變遷與改革的議題，企圖把不平等以及其他形式的社會與文化不義現象予以斷絕。先把這一點謹記於心，而為了了解這些要點，我將先轉向其他重要概念。

霸權和反霸權

霸權

　　在一個典型的傳統學校環境裡，不平等的再生產乃是學校的

要務[5]。這種再生產，或是我們稱之為霸權（hegemony）者，是發生在當行政管理、教師與學生的經驗未經質疑的時候，以及當價值與行動被當作共識來實踐的時候，儘管容或有人認為，這裡頭有著現代主義對追尋社群與啟蒙的高尚意圖。在霸權的形構中，存在著教育文獻所通稱的潛在課程（hidden curriculum）──那些未被說出的價值、規範與意識形態都被當作共識而傳遞到學生身上（競爭、成功、規訓、刻板印象、性別區分等等）。學校作為霸權的一個清楚例證，就如同其他的社會機構，控制人們的刻板印象。教師與學生建構哪些人算是書呆子、運動健將、智者、聰明的、能幹的，或者一般的學生把未經質疑的、宰制性的價值與意義視為前提。通常，這些意義使他人處於屈從的位置，並且讓他人感到被異化。此外，這些社會建構的意義往往由一個社會團體或全體人民所共享與接受，如同宣傳這些刻板印象的媒體所顯示的〔例如，Alex, P. Keaton 在《家庭連帶》（*Family Ties*）中作為智者，或 Arvard 在《班級的頭頭》（*Head of the Class*）中作為書呆子〕。

　　霸權是對人民與其公認的、常識性的詮釋而施行的控制。因此而出現了一種普遍的調適，包括觀念、價值、印象，與感覺結構。關於這一點，沒有比學校中行政人員、教師與學生的勞動分工有更好的描述。有人曾經指出，學校乃是透過性別來進行勞動分工。也就是說，因為女性擔任主要的教學角色，而男性擔任主要的行政角色，所以這種性別差異提供社會控制[6]與／或潛在課程的重要形式，在其中，教學被視為女性的工作與較低下的社會

地位，這正是霸權的一部分。在我以前的數學課堂上，Twomey
先生對待女性的方式成為一種霸權的潛在課程形式。的確是如此，
因為他在課堂上的行動讓女學生居於屈從的地位，並且獲得男學
生的支持（我們就是這樣對女性採取相似的回應，並把她們視為
方便的對象）。

對潛在課程的研究顯示，學校如何基於社經地位[7]再生產不
平等，同時透過一套繁瑣的分流制度而更形強化。如同第四章會
提到的，我所採訪的一位小學校長把拉丁裔學生刻板化，認為「即
使他們努力用功，還是只會走就業的路」。接受這種迂腐的觀點，
把它視為常識——如同先前考察過的種種不平等之研究所描述
的——再加上對於何謂成功的刻板印象（獲得最高分數的人必然
意謂著可能在生活中成功，最出色的籃球選手必定暗示著他是最
受歡迎與比較優秀的人，而那些穿著整套啦啦隊服裝遊行的女孩
必然暗示著討人喜歡和富有魅力，作為另一種形式的女性性別控
制或男性宰制），導致認可了那些占主導地位的價值，視之為不
成問題的既成事實，或者視之為理所當然。這種認可不僅壓迫了
那些受教條支配的人，也同樣地壓迫創造這些不平等的人。

學校裡似乎有一股普遍的意願，去接受文化再生產的象徵（即
語言、規則、規範與符號）。因此，霸權就將這些社會關係當作
是自然的、正常的、不成問題的，而且必定是正確的——被動地
接受宰制邏輯與社會控制邏輯。在上一章，我描述霸權在我生命
中的那一個部分就是自然地接受競爭的價值，從而犧牲了他人的
福祉。

反霸權

　　在批判理論的傳統中，批判理論文獻把反霸權或者文化生產稱為鬥爭、希望與肯定的泉源，同時視之為教師與學生進行意義生產的可能性（以及可能的潛在課程），這是根植於社會轉型或者抵抗霸權的控制。反霸權有它的兩面性，首先，它可以被視為一種意義生產與／或能從霸權的控制形式中逃逸的另類知識形式。其次，反霸權也會把那些進行抵抗的團體（挑戰主流預設的團體，像嬉皮、搖滾樂團以及種種的次文化）收編入屈從的關係。舉例來說，某個學生藉由其識破結構的缺陷而挑戰了學校制度，像是不為他認為沒有意義的測驗而用功念書，或者是挑戰各種不同的學校權威，但該學生並不會因此而轉變他自己抑或社會。該名學生沒有把他自己充分投入就業市場，於是他就等於準備去過一種沒有意義的勞動生活──這種勞動是成功的經濟所需要的，因為它需要非技術的勞工去完成沒有意義的工作任務。看起來像是另類的知識，卻對學生造成相反的效果。譬如，電影「春風化雨」（*Dead Poets Society*）描述作風開明的教師 Keating〔羅賓威廉斯（Robin Williams）飾演〕挑戰一個非常傳統、保守的學校。他讓課程改頭換面，激發學生去質疑他們的生活。簡言之，這個老師對學生提供一種另類觀點的選擇，有別於資產階級的白人私立學校所描繪的呆滯觀點。最後，這名教師被開除了。學校用一個年邁與保守的教師來取代他，也就是學校的校長，課程再度變得墨守成規。總之，這個學校制度原先容忍且納入該教師與某些學生

的反應，後來掌權者決定該強化舊制與傳統價值。在這部電影中，一些學生（儘管他們處於白人的特權階級位置）學習到由Keating所開啟的另類世界觀（如同一些學生站在椅子上為Keating這位正要離開、但永遠不會被遺忘的激進教師喝采所證明的）。的確，有一些學生可能永遠保持批判的態度，然而，霸權的兩面觀點顯然還是會自我完成。它既是一種抵抗的形式（另類的知識觀點），同時也是順應現狀的形式（透過開除老師與重新建立先前的價值來打造一致性，這些先前的價值是享有特權的學生之權力基礎，也是某些學生之性別歧視假定的根源，像是把女性物體化，以及對自己的種族與階級不加批判）。我生活中的一種反霸權的形式是識破學校的結構缺失，像是無意義的測驗，同時，它對我產生長期的反作用。我離開學校的時候是十一年級，因為我不遵從競爭的學術價值。

　　從批判的後現代觀點來看，我們必須試著領悟，反霸權確實有多重可能的面向。抵抗霸權可以有意識地進行，也可以無意識地進行。一個批判的教育者在運用批判的後現代理論時，不僅會試圖了解種種形式的霸權，而且會挑戰種種的壓迫性價值，從而發覺到反霸權是多重的、是可能的，並且從未終止。對一名教師來說，識破考試的結構性缺失（例如：它們的明顯偏誤）不足以產生轉化性的改變。所以批判的後現代主義籲求教師提出諸如下列問題：是誰建構了測驗？誰的知識被再現出來？除了使用呆板的、客觀的多重選擇測驗題外，評鑑到底要如何進行？每個個體如何再現在測驗上？測驗所再現的是哪一種文化？測驗建構了誰

的現實？此外，批判的後現代主義尋求這些問題的解答，並且必然開始改變這些問題與答案所表達的壓迫關係。

偏差和抵抗

偏差

　　在以批判理論為取向的教育文獻中，關於何謂偏差，或者什麼構成偏差行為與／或抵抗的行動，往往出現許多混淆。偏差發生在規則、界線與各式各樣的道德分類體系被跨越的時候。當事情無法符合規範時，它們通常會被貼上偏差的標籤。舉例來說，把鞋子放在桌上，或者發生亂倫的性行為，都是偏差的舉動，而後者會受到法律的懲罰。這兩種舉動都涉及不合時宜的行為，而且威脅到原始的社會結構（Wuthnow et al., 1984）。最好的狀況是，透過規則的改變，偏差可以收容規則的破壞者（例如：教師開會遲到或許會被視為偏差，但可以說開會的時間訂得很糟糕，而且必須改變）。最壞的狀況則是，偏差涉及道德方面的不正當行為（犯罪是典型的例子）。在此，儀式性的禮儀（法院審判、監獄、死刑）所關注的是道德不容有瑕疵。

　　學校裡的教師與行政人員通常認為學生的行為總是偏差的。因此，學生被歸類為紀律的問題，構成嚴重問題的個案，或甚至是個壞胚子。結果，學校為了重建道德秩序而承擔起懲處學生的職責──放學後與週六的留校處分等等。在我求學的日子，我可

能被列為輕微的偏差——上課遲到、不守規矩、嚼口香糖——當
這種行為違反規定的時候。然而,這些偏差行為和抵抗的行動截
然不同。

抵抗

抵抗意指任何人(就我們的個案來說,特別是指教師與學生)
有意識與無意識地企圖去挑戰我們社會中宰制與/或霸權的價值。
和偏差不同之處在於,批判理論家把抵抗視為社會與文化轉化的
可能行動。

就像反霸權,抵抗引發的行動是反抗壓迫性的種族、階級與
性別刻板印象,以及挑戰其他支配性的結構價值,像是個人主義、
激烈的競爭、以成功為唯一取向,以及威權主義。抵抗同時是理
論的與實踐的努力,重要的是,它也是一種智性知識的事業。也
就是說,作為抵抗的一部分,在採取行動來拆解壓迫性的社會關
係之前,它有個必要條件,就是要能反思自我在種種邊界內的主
體性與多重認同,而這些邊界包括種族、階級、性別、父母、教
師、丈夫、情人等等。

批判的教育者往往會混淆種種的對抗行動,像是把偏差視為
抵抗。Aronowitz與Giroux(1985)正確地指出,並不是所有的對
抗行為都具有基進的意圖。即並非所有的對抗行為都是在陳述或
者回應宰制的暴力,那些可能被視為抵抗的行動或許僅僅是偏差
行為。批判教育者的任務是探索學生與教師行動之基進的與抵抗
的可能性,以及承擔起此一可能性中所導致的社會結構之改變。

去技能化和再技能化

去技能化

　　在一個傳統學校的環境裡，教師是被去技能化的。透過細節的描述，經驗資料 8 顯示了教師的工作如何大部分被化約至技術的面向，像是在規則的應用方面，以及在大多數情況下，教師被排除於制訂課程的過程。在此，教師無法控制他們自己的勞動，從而讓外在的勢力控制了他們的工作。去技能化與教師執行他人的目標與計畫有關。在工業中，這是指認知與執行的分離，在學校中顯然也是如此。舉例來說，師資培育系所教的都是教學的技術──如何去執行任務、作班級經營、發展規訓程序、設計作業、編考卷、改考卷、開展課程、作教學單元教案，以及讓教學方法論呈現多樣化。諷刺的是，當這種方式的教學能行得通時，就是對教師的去技能化。這種事實的發現是當教師從師資培育系所裡所學到的教學技術一碰到實務就派不上用場的時候，像是在人口稠密、少數族群聚集的內城學校 9。一些師資培育系所裡所傳授的某些教學技術，在內城學校裡簡直毫無用武之地。學校每每期望教師遵從單一的學科形式，不加質疑地奉行這些學科政策的教師並不能作出另類學科程序的構想，而事實上，後者還可能對其他文化比較有效些。儘管教師們在課程學位中獲得所謂的技術專業，但他們在此卻已是被去技能化了。事實上，整套學科概念可以（而

且已經）被重新檢視（Chambers, 1983），同時，在真正的後現代意義上，學科對不同的人也會包含有多種的現實與意義。

　　當教師遭到否定，或者是他們對教學過程的自主和掌控遠比他們所想像的來得少時，去技能化乃達到其最高峰。藉由讓教師對國家制訂的課程（像是基本的閱讀材料）加以解說，以及藉由鼓吹以競爭力為基礎的教育、系統的管理，以及運用嚴格的與去人性化的評鑑形式（連同數字化的評量表），教師受到了控制，他們不過是隨著國家吹奏的旋律起舞。沒有什麼東西會比那些不斷轟炸的報告更能擴大國家的控制，像是此刻廣為流傳的《在危機中的國家》一書所指出的。Shapiro[10] 與其他許多人士中肯地論道：在國家要求更多的教師評鑑與更嚴密的教師監視的情況下，實行這些改革的提議（包括額外的家庭作業、更長的上課時數，以及更多的教學時數），不過是讓教師的異化、壓迫與屈從的關係更形惡化。甚至在運用科技這方面，教師的技能也日漸過時。Apple（1986）指出：

　　　　依賴預先包裹的教學軟體可能會產生一些長期的效應。首先，這會導致教師本身明顯地喪失重要的技能與稟性。當在地的課程規劃、個人評鑑等等的技能沒有被使用時，它們就退化了。教師從自身之外或從同事間汲取關於課程與教學的經驗被斥為多此一舉，而教學與評鑑工作則被視為某種可購得的東西——學校本身變成了一個盈利的市場 [11]。

讓我扼要地重述一次：在一所傳統的學校，當教師對於會直接或間接影響他們生活的決策喪失控制權時，像是教材選擇這類非常重要的議題，則去技能化就會達到其最高峰。這種情形如同我在以色列的教學經驗，當地的課程從來未經檢驗。就我個人而言，我也從不質疑它的效度，與我共事的教師們也都沒有。

當教師失去對學校事務（像是涉及到課程與政策的議題）的控制時，他們便是被去技能化。有了這種概念，自然會浮現其他關於去技能化過程的議題。例如，教師的工作與行政的工作皆被權威當局明確地界定。

Harris[12]對教師的無產階級化的說法，也與我們在此的討論有關。教師這項職業是領薪水的工作，活動是分享的，教學的服務對象是無法選擇的，職業的獨立性可說微乎其微。此外，性別歧視在學校中占有支配性的地位[13]，讓男女教師屈從於家父長制的宰制價值。就此看來，對教師去技能化確實是發生在當教師無法控制性別、種族或階級歧視的時候。因此，霸權以其多重的以及有時難以破解的形式，對教師進行去技能化。在現代主義的架構內（先前所討論的現代主義的第一個特徵），學校的意圖是在形式上授權教師：課程的教學指引、簡單的評估程序，以及授課題材的清楚區分（以上大學為目標、職業教育等等）。這全都是在效率與對於內容的掌握下完成，而沒有考慮到人類廣泛的差異（特別是關於不同族群的差異）。

再技能化

在批判理論的理論化過程中（以及在學校裡），當教師比較能夠理性地分析國家在霸權建構中所扮演的角色時，就會形成擺脫去技能化的對策。因此，再技能化的概念出現在：當教師首先覺察到去技能化的多重形式──技術控制的議題──並且加以批判時，像是批判誰在生產、誰在決定課程議題、教學方法論的呆滯形式，以及價值的再生產，這些價值如何對人產生壓迫、異化，並且讓人們處於屈從的地位（就我們關切的議題而言，特別是指涉學生與教師，當他們被放進種族、階級與性別結構之中時）。在這個再技能化的模式中，持批判教育學立場的教師要挑戰的是刻板印象，透過另類的教學方法論去發現顛覆分流制度的方式，並以開放和批判的精神來建立課程，參與國家或當地學區以政策為導向的決定，以及對於具有價值的重要性議題形成團結的群體。做到了這些，不僅會驅使教師成為批判的教育者，而且會讓他們成為 Aronowitz 與 Giroux 所謂的「轉化型知識份子」（transformative intellectuals）14。

簡言之，再技能化不僅出現在當教師能掌控他們的工作與個人生活時，這只是再技能化過程的第一步；在更開明的現代主義觀點中，教師也要為改善社群而工作，因為他們是其中的一份子。掌控他們自己的勞動乃是確保學生也能再技能化的一種方式。從批判的後現代觀點以及作為批判的教育者來看，再技能化本身不只是一個控制課程內容的議題，或者為改善社群而工作的議題，

它同時也是一種反思的行動：對於課程中的主題，要反省其與宰制價值的關聯，以及它是否能轉化那些壓迫、異化他人，讓他人處於屈從位置的價值之短程與長程目標。這包括對任何課程材料的嚴格審視，尤其是與種族、階級與性別差異有關的材料，所有這些都必須在傳統機構的範圍內加以嘗試。如同讀者將會在這整本書中發現的，再技能化的議題是多重的，而且有時候是令人困惑的。本書的大部分篇幅是關於作為批判的教育者（或潛在教師的教育者），他們有意識或無意識地企圖為再技能化的實踐者走出一條道路。

多元文化主義和差異中的相似性

多元文化主義

從歷史的角度來看，多元文化運動（從民權運動至今，以及從一九六〇年代中葉起，許多移民人口湧入美國）是一種現代主義的嘗試，試圖要做到教育機會均等。在大多數學區，對多元文化的重視在某種程度上被增列進官方的課程文件裡。它通常是以一種政策陳述的形式包含在其願景中，或是獨立為一段宗旨聲明。我最近接觸的一個學區在表達其願景時寫了以下這段話：

> 我們展望一個有愛心的、給予學生支持的教育體系，這個體系欣然接受學生的創造力與個別差異，視之為學習的機

會⋯⋯在這裡，我們讓學生成為有愛心與負責任的公民，能夠在變遷的全球化社會中攜手合作、批判地思考、有效地溝通[15]。

　　學校裡的多元文化教育首先是指外在意味地接受他者，也就是說，不同文化的節日與特殊事件能在學校中發聲與／或登上檯面。或許有個特別指定的美食節，由學校每年安排一個時間，讓學生去感受不同民族的食物風味，因而使該學校的成員注意到某些文化差異。此外，各式各樣的課程劃分，像是社會研究、藝術與／或英文，可以將一部分的課程關注於了解不同的文化。顯然，在傳統的學校環境裡，這種形式的多元文化主義有著高貴的與良善的意圖。然而，這種多元文化主義的觀點純然是外在的。學習文化差異與其伴隨的價值並不必然意謂著接受這些價值是平等的，或者認為它們優於西方文化的規範與價值。這個論點最好的證明來自 Darder（1991）對於多元文化教育的分析：

　　多元文化的材料與活動本身不能確保文化的民主過程運作⋯⋯而且許多實際存在的情況是：遊戲、食物、故事、語言、音樂與其他的文化形式，以剝除其所欲表達內容的方式呈現在學生面前，它們脫離了文化意義，被化約成僅僅是物體[16]。

　　Darder 清楚地主張，教育者應該對一種多元文化的過程抱持

更批判的觀點，特別是教師用以接合課堂的個人與哲學平台。就
現代主義的意義而言，具有某種形式的多元文化教育顯然恰好能
和課程相輔相成。多元文化主義在此一形式上是結構（課程）的
一部分，符合整個課程與兒童的學習經驗。在另一個層面，多元
文化主義符合現代主義在多樣的社群中，努力尋求的了解與期望
獲得的一致性。循此脈絡，在整個美國大專院校的大學部，甚至
在必修課程中出現了注入差異觀點的嘗試。我認為，在細微的層
面，這符合結構的需要，去了解對於多樣性的需求。然而，對此
我確實覺得多元文化教育（多元文化主義）之中也含有更批判的
元素。先把這點謹記於心，我將轉向對多元文化教育作更批判的
評價。

在差異中的相似性

在我所謂的傳統學校環境裡，已經有許多作者倡導[17]一種多
元文化主義的批判理論（讓我們把它稱作批判的後現代多元文化
主義）。這種多元文化教育的取徑將嚴肅地思考少數文化的種族、
階級與性別的關係。在這個取徑中，一個批判的教育者會企圖改
變關於族群團體的停滯或刻板觀點。為了做到這一點，一個批判
的教育者首先必須把弱勢族群的家庭、社會、價值取向與經濟關
係，視為不同於西方文化，而表現在其多重的形構中。第二，一
種多元文化主義的、批判的後現代理論會要求批判的教育者去批
判當下的文化情境，這種情境連外在地接受另一種文化或種種文
化都不能容許。這種批判很適合為學校當事人（特別是學生與教

師）找到從內在去接受他者的方式，平等地看待他者（不論他們是少數族群——如同這裡所討論的——或是任何其他團體），這是基於簡單的事實：我們全都是人類，而我們全都不同。這個傳統環境裡的第二條取徑成為多元文化主義之批判的後現代理論的烏托邦觀點，這是一種對於道德上應受譴責的心態所作的鬥爭，這種心態接受宰制文化（白種的英美裔），把它視為純粹的真理，視為這個國家最好的、或是唯一現存的文化（這是一種露骨的種族優越感）。

在本書的許多地方，特別是在第五章，我將會主張：凡認為他自己是在多元文化主義的批判理論中的批判教育者，則必須嚴肅地評估「在差異中的相似性」這個概念，把它作為連接至一種同理心的觀點。

在個人差異的基礎上，壓迫、痛苦與感受有其共同性或相似性，縱使是以不同的形式表現出來。舉例來說，雖然大多數移民在個人歷史與形形色色的經驗方面會有所不同，不過，所有的移民在文化同化的形式下都有相似的挫折感，這其中可能包括了個人的不安全感、低微的自尊、讀寫能力的問題、某種程度的妄想症，以及可能的低下社經地位。這一點在許多移民者身上都可得到證明，他們被家父長制的父親與卑屈的母親或者是母權制的母親所支配。一些移民者或許比其他的移民更能同化至新的文化。一種差異中的相似性，這個主題能清楚地呈現所有的團體，不只是移民的團體。舉例來說，在某個內城乃至在一些郊區學校，會依種族來作嚴格的劃分。所有的種族有他們特定的文化形式、歷

史與經驗──這是批判理論者所說的聲音（voice）（我會在本書中更深入地探討這個概念）。但我現在身為一名教師，我帶著我個人的文化包袱（歷史、經驗、好惡）走進教室，在任何一間教室裡，這個包袱將會和多重的文化再現截然不同（在許多方式上）。這就是我置身以色列文化時的教學情形。

　　在一種多元文化主義的批判的後現代理論觀點中，教師將尋求差異中的相似性，作為以同理心和內在地去接受其他文化的起點。以我自己的生活經驗為例，身為一名教育者，我會和那些感受到異化與遭受某種形式的苦難、壓迫的人感同身受，縱使我們個別的特定環境或許不同。在某種程度上，我呼籲批判的教育者恢復其歷史與經驗，從而得以和其他文化交會，儘管這些文化之間存在許多差異。作為一名批判的教育者，了解他之相似於與不同於其他文化的行動與感受，乃成為教師的責任。舉例來說，雖然我在生理上絕不可能是個黑人、波多黎各人、西班牙裔、亞裔或者女人，不過對我而言，在批判的後現代多元文化教育中的挑戰，非但是要透過我與其他文化的相似性來尋求一種理解，而且要去了解與接受這些差異。只有當出現這種形式的反思之時，才有可能創造出同理心。唯有如此，才能改變關於種種文化的停滯與刻板的觀點，多元文化教育的批判的後現代理論這項對策才會成為傳統多元文化用法的一個選項。有一個例子可以幫助我們釐清這一點。當我教西班牙裔學生時，我的身分是一名代課老師，而當時我正在作本書第五章的研究。我的白種人特性不自覺地影響著我，並且再現為一種不同的族群性。我們的歷史與經驗、家

庭組成與階級結構不同，把我們連結在一起的是我們各自成為移民者的相似性，我們迷失在新的國度裡，無法說宰制者的語言，我們擁有與宰制文化不同的價值。一種批判的、後現代的多元文化主義尋求了解這些差異與相似性，目的是要學生參與民主的課堂關係，讓不平等的關係最終得以消弭。

個人主義和個體性

個人主義

　　個人主義與個體性以相當簡單的方式出現在學校裡。就概念上來說，個人主義內在地關聯至西方文明化的現代主義觀點。像是勤勞、自律與自我推動等價值，都帶有一種普遍追求人類個體至高無上的地位、批判的心靈與自我成就的涵義。這些價值受到西方文化中的自我完滿、立即的滿足與自戀心態[18]所強化——看似為了社群福祉奮鬥，實則為了自我幸福。自我中心——認為個人是生命的主要成分——成為美式生活的重要主題。達爾文「適者生存」的主張和這種想法非常契合。結果，個體之間的分離以及追尋個人的物質財貨（商品與財富）變成一種霸權的形式，它每天出現在學校裡，並且一再重演。

　　作為一種霸權的形式，學校傳遞上述生活觀，視之為正確的生活觀——視之為一種常識。這種生活觀強調的是個人的成功與高度成就——誰登上今日的榮譽榜？誰是昨晚比賽最有價值的球

員？誰得到最多的獎狀？誰在上大學的分流方案上？誰名列資優
的方案？你的學能測驗（SAT）分數是多少？誰是聰明人、書呆
子或運動健將？你上什麼樣的學校或大學？誰參加啦啦隊？你開
的是什麼車？你今年有得到績效獎金（merit pay）嗎？簡言之，學
校中的個人主義導致教師與學生的價值受到個人成就所斷定──
一種現代主義的勝利。在此值得引述 Purpel（1989）的看法：

> 成績變成被他人接受的基本條件。學生很快就察覺到，
> 學校提供的獎賞──成績、榮譽、認知、情感──取決於成
> 績，以及某種尊敬、服從與聽話的行為 [19]。

最壞的狀況是，個人主義產生許多有害的競爭形式。例如，
學生會興起作弊的念頭便是極端個人主義之結果。讀者會想起我
初中與高中的學生經驗，我對考試的差勁分數感到非常羞恥，以
至於有時我偷改成績通知單上的分數。此外，我害怕父母對我的
差勁表現的反應，更別提當我的分數為了公開的檢視而在班上被
大聲唸出來的時候，我在朋友面前感受到的那種愧對天人的感覺。
我不希望在此責備我的父母，他們只是問題的一部分。我中學的
校長同樣也有某種期望，我確信，我對他的畏懼和作弊這件事有
所關聯。然而，家庭文化──強調不惜代價來達到個人成就──
以及瀰漫在我就讀學校的文化──強化關於學習與測驗孤注一擲
（do-or-die）的態度（軍人的心態），造成我以如此極端的方式
行動。教師在學校裡過著孤立的生活，這一點已是老生常談。舉

例來說，他們待在互相分隔的教室裡、教授不同的科目、有不同的午餐時間，並且往往在教學風格與解決問題的方法上迥然不同。簡言之，這些差異導致在學校社群裡的分離。這種隔離狀態無助於讓教師協力工作、形成一個專家與知識份子的社群，去進一步發展課程以及其他關於整個學校社群的事務。這種結構的隔離產生個別的理念、各自的做事方法，以及很少互動的對話。這可能直接（但不必然）導致個人主義的形式，像是「我的學生分數高於你的學生」，或者「我今年得到績效獎金」。

　　傳統的學校也提供了讚揚個體性的環境，所以，我現在要區分傳統的個體性，以及一種後現代的、批判理論觀點的個體性。

個體性

　　傳統的個體性（現代性的第二種形式）假定成就永遠是相對的，一個人的價值是基於真正的努力（相對於在一場比賽期間得到的成績或分數，或者在一個科目領域中班級表現的平均值）。Purpel（1989）再次評論到：

> 　　一間所謂進步的學校，它的標記不必然在於它否定成績，而是在於它拓展了值得表彰之領域的範圍——舉例來說，最勤奮的學生，指的是進步最多的學生，或者最友善的學生[20]。

　　在傳統的學校裡，個體性與尊重個人的成就攜手並進，不論他們達到哪一個層次的成就。尊重成為建立良好社群關係的一部

分。

　　批判的個體性（批判的後現代主義）將會更進一步，而不僅僅是承認個人的成就與特性。一個批判的教育者將會接納批判的個體性，透過經常聆聽學生的（以及教師的，視情況而定）文化與社會傳統這種方法，去學習更多關於個人特殊的歷史、文化、社會與經濟的環境與差異。舉例來說，批判的個體性涉及了解學生的家庭生活（假若家父長制或母權制支配了家庭），以及了解孩童在學校內外的社會生活，並且了解這些因素如何影響學生的學習。簡言之，批判的後現代個體性將得以讓批判的教育者聆聽學生的聲音。McLaren（1989）指出：「學生的聲音是受到自我特定的文化歷史與先前的經驗所形塑。」[21] 一位批判的教育者能把批判的個體性應用在日常的學校活動，因而能更加了解學生的社會與文化狀況。舉例來說，在一個所有學生都是非裔美國人的內城學校環境裡，假若我了解某些文化以團體的形式溝通，其效果會更好，則我可能會從一種比較傳統的教學技巧，即站在教室前方講課，改變成一種更強調合作的風格。了解種種文化如何形成，將會讓我得以改變教學的技巧。某些人在團體中或許會更為活躍，而非單獨一個人時那般鬱鬱寡歡。批判的個體性的另一個例子或許是了解到，在許多文化中，家務活動幾乎都由男性支配，所以當我（作為男性）強行要求女學生，要她們在課堂上公開發表意見（因為在她們的文化中，她們不會如此），縱使此舉在意圖上算是高尚而開明的，不過這可能會侵犯她們私人的文化符碼。這就是我先前的經驗，當時我在加州一所內城學校任教，該學校

所在環境主要是西班牙裔社群（見第五章）。我作為一名批判的
教育者並且關切批判的個體性，不以威權的方式把我的價值加諸
學生身上，我決意開始聆聽其他的文化，雖然我可能認為我的價
值優於其他的文化，且／或在意圖上比其他文化更為高貴。因此，
我從內到外地尊重其他文化的價值。顯而易見地，批判的後現代
主義者能夠在他自己的價值與他者價值之間移動，開啟對話，允
許學生去質問自我的價值，以及轉化可能存在於他們自身與他者
之間的不平等。總之，批判的個體性是關於改變個人，開啟他去
觀看、了解，並且協助轉化不平等的社會關係。

惡性的競爭和良性的競爭

惡性的競爭

　　在所有的學校（假若它們有傳統的偏向），競爭之為成功驅
力的一部分，顯然會以多重的形式表現出來。有種種的挑戰會使
人成為得最高分的優秀學生，或擔任啦啦隊、辯論隊隊長，或進
入各類運動的校隊，伴隨著這些角色而出現的是傲人的地位。學
生被教導：「盡己所能，追求最好」，這就是最被重視的規範，
而假若一個人沒有履行這項規範的話，他必定會在其社會與學業
的後果上蒙受災難。

　　強調這種的競爭形式就可稱為惡性的競爭（我任教的學校灌
輸這種想法，特別是關於運動與成績方面）。它是惡性的，因為

它提醒我們的是達爾文的適者生存理論。只有最優秀的人才能夠、才會成功，但成功的唯一方式，乃是犧牲另一個想要和你競爭的人；而這顯然是一種毫無道理的窘境。個人對成功的執迷在我們的社會是如此強烈，以致「個人的成就與成功，也包括了侵蝕我們對於平等的傳統承諾」22。這種競爭形式之所以是惡性的，乃因它在人與人之間引起負面的情感，並且貶低了個人的自尊。以下這個例子或許有助於讀者來理解。當我反省自己的學校教育時，想起我總是被推選為美式足球隊的隊長。我被賦予挑選隊員的責任，而我選擇的隊員不只是要盡全力獲勝，而是要能夠贏得比賽。重點是獲勝，而不是志在參加、不在得名，贏得比賽就是樂趣。我也想到那些我到最後才挑選的學生。他們是書呆子，我認為這些人無法幫助我達到獲勝的終極目標，雖然他們實際上具有贏得比賽的精神。就我而言，對於那些在運動以外領域獲得成就的人，我並沒有想到關於社會正義與平等、同情的問題。我念茲在茲的是贏過下一個人或下一個隊伍。由於勝人一籌的想望與需求，我所關注的乃是最糟糕的個人主義，因為它對別人的自尊也會產生負面的影響。

　　我不是唯一對於所堅持的競爭提出譴責的人。霸權有其微調的方式。我在每個地方都接收到關於這種競爭形式的多重訊息——在家裡、在同儕之間（特別是在教室，那裡對於高分的獎賞總是顯而易見）、和我的朋友走在街上、在課外活動，以及在媒體中。經過一番省思之後，我發現這種惡性的競爭形式變成一種社會控制的形式，以各種樣貌出現在我周遭，侵蝕了每一個體

以其真實自我被我看待的權利。我被迷惑了（當時的我毫不知情），而且坦白說，作為一種霸權的形式，我對自己還感到相當滿意。現代主義的成功，有一部分是讓我們對於追求成就和競爭感到愉快。也就是說，沒有競爭，也就不會有一個運作良好的社會，來確保某些人有特定的工作與不同的地位。在學校裡，這種醜陋的競爭形式無所不在，並且加劇個人主義的邏輯——為了成為第一名，須不計代價地奮鬥。

我不希望這本教科書的讀者認為競爭永遠是惡性的。就後現代的意義來說，假若我們延續下列論點，即學校能夠培育批判的個體性，那麼，在課堂活動裡，一個自認是批判教育者的教師必須主動創造有意義的契機，從而降低甚且取消惡性的競爭形式。從批判的後現代立場來看，學校要尋求可以在建設性的觀點之下去探索的競爭。

良性的競爭

Rich[23] 指出，良性的競爭必然包含對規則的遵從，同時其中每個人所欲追求的目標都是正當的。我想把這個論點再稍微往前推進一步，對批判的教育者來說，良性的競爭意謂著引導學生去了解競爭的多重面向。做到了這一點，學生就得以區辨各種不同的競爭形式。例如，良性的競爭可能會涉及學生在學科領域中展現他最高的創造力，而不是僅僅不利於某些人而已。再舉例來說，我可以藉由提升我個人的最佳成績，在一英里賽跑中保有競爭心，即使我在比賽中獲得最後一名；或者，我可能會把努力在考試中

獲得更好的成績作為我個人的目標，而不是把趕上其他人作為我的目標。

　　和Rich的看法不同，我認為只有當一個人主動地做出批判的選擇時，他才能了解良性的競爭，像是何時要與自己競爭。一個批判的教育者會讓學生警覺到惡性的競爭形式，並且引導他們探究另類的競爭形式。此外，批判的教育者確信，學校裡支持惡性競爭的其他領域會被積極地挑戰。在教學的實踐中，有意識地避免刻板印象、多樣的評定分數作法（同時告訴學生為什麼）、把合作式的學習團體和各種不同能力層級的學生混合在一起，以及鼓勵所有學生的個體性（這要求教師了解以及找出每一個學生的長處），這僅僅是培育良性競爭的幾種方式。

　　容我再說一次，在傳統的學校環境裡，一個批判的教育者不可能光是走進教室，然後就能徹底摧毀霸權。一些惡性的競爭形式總是存在，破壞著平等的社會關係，這是我們生活於其中的資本主義社會的本質。然而，在這個後現代的時期，批判的教育者的任務至少是要在學生身上播下批判思考的種子，讓他們得以去想像、感受衝突的競爭形式，並且對此施力。做到這個地步，就可能出現一種另類的、批判的後現代取徑，這種取徑能夠挑戰與取消惡性的競爭，並且創造一種我所謂的良性競爭的氣氛。

控制和民主

控 制

在現代世界，民主已經成為社會關係中的引導力量。集所有正面與負面特質於一身的美國，已經成為民主的國際範例。有些人認為，真正的民主在美國僅僅是個幻象（McLaren, 1989），學校所做的，與其說是提升民主，不如說是危害民主。若是考慮到關於學校退學率的可怕數據 [24]，以及學校裡種種殘酷的不平等現象（Kozol, 1991），則現代主義所追尋的平等只能說是失敗了，或至少是百病叢生。

傳統的（現代性的）[25] 學校非但沒有提升民主，它就如同工作場所與居家環境，依賴「控制機制」（Purpel, 1989）來確立它們自己的權威。在許多層面，這和民主的種種形式扞格不入。在第一章，我們曾談到教師績效交代的議題。現在，我就把績效交代連結到控制的議題。Purpel（1989）提到：

> 學校已經被績效交代的概念所迷惑，這種概念已經從學校之需要對社群的關切有所反應且承擔責任的說法，轉化為使用數字來證明學校已經符合最起碼的要求——是一種化約論，它賦予對控制的需求至為重要的地位，勝過對於教育的考慮。對控制的需求產生了控制機制，而這對學校來說意謂

著測驗的激增——此法乃粗略與不當地借自某種工業背景，這是一種品質管制的機制。透過強烈要求在特定的測驗上有事先規定的最起碼表現，我們控制了課程、教師與職員……在此狀況下，意謂著效率、本益比、品管、生產等隱喻……對於控制的觀念也表現在關於「訓練」的學校政策上，這是個有趣的詞彙，而它已轉變成對行為的控制[26]。

　　我想把 Purpel 所提出的控制概念再往前推進一步。學校控制我們行動、感受與思考的方式。假若我們延續霸權可用控制機制來灌飽個體（像是媒體與商品文化）的這個論點，則學校這個場所就自然可受到理念與價值的支配。當沒有意識到該以選擇來挑戰理念或情感結構時，就自然會出現控制。當我觀看電視上播放的啤酒廣告，我發現到，男子氣概的行為在社會中獲得讚賞，就像運動健將的行為受到讚賞一樣。當我觀賞電視喜劇「班上的頭頭」，我學到如何嘲笑書呆子。當我觀賞電視遊戲節目「家庭宿怨」（*Family Feud*），有個問題在節目中被問到：請說出學校裡集體蹺課的五種學生。第一個答案是運動健將，第二個答案是書呆子，第三個答案則是啦啦隊。把這些詞彙的意涵視為常識來接受，或者這些詞彙的社會建構成為控制機制，則扼殺了創造力，並且阻礙形成另類的教師、學生、行政人員，以及妨礙意義的公眾建構。

　　綜上所述，透過政府的外在壓力（聯邦政府的報告《處於危機中的國家》支持更多的家庭作業、更長的上課時數、更多的測

驗等等）、家長的期望、教師的預期以及一種價值取向，傳統的
學校行使著控制權，而所有這些都披上了創造民主之外衣。

民主

　　我們可以這樣說：公立學校多半被賦予維持與提升民主原則
的責任。一些學校課程，像是社會研究、公民課程，以及政府與
歷史的課程，是教導這些民主原則的不可或缺途徑。然而，批判
教育學卻認為，民主的原則必須含括在所有科目領域與所有課外
活動的學校經驗中成為統理原則才對。這其中不僅必定要有學生
治理，同時也要有教師治理，特別是關於課程與其他政策內容，
這些政策將會直接或間接影響學校裡的課堂活動或教師的生活。

　　在一種批判的後現代情境中，批判的教育者將會尋求挑戰控
制機制的方式。教師的權威就在於他能和學生協商，也就是說，
在科層體制承認的權威範圍內，教師將創造一種容許公開商議師
生關係的教室風氣。師生的關係將變成對話式的關係，而不再是
疏遠、冷漠的。決定的過程可以由師生共享，這方面的例子包括：
師生透過合作寫出班級規則來形成對行為控制的限度，以及師生
協商各種形式的測驗與考試（我稱它們為知識的童軍大會，用以
降低學生的緊張程度）。在我求學的經驗中，民主並不是學校體
系的一部分。身為學生，我們在課程議題上沒有選擇的餘地（正
如大部分的教師），並且在制訂班規上也沒有發言權，我們是被
徹底地控制。

　　批判的後現代主義試圖創造與培養一種民主的教室環境。在

這過程當中，持批判教育學立場的教師會嘗試去消除負面的個人主義與惡性的競爭（這兩個原則違反了平等與公正的公民參與），以及其他的霸權控制形式。更多的合作式學習（這意謂比較少採用講課的方式，而且學生厭惡考試這件事會被永遠地遺忘），較少強調成功的價值作為上學的主要原因，更多個別的學生參與寫作、語言與數學的專題計畫，這樣才得以讓學生的聲音可能被聽見。在民主的環境裡，一個自認是批判教育者的教師必須試圖聆聽學生的聲音。不這樣做的話，意謂著教師（不自覺地，同時可能沒有意識到）拒絕學生參與民主的要求。

在傳統的學校環境裡，一個自認是批判教育者的教師必須覺察到種種的控制機制，且要在它們的局限之內發揮作用，去創造民主的環境。舉例來說，一個自認是批判教育者的教師尋求以民主的方式進行測驗，與行政人員以及學生協商課程，並且在學校的規則內運作，去創造所有人都能和諧共處的正義與公平體系。所以，這將不會只是一個或兩個隊長，或是運動隊伍的領導者（如同我在念書的日子）。成為一個團體的首領或領導者，將是任何一個抱持此種想法的人的一項可能選擇。簡言之，批判的後現代主義就是要檢視控制如何以其多重形式，來暗中破壞民主環境的主義。批判的教育者致力於探索我所謂的「民主控制」的途徑。這並不是一個衝突的詞彙。民主的控制假定批判教育者為了要在教室內外找到民主的方式，願意並且能夠控制一個人的生活。為了做到這一點，每位教師都必須承擔現代主義對於創造性個人思考的追尋，並且將此結合到後現代不斷解構的概念中，特別是那

些被視為理所當然、破壞個體思考的日常活動。我認為，結合了
這兩個傳統，將得以彰顯批判的後現代主義，並且讓批判的教育
者得以去探索在教室中建立民主關係的方式，從而擺脫不民主的
控制機制。

威權主義和權威

威權主義

批判教育學的學者可以了解，學校（如同傳統方式所描述的）
的本質就是威權主義。也就是說，控制機制（標準化的課程、嚴
格的規則結構、由上而下的階層體制，以及時間的限制）引導著
學校的現代威權性。從間接的角度來看（例如，由我的英國史教
師跟 Twomey 先生所證明的），與種族、階級、性別之區分有關
的特定刻板價值，就變成了威權控制的另一管道。

這些控制機制用科層體制來豢養它們的各個領導。明確界定
的結構領導者與他們的部屬形成一種控制的階層與勞動分工（教
師的任務、各式各樣與男性相關或女性相關的學生工作、校長與
副校長的任務區分、男性擔任支配的校長與女性擔任副校長）。
從督學到校長與副校長，到諮商師、教師、秘書、管理員（有些
地方還包括學生），學校已經變成一個權威在其中成為宰制價值
的典型場所。從前我讀中學時的校長與教師都是威權主義者，他
們使用權力與／或控制樞紐來屈從我的自尊——不論是有意的還

是無意的，不論是透過考試或刻板印象。

權威

在批判理論的傳統中，權威的概念有多重的涵義。首先，在學科知識領域方面，教師是一種權威。其次，教師不是課堂上唯一的權威。教師與學生分享彼此的知識，學習變成是互補與對話，亦即，教師同樣也在學習——特別是關於學生的文化。換句話說，學生成為他們自己文化的權威。例如，對白種男性或女性來說，若是想在內城區當個勝任的老師，則他必須了解與尊重學生的文化差異。第三，教師能夠使用他們的傳統權威去創造關懷與教養的關係，進而挑戰壓迫的性別、種族與階級的刻板印象。教師必須掌握學生如何把自己關聯到種族、階級與性別，並處理座位安排、課堂中的語言建構，以及能廢除刻板印象。這些不過是教師在批判權威的脈絡中必須照料的幾個例子。

簡言之，關於權威的一種批判的後現代用法，也會為教師與學生開啟討論差異的管道。因此，這種權威的概念取代了普遍出現在美國校園中的威權主義的結構面向（這也是我在澳洲求學與在以色列教書的現象）。一種批判的、後現代的權威概念能讓師生探索多重的管道，且由茲而能對權威之為物以重建社會關係之名來加以重新界定，這不只是批判的，也是一種創造空間的視角，來重新定義權威能以何種形態出現，不論是在個人生活或在公共生活。一種批判的後現代權威概念首先允許權威的多重運用，並且由多人共享。教師與學生將可討論語言的使用、刻板印象以及

座位安排，由此展開多重層面的對話。若能達到這個目標，將得
以改變那些威權主義的方式，而生活於其下的教師命運也得以重
行建構。

傳統的權能賦予和批判的權能賦予

傳統的權能賦予

　　就像大多數在學校中流傳的概念（例如：什麼才算是一個真
正的教師，或者怎麼樣算是個傑出教師），「權能賦予」的概念
已經加入了教育學專門術語的行列。學校裡的教師、碩士與博士
層級的學生，以及教育基礎課的在職與職前教師，在我和這些人
互動時，我發現「權能賦予」這個字眼已經全面地進入了教師的
語彙 27。此外，許多作者（包括我自己）曾經寫過關於權能賦予
與其多種用法的文章。對於這樣一個詞彙的傳統用法與批判用法
作一個簡短區分是應當的，因為它會讓讀者了解我在這整本書中
如何使用這個詞彙。

　　傳統的權能賦予是指涉學校的全體人員（行政人員、教師，
尤其是學生），他們若非被授予權力，或者授予他人權力，不然
就是擁有做決策的制度性權力。我稱這種形式的權能賦予為制度
性的權能賦予。舉例來說，校長是由當地學區授予其權力來領導
他的員工、做決定與委派權威。這樣的決定可能包括校長能夠制
度性地賦予職員權能，讓職員制訂學校的行事曆、撰寫政策，或

運用學校本位管理策略（site-based management tactics）來分配教師的權力。這可能包括創造一種對話關係，而不是威權取向的管理。

關於教師這方面，制度性的權能賦予可授予教師一些權威、自主性，並且控制他的勞動[28]。制度性的權能賦予包括教師有能力做決定（包括政策與個人），為他們的學生選擇各種不同形式的特定課程，以及掌握他們的專業（持有種種的教育工具，像是多樣的教學風格）。一名由制度所賦予權能的教師常會充任墨守成規的專家[29]。在一個傳統的環境裡，這通常意謂著遵守政策、服從穿著打扮的規範，以及在一個階層體系中保持與他者的距離（校長、學生與職員）。

在現代性的傳統中，所謂傳統的權能賦予必預設了這對所有人來說都是公正的遊戲。即教師在他們平日與習慣的脈絡裡被假定擁有權力，並且會平等地使用權力。不幸的是，這種預設當中存在著一種固有的矛盾，縱使傳統的權能賦予是一種良善與高尚的概念，但它是存在於一種階層的傳統中。在這種模式之中的權力本是不平等的。換句話說，教師被權能賦予而進入不平等的社會關係，之後對他們而言，在這種不平等的社會關係裡，誰將要被賦予權能是被決定的。回到我在中學教書的例子，校長賦予教師權能（我自己也包括在內），讓教師成為主動的課程制訂者。能夠由自己來選擇課程的這種感覺真是美好。權能賦予看來好像是適當的，我對他人可以感到平等，對我的專業生活有控制感，以及有自由感。我被霸權馴化，對這一切都感覺自在。然而，我

並未發現其中存在著一種潛在課程。因此，當時我無法理解：假若我在課程內外從不質疑我傳遞給學生的課程知識，那麼就我之被賦予權力去制訂課程，就意謂著此權能賦予毫無意義。在大多數情況下，我在以色列任教時的中學教師，從未質疑被挑選為教材的書籍有何效度。例如，當我們進行討論時，從未有人提出課程中關於種族、階級與性別有何問題。

批判的權能賦予

從傳統的權能賦予一下子跳到批判的權能賦予可能會令人混淆。然而，為了把問題簡化，我應該指出一點，批判的權能賦予必然涉及校長與教師（因為本書關注的是教師，我將主要指涉教師）有意識地反省學校裡的全部活動（同意的決策與政策、課程使用等等）。我稱此為文化的權能賦予（cultural empower-ment），這種文化的（批判的）權能賦予必然包括對學校裡各種文化相關問題之有見地的決定。為誰做此決定，為何做此決定？為什麼我需要另類的教學方法論？我的決定如何受到我置身的傳統環境所影響？我是否強化了刻板印象？我是否再生產了不平等？我如何能暗中杯葛不平等？我如何挑戰由學校所制訂的、異化的績效交代措施？有什麼樣的另類測驗形式存在，不會把學生做不適的分流？我的教學如何影響種族、階級和性別？這些類型的問題成為批判地（文化地）賦予教師權能的要素。在批判的後現代主義中，教師必須嚴肅地探討與種族、階級與性別相關的多重知識形式，他必須銳意修改與／或改變課程使用，來減緩異化、屈

從與對他者的壓迫。批判的教育者不但要尋求讓上述探究允以進行的問題，同時也要尋求幫助改善不平等現象的答案。

　　簡言之，制度性的權能賦予是功能性的。它給予教師做決定的空間，並且讓教師感受到小規模的自主以及控制他們的勞力。制度性的權能賦予是一種被授與的權利，這種被授與的權利類似法律，並且依附在制度底下。例如，孩童有上學的權利，這種權利會延續到他十六歲為止。因此，制度性的權能賦予只被在地的權威（例如：教師有特定的制度性權力，像是有權決定一些學科的評量與分數）所授與。然而，批判的（文化的）權能賦予需要更多的教師來反省與行動，在教師任職的學校體系內注入改變的因素。作為批判的、後現代改變的行事者，當批判的教師開始轉化學校裡的文化時，他們就應是被文化地與批判地賦予權能——舉例來說，挑戰刻板印象與種種的分流形式。一個被文化地與批判地賦予權能的教師，即持批判教育學立場的教師，截然不同於被制度性地賦予權能的教師。

傳統的識能和批判的識能

傳統的識能

　　就現代主義的意義而言，基於機會平等或者平等地使用社會的財貨與服務，在一種社會效能的環境中創造具有讀寫能力的學生，傳統上是學校的道德義務。在完成學業之後，這就轉變為受

僱而工作。在此,我指的是功能性的識能,或者「在解譯簡單文本時,學生所需具備之特定技能的技術操作,這些文本像是街頭的符號、說明手冊,或是日報的頭版」[30]。功能性的識能包括數學運算,以及基本的閱讀與寫作技能。有些人認為,當所有的學生升到十年級或十二年級的能力時,就會具備功能性的識能。另一些人則認為,功能性的識能等於四年級或五年級水準的能力。有人指出(並且業已證實),有六千萬的美國人是功能性的文盲,以及「二千五百萬的美國人無法閱讀殺蟲劑瓶罐外的毒物警告,無法閱讀來自教師的信函,或者報紙的頭版,還有三千五百萬人的閱讀水準低於在本社會中生存的需求層次」[31]。這裡的重點不只是憂患意識,同時還要了解,在現代化的美國,傳統學校既是功能性發生的場所,也即是文化發生的場所(學生不論是什麼種族、階級或性別,他們的學習方式都不同),因此當著重在增加功能性識能的學生數量時,也必須增加具有批判識能與文化識能的學生數量。

批判的識能

批判的識能不同於功能性的識能。批判的識能在後現代的意義上賦予個體權能,讓他們去分析與綜合學校的文化以及他們自我特定的文化環境(種族、階級與性別關係,當這些關係連結至政策制定、課程關懷、師生之間與師師之間的關係)。在這種後現代的批判識能中,批判的教育者會有意識地做道德上與政治上的決定。像是對性別與種族的感受性就會變成首要的議題。舉例

來說，批判的識能意謂著教師有意識地把合作式學習團體劃分成（透過與學生民主地協商）在種族、階級與性別上平等的小組。批判的識能得以讓教師把課程的文本和學生的經驗做連結——使得課程知識有意義且切題，同時作為教師與學生之反思。批判的識能激勵了那些在教室內外對於轉化大業扮演行動者的教師。改變必得從一種批判的立場來加以闡明，也就是說，被視為改變的，與其說是實用地獲取學校知識這個層次（雖然這確實是重要的，同時也不應該加以否定），不如說是教師與學生有能力成為更好的消費者，以及充分了解引起功能性文盲的文化因素，特別是社會經濟的條件。

結論

有個非常重要的論點必須釐清，在傳統的環境中（如同多數教師剛展開職業生涯時所面臨的環境）轉向批判教育學的立場並非易事。依照我個人作為學生、教師與教授的經驗來看，質疑現狀永遠是會受人疑問的，即使這是為了學生與教師的終極福祉，所以這種轉向必須小心地嘗試。

我已經試著描述如何透過二元對立的觀點來檢視學校。在這個脈絡底下，只說一個教師採取傳統或非傳統立場，就是好的或糟的現代主義者或後現代主義者，未免過於簡單。這一章描繪了學校如何結合與混合了上述諸般傳統而成為一個二元對立中的含

混形構。就後現代的意義而言，沒有任何對立會永遠停滯不前。舉例來說，我可以同時被傳統地與批判地賦予權能，或者我可以是一個權威同時也是個威權主義者。對我而言，成為教師的優點似乎在於：沒有一個教育者是非黑即白、非去技能化即再技能化等等。在最適當的後現代意義上，教師與學校是多重的主體與客體，由無窮無盡的部分所組成，從來無法被清楚地定義，以致沒有任何單一個體能夠說：「我非此即彼」。即使我能說我是一個批判的教育者，我也必須了解，我就有許多的認同。從傳統與批判的意義來說，我也是現代主義環境下的產物。我還是一個成長於男性宰制社會與威權主義學校體系下的男性。我可以自稱是個批判的教育者，但是在這樣做的時候，我必須在不只單一特定的後現代傳統中發揮作用。因此，就後現代的意義而言，我了解到我不光只是一個批判的教育者，還是一個製造種種不平等關係的傳統體系之產物，同時試著去生存、忍受，然而也想要改變它的壓迫形式。

接下來的一章，我將呈現教師在課堂上可以使用的策略，這些策略更加精緻、更加複雜，使課堂同時成為批判與政治的講台——它是抵抗霸權的場域，也是順從（適應）不平等的種族、階級與性別關係的場域。本書將會有助於（即使只在某程度上）在傳統學校環境架構底下發展出一種視野與方法論，提供有別於傳統學校架構所支持的呆板觀點之外的選擇。我希望它提供學生一種視角，從而把學校看成是社會機構與文化場所，在那裡能出現事件的多重解釋。然而，這些事件的詮釋卻會一直環繞在作為教師

的你是誰、你所相信的是什麼、你所致力投入的是什麼，以及你自己看見的是什麼願景，來引導你參與長遠未來的美國教育。

課堂活動

1. a. 將全班學生分成四個或五個組，讓個別學生在各組中討論他們類似的、不同的個人經驗與受教經驗。

   b. 在每一組中指定一個人，當其他組員各自講述他們相似與相異的經驗時，擔任記錄。

   c. 把組回復到全班，並且討論各組之間相似與相異的共同之處。

2. 在各組中，對於本章所敘述的概念之意義作成摘要，看它和學生先前的經驗有何關聯。各組可以討論相同的概念，或者每一組決定要討論哪個概念。在此狀況下，讓各組可以民主地決定他們喜歡討論的概念為何。

3. 把學生分成兩個辯論隊，每一隊形成一個組，並且以「站在傳統立場」或「站在批判立場」來做辯護（例如：關於權能賦予上，或去技能化／再技能化都可）。這個任務將持續大約十五分鐘。每一組（當然各個成員會有許多不同的貢獻）將敘述其對於一個概念所贊成的立場為何，以及這種立場可以如何做實務應用。這個活動可分配五到十分鐘，每一方將允許有二至三分鐘的反駁，可以由教師任意選擇兩名學生擔任裁判，評定每一方論點的優點與缺點。

4.把班級劃分成「民主的」與「保守的」擁護者,讓他們建立其認為和日常學校議題有關的「現代主義」與/或「批判的後現代主義」會有何說法,這些議題可包括像選課、分流制度、社團等等。

問題討論

1.什麼是批判理論的主要目標?
2.以下列關於學校(以及任何其他)的電影為基礎,討論影片如何描繪學校裡的霸權與反霸權形式:「春風化雨」(*Dead Poets Society*)、「吾愛吾師」(*To Sir, with Love*)、「早餐俱樂部」(*The Breakfast Club*)、「打開音量」(*Pump up the Volume*)、「實用教程一八七」[32](*Stand and Deliver 187*),以及「鄰家少年殺人事件」(*Boyz N the Hood*)。
3.討論你以學生的身分所體驗到的偏差與/或抗拒的行動。
4.說出教師在學校中被去技能化與/或再技能化的有哪些領域。
5.多元文化主義是否可能來自批判的立場?描述一個人如何對其他文化產生同理心。
6.作為一個教師,你如何去培育更多的個體性而非個人主義?釐清你對特定例子的回應,這些例子來自於你過去的與/或當前的學校經驗。
7.身為一個教師,講述你如何在一個既抑制民主、同時又聲稱支

持民主的體系內發揮作用。以此作為一種核心主題，你過去的經驗如何能將這種現象放大到讓人知曉？

8.假若你宣稱已被賦予權能，則就你對教學這項職業可能的貢獻來說，這將意謂什麼？

9.關於識能／文盲的議題，身為一名教師，你扮演了什麼樣的角色？

10.現代主義與批判的後現代議程中，有什麼相異與／或相似的目標？

11.在閱讀本章之後，討論你身為教師所扮演的角色為何？這個角色與你習慣上（根據傳統而言）所思考的，有多大的差異？

12.當你持續討論、思考第一章和第二章的議題時，你的教育哲學產生了什麼改變？

附註

1　Paul Willis, *Learning to Labor: How Working Class Kids Get Working Class Jobs* (Lexington, Mass.: D.C. Heath, 1977); Jean Anyon, "Social Class and the Hidden Curriculum of Work." *Journal of Education,* 162 (1), 1980, pp. 66-92; Jean Anyon, "Social Class and Social Knowledge." *Journal of Curriculum Inquiry,* 11 (1), 1981, pp. 3-42; Jeannie, Oakes, *Keeping Track: How Schools Structure Inequality* (New Haven, Conn.: Yale University Press, 1985).

2　Henry Giroux and Roger Simon, *Popular Culture, Schooling and Everyday Life* (South Hadley, Mass.: Bergin & Garvey, 1989); Barry Kanpol, *Towards a Theory and Practice of Teacher Cultural Politics: Continuing the Postmodern Debate* (Norwood, N.J.: Ablex, 1992); Peter McLaren and Rhonda Hammer, "Critical Pedagogy and the Postmodern Challenge." *Educational Foundations*, 3 (3), 1989, pp. 29-62; Elizabeth Ellsworth, "Why Doesn't This Feel Empowering?: Working through the Repressive Myths of Critical Pedagogy." *Harvard Educational Review,* 59 (3), 1989, pp. 297-324.

3　Philip Jackson, *Life in Classrooms* (New York: Holt, Rinehart and Winston, 1968); Andrew Gitlin, "Understanding Teachers Dialogically." *Teachers College Record*, 91 (4), 1990, pp. 537-563; Kathleen Weiler, *Women Teaching for Change* (South Hadley, Mass.: Bergin & Garvey, 1987).

4　Henry Giroux, *Border Crossings* (New York: Routledge, 1992), pp. 39-88, 161-179; Peter McLaren, *Life in Schools* (New York: Longman, 1989); Kevin Harris, *Teachers and Classes: A Marxist Analysis* (London: Routledge & Kegan Paul, 1982); Hank Bromley, " Identity Politics and Critical Pedagogy." *Educational Theory,* 39 (3), 1989, pp. 207-223.

5　Jonathan Kozol, *Savage Inequalities* (New York: Crown, 1991), pp. 83-132.

6　Michael Apple, *Teachers and Texts* (New York: Routledge & Kegan

Paul, 1986), pp.31-80.

7　Oakes, *Keeping Track,* pp.1-14; Samuel Bowels and Herbert Gintis, *Schooling in Capitalist America* (New York: Basic Books, 1976), pp. 53-101.

8　Robert Bullough, Andrew Gitlin, and Alan Goldstein, "Ideology, Teacher Role and Resistance." *Teachers College Record,* 87 (1984), pp. 219-237; Michael Apple and Keith Teitlebaum, "Are Teachers Losing Control of Their Skills and Curriculum?" *Journal of Curriculum Studies,* 18 (3), 1986, pp. 177-184.

9　Barry Kanpol and Fred Yeo, "Teacher Education and the Inner City School Gap." *NASSP Bulletin,* December, 1990, pp. 83-87.

10　Svi Shapiro, "Capitalism at Risk: The Political Economy of the Educational Reports of 1983." *Educational Theory,* 35 (1), 1985, pp. 77-79; "Reply to Stedman." *Educational Theory,* 37 (1), 1987, pp. 77-79.

11　Apple, *Teachers and Texts,* p.163.

12　Harris, *Teachers and Classes,* pp. 65-67.

13　Apple, *Teachers and Texts,* pp.54-80; M. Strober and David Tyack, "Why Do Women Teach and Men Manage? A Report on Research in Schools." *Signs,* 5 (31), 1980, pp. 19-27; David Tyack and E. Hansot, "Silence and Policy Talk: Historical Puzzles about Gender and Education." *Educational Researcher,* 17 (3), 1988, pp. 33-41.

14　Stanley Aronowitz and Henry Giroux, *Education under Siege*

(South Hadley, Mass.: Bergin & Garvey, 1985).轉化型知識份子是指致力去了解在學校周遭與學校裡壓迫性社會結構（種族、階級與性別）的教師。轉化型知識份子也試圖去改變這些結構。

15 Derry Township 學區，賓州，10 月，1991:3。「英文／閱讀課程之回顧與計畫過程的願景報告」，以及所有其他的課程材料，其中包括「商業教育與科學」。

16 Antonia Darder. *Culture and Power in the Classroom* (New York: Bergin & Garvey, 1991).

17 Carl Grant and Christine Sleeter, *Turning on Learning: Five Approaches for Multicultural Teaching Plans for Race, Class, Gender and Disability* (New York: Macmillan, 1989); James A. Banks, *Multiethnic Education* (Boston, Mass.: Allyn and Bacon, 1994).

18 R. Bellah et al., *Habits of the Heart* (New York: Harper & Row, 1985); Christopher Lasch, *The Culture of Narcissism.* (New York: Norton, 1978); Christopher Lasch, *The Minimal Self* (New York: Norton, 1984).

19 David Purpel, *The Moral and Spiritual Crisis in Public Education* (South Hadley, Mass.: Bergin & Garvey, 1989), p. 35.

20 同上，p. 37。

21 McLaren, *Life in Schools* (New York: Longman, 1989), p. 230.

22 Purpel, *Crisis,* p. 37.

23 J.M. Rich, "Competition in Education." *Education Theory,* 38 (2) 1988, pp. 183-189.

24 Kozol, *Savage Inequalities,* pp. 7-39.

25 譯註：對作者而言，在美國所謂「傳統的」即是指「具有現代性的」，在此文中也簡稱「現代的」。此一用法當然和中文慣常的用法不同，請讀者注意。

26 Purpel, *Crisis,* pp. 48-49.

27 譯註：除了在教育學以外，我們在台灣也可以看見許多有關社會運動的討論都曾經頻繁出現這個詞彙，它的中文譯法有許多樣貌：「賦權」、「培力」、「增能」、「使能」都有人使用。譯者們對以上譯法都不反對。但在本書中，我們決定使用一個最不會被誤解但也最長的四字譯法。這譯法的好處是：它可以視文法脈絡的需要而變成「權能賦予」、「賦予權能」來作交換使用。

28 Harris, *Teachers and Classes,* pp. 35-37.

29 Barry Kanpol, "A Contradiction in Teacher Professionalism: A Gender Critique." *Critical Pedagogy Networker,* 2 (4), 1990, pp. 1-5.

30 McLaren, *Life in Schools,* p. 196.

31 Jonathan Kozol, *Illiterate America* (New York: Doubleday & Company, 1985).

32 譯註：以上兩影片的譯名係譯者根據字面意義而定，並非該片既有的中文片名。目前還無法查到該片是否曾經在華語地區上映過。歡迎讀者賜教。

3

文化之中與文化之間的
緊張

導　論

　　本章係針對 Hillview 初級中學這個特別的個案研究來呈現其背景環境的大體描述[1]。下文首先要敘述學生、教師與行政人員的概況，其次則將檢視學校當局的例行活動以及各種破例（即實用的例行活動），其中表現了教師們的思想、認知與行動。這一章是我進行的三項教師個案研究之中的第一項，它的緣起要回溯到十多年前（回到一九八五年，我當時還是研究所的學生）。在後續的個案研究中，我進一步發展我的理論知識。從我所提出的問題以及所發展的理論表述，讀者將會見證其自然的演進過程。此外，這一章提供最後一章的一種背景，就是可憑此而討論在批判教育學的平台上的批判教育者與學校、可能的課程考量，以及其他實務與理論的考量。

學校的概況

　　本研究中的學校（Hillview）如果說是位於郊區中上階級的地區，讀者應也不會感到訝異。學校周遭的環境可說是相當寧靜。當我右轉至學校所在的那條街時，我經過一家標價偏高的 Lawsons 食品店。通常在我往學校的路上，我會在這裡中途下車、很快地

喝杯咖啡；店裡的餅乾、牛奶，以及有次我所需要的卡帶，其標價總是令我詫異。彼時 Lawsons 食品店裡的乾淨和明亮的光線，以及店方一直有「祝你有美好的一天」的親切態度，和我所要說的 Hillview 初級中學的氣氛形成強烈的對比。

　　當我驅車離開 Lawsons 食品店，會經過基督教青年會（Y. M. C. A.），以及一些供休閒活動使用的開放草坪。每當我經過基督教青年會，抵達 Hillview 的時候，在外面的人總是不多。在這一日之始，這裡有安寧、平和與靜謐的氣氛。在我待在這個學校的那段時間，基督教青年會的草地總是青青蔥蔥或整片覆蓋著白雪。往學校的道路銜接至一條通往城裡的主要幹道，因此，這條狹窄的道路向來都是川流不息。通常會有五、六輛校車停在學校外頭，它們接送的學生是從鎮上的東區搭車過來。我大約在上午七點十五分到校，若干教師與行政人員的車子在我之前或之後抵達。當我從 Lawsons 食品店折返時，位於 Lawsons 食品店左側的警察局必然會映入眼簾，它與當地的社區游泳池只有不到幾碼的距離。開車到學校，在 Lawsons 食品店駐足片刻，以及在戶外準備我上午的課程，總是令人覺得愉悅。

　　當我下車時，會感覺到有一股上工廠的氣氛。然而，這要歸因於我個人的經驗，因為我過去曾經早起上班，當時的我既是個工人，也是一名教師。而在我上班的時候，外頭仍是黑壓壓的一片，因為當時季節正值隆冬。

　　那裡的學校沒有正式的時鐘，然而上午七點二十分左右，校長會站在校門外迎接到來的學生。我對校長道聲早安之後，迅速

地走進校舍。

　　我打開教師辦公室的大門，大部分的教師不是手捧報紙就是端著咖啡，我聽到他們在閒聊這個那個學生，或聊些私人話題。他們坐在兩張圓桌旁，緊鄰圓桌的是三張老舊的紅色沙發。學校的管理員與校車司機也坐在這裡。廚師在上午六點到校後就開始幹活，到此時他的工作已經相當忙碌了。

　　當我坐著喝咖啡，思考我即將到來的一天與目前的研究時，不禁覺得，在我短暫停留在這所學校之後，我幾乎已經算是這裡的人了。我在 Hillview 裡感到很自在。圖書館員對來自市中心參訪的人說道：「喔！他是我們學校的一份子。」「他住在我們這裡。」圖書館員還會補上一句。因此，難怪我在教師辦公室這個像家一樣舒適的地方，對於其他的教師、廚師與管理員都參與其中的工作氣氛會感到很自在。

　　Hillview 是這個市區的一所大型初中。學校裡有三十三位教師，平均的教學經驗是十三年。大部分的老師有碩士文憑，只有少數的老師是學士學歷。

　　這所學校裡有各式各樣的學生文化。對這項研究而言，大部分的學生文化都極為顯著，雖然有些學生會以層出不窮的方法反抗權威，但還有一些學生謹遵師生之間互相交換的成文與不成文規則。這種交換意謂著：為了答謝教師的知識、技能與價值，學生將會遵守規矩並且服從教師的權威。打破規則、不尊重教師等等則是對此交換的不同意。我穿著牛仔褲和學校中最優秀的學生一起打籃球，不拘小節地談話，由此我認識到他們對教師、學校，

以及他們日常生活的一般觀點。

學生的膚色、種族與性別呈平均分配，60%的學生是白人，35%是黑人，另外還有5%的柬埔寨難民。校長自豪於「英語作為第二語言方案」（ESL），他也覺察到學校的工人階級性質。他說應該對這種類型的學校進行研究，但是卻沒有人作過。他在訪談中對我提到：「我們像是個學校的處女地。」

免費用餐或部分餐點津貼分配至70%的學生。這所學校的學生通常來自貧窮或破碎的家庭，他們的成長環境無法讓他們發展對學業的興趣。在走廊上總是有這樣的節奏──有些學生用一種很特別的音調談話，這是源自「哥兒們關係」（hoods）。而這裡也有一些升學班的學生（preps），他們則沒有集體的聲音。這是這所學校中兩種學生的刻板印象。

Hillview是多年前設立的一所初級中學。它的大禮堂看來陰沉沉的，裡頭光線不佳。在學校開學前，寬敞的走廊總顯得空蕩蕩的，灰色的置物櫃排滿在學校一個樓層的每一個方向。那裡有上下課鐘聲、消防演習以及定時的集會。體育設施在這棟大樓最遠的一端，遠離行政辦公室。當學生把這個空間占滿時，總是會聽到急促的哨音，還有老師隔著走廊對學生吼叫，禁止他們奔跑或搗蛋。一些教師的表情傳達這樣的情緒：「噢！又要和這些學生混一天。」教師與學生的洗手間設施相當老舊，還有一間寒酸的教師辦公室。教師辦公室和校長與副校長辦公室形成強烈的對比，後兩者有明亮的光線、暖氣，並且一塵不染，一走進後兩者的辦公室很快就會注意到裡頭有地毯、整齊的櫃子，而乾淨的咖啡壺

中正煮著新鮮的咖啡，還有最新的閱讀材料。這種工作區的明顯差異正定義了為什麼教師在此一研究中老覺得他們與行政人員之間有所差別。這種地位的差異確是存在的。

為了這項研究的目的，我將以字母 X、A、W 與 Y 來指稱某幾位教師，在我提到八年級的其他老師時則用「另一位教師」。考慮到教師對於學校課程與教學的不同觀點，在教師之間進行區分是必要的。教師 X、A、W 與 Y 在想法與行動上分享著共有的聯繫——他們是這所學校八年級教師團隊之中的一部分。

X 先生

X 先生的身材高頎挺拔，而且衣著講究。他繫著領帶，頭髮總是往後梳得相當整齊。他細心照料的鬍子讓他有一種特殊的外表。當他站在門外（這是位於學校辦公室的相反方向）觀察經過的學生、教師以及行政人員時，他是一個能予人深刻印象的人物。X 先生對於 Hillview 的生活以及學校裡的人，包括學生、其他教師與行政人員，有他固執的想法。

他工作勤奮，而且總是忙碌不已。當他站在班上盯著學生看時，人們會認為 X 先生讓事情在控制中。他交代作業與做出處罰時毫不拖泥帶水。他有時會諷刺學生，而且很少在課堂上微笑。X 先生會開玩笑地對一名學生說：「我知道你跟平常一樣做不出什麼好事。」他也會說：「你們這些傢伙都不知道自己該往何處去。」當他對著班上說到關於課表異動一事時，理所當然地認為

他的班級將會因為課表變更而迷失方向，或他們不贊成更動。他是那種會嚴厲要求學生的老師象徵，不論是他的站立姿態與位置，對於坐在他面前的學生來說，都是高高在上。

他有條不紊地執行健康與自然科功課，檢查學生該完成的作業、回答問題，以及用幾乎不停的速度持續地回答。他以電影與外聘講者的形式來變化教學活動。他的學生不敢私自交談，假若他們這樣做的話，會立即受到處罰。在他的教室裡，工作即是一天的秩序——指定單元活動、反覆的練習，或從書本或投影機中抄寫筆記。X 先生說他想要在學生身上灌輸一些責任感，他正是從這個立場出發來從事他的工作。

他終日忙碌，總是帶著他的成績冊以及課程教材，尋找適當的地方把它們放下來，依某種秩序來安排教材，而一個乾乾淨淨、井然有序的班級就是他的責任。

然而，X 先生卻感到挫折。他想離開這所初中，進入高中，或者可能的話完全離開公立的教育體系。儘管如此，他依然對有關學校的議題嘲諷不已，他相信這是因為學校有個差勁的行政部門。

A 女士

如同 X 先生般，A 女士總是衣著光鮮，有著一頭往後梳的鬆髮。她的個頭不高，但是這點並不明顯，因為 A 女士站得直挺挺的，她的聲音有種權威的調調。A 女士不論是在教室裡外總是做

著繁忙的工作、準備學生的學業活動，或用電腦來記錄分數與準備習題，或甚至做些行政事務，譬如提醒教師特定的課外活動，像是校內的體育活動之類。她說這個工作是學校工作真正困難的地方，這也是行政人員不想做的事。

A 女士採取強勢但卻友善的教學方式。她試著在作業方面有所創新，她的方式是允許學生自由選擇符合他們水準的閱讀材料，而不是命令他們閱讀指定的課程，她認為後者超越了他們的閱讀水準。

若說最投入或者積極參與 Hillview 生活的老師，則非 A 女士莫屬。她關切所有的行政決定，而不僅是那些會影響到她個人的決定。她經常在校長面前說出她個人關於學校議題的意見。

一方面，A 女士沉默寡言，但當學校政策的議題（這顯然困擾著她）成為討論的主題時，A 女士會激烈地表達她的意見，而且樂意和他人交換意見。

她不會對學生冷嘲熱諷，且試著多認識關於他們的家庭背景。她是一個有愛心的教師，總是輕聲細語地對學生說話，而且抱持同理心來聆聽學生的問題。A 女士被一般人認為有挫折感，而且她寧可教一個英文以外的科目。她說她教數學的樂趣來得更多。整體而言，A 女士試著去了解學生以及他們遭遇的困境。她持續不斷地嘗試，時間意識對她而言至關重要，她總是一股勁地以快速、實際、有效的方式把事情完成。

Y 女士

　　如同 A 女士，Y 女士的身材矮小。她的穿著不同於其他人，當她穿牛仔褲時，看起來比較像是學生，而不像其他的老師。

　　Y 女士是個改革者，她是八年級學生心中的理想人物。Y 女士與她的學生一起投入課堂中涉及種族主義與偏見的議題。就我過去這幾年的了解，她是這所學校的女性主義者。她非常關切與在乎社會議題。她目前擔任社會研究課程的教師，在她迄今為止的執業生涯，曾教過六年級到八年級的學生。

　　往 Y 女士上課的教室探頭望去，可瞥見一名學生坐在 Y 女士的椅子上，而其他的學生圍著她的桌子，鬧哄哄地擠在一起。Y 女士生性隨和，學生不按次序發言，或沒有按傳統的教室座位來坐，這些都不會對她造成困擾。她了解必須完成的工作，並且是個有效率的工作者。在大部分的時間，她喜歡以實驗的方式去達成結果。因此，每個星期五的上午是她所謂的「探索」時間——這是一種團體的討論，針對一些不確定的議題，譬如像是偏見。Y 女士的學生會寫出關於這些議題的詩歌，她的班級可說是很有反應。她甚至要學生共同建立關於偏見的詩集檔案，然後分發給其他教師閱讀。Y 女士的教學方式可能也是強勢的，並且是極度的任務取向。當交付學生艱難的作業時，時間在她眼中不成問題，作業總之是必須完成。

　　A 女士與 Y 女士都參與校內活動。Y 女士加入週四早晨的籃

球活動（社團活動的一部分），同時還組織了女子排球隊。就像校長對她的描述，她是「這所學校的重要人物」，以及「失去她將會令人遺憾」。Y女士曾經提到她想要調走，因為她被這所學校的緊張氣氛所激怒。一方面她年輕且個性文靜，另一方面，透過信件（對行政人員）與討論（對學生），她能夠在行政部門與學生面前全力地推動她的意見。她關心學生，她在放學後花無數的時間幫助他們學習，或者協助解決他們個人生活中的問題。

她為學生所設定的作業通常有簡單的背誦作業，不然就是更富創造力的作業，像是詩歌寫作。整體而言，她結合多種的教學方法，而她的隨和態度和她的工作態度是互補的。

W女士

和A女士、Y女士相比，W女士的風格更為顯眼。她有一頭整齊地向後梳的長髮。和A女士與Y女士不同的是，她通常穿著裙裝。

W女士是八年級的語言教師。她是愉悅與諷刺的綜合體，總是微笑地數落學生。當學生開玩笑地評論一齣電視劇時，W女士會不滿並且語帶諷刺地回應：「你們果真是腦袋空空，我得在你們的嘴巴上塗一層油膏。」W女士可以在上一分鐘非常愉悅，然後在下一分鐘因種種的理由而表現她的心煩。而且，W女士並不害怕對學生講出她的感受。

她具有神秘的能力來遺忘與某個學生有關的令人不悅的時刻，

或者忘記她以幽默的愉快口吻對學生或行政人員所做的評論。學生很喜歡 W 女士，她是很友善的。她和學生談論他們所關切的話題，像是新車模型，還有他們個人的好惡。她參與像是學校舞會與賣糖果等學校活動。她不光是會收錢，這件事情本身就要花好多時間，她還負責搬運糖果箱，並且把它們安放在教室的某些角落。

　　W 女士不同於其他的教師。她欣然同意她「不是世界上最有條理的人」，而這導致她到最後一分鐘才在腦袋裡安排好上課內容；她的桌上亂糟糟地堆著書本、筆與紙張，讓她很難找到想要找的東西。她能夠應付所有這些事情，與一些問題班級，她憑藉的是她的幽默感以及同情地理解每個孩子的生活與當下處境。她表現出對學生的二分法：一方面關懷學生，另一方面也對他們吹毛求疵。她也想過要調到完全中學（secondary school），因為她覺得被困在這所初中裡——陷入關懷與挑剔的兩難之中。

教師的概況

　　非正式的觀察者可能會認為這四位教師從事著簡單而重要的工作。在走廊上彼此微笑，在教師休息室裡閒聊著非關學校生活的議題，照顧他們的學生———一般來說過著安逸的生活，做典型的公務員。但就此個案而言，非正式的觀察者是錯的。

　　關於教師這項職業是一種簡單的工作，這顯然不是事實。這些教師們工作賣力，幾乎沒有時間可以卸下教室的職責休息，同

時他們是極端地任務取向。他們常承擔並未正式指派給他們的行政職責，他們老是擔心學生的表現，總是孜孜矻矻，不論是作為個人或是作為一個團體，他們經常忙著要把事情完成。整體來說，他們的工作通常需要耗費體力——攜帶幾箱電腦列印出的講義、安排糖果的儲存空間、搬動籃球場的看台、裝運一箱箱的汽水至販賣機，或是在上課期間快步地走到辦公室等等，完成這些教師簡直沒安排時間去做的任務。簡言之，對這些教師來說，生活涉及的層面遠比非正式觀察者從外部看到的要來得多。

大抵來說，我所密切觀察的教師對理想都有幻滅感，而且老是抱怨：「喔，我們這裡就缺個有效率的行政體系。」他們對學生感到失望，尤其是對行政部門感到心灰意冷。更重要的是，儘管每個教師各自擁有顯著的才幹，他們對個人的位置以及在學校體系內的困境感到失望，特別對於 Y 女士所說的「在這個學校裡的緊張」感到挫折。這些挫折是如何被調解或者被掩飾？這些教師在日常事務中採取什麼行動，使得他們感到在每一天中更為勝任、更值得花時間去做，以及他們是受到需要的，從而使教學對他們而言更有意義？

教師──行政人員之間的交換

在我們的社會中，基本的法則是資本主義式的交換。以此，工人為了薪水而交換勞力。如前所述，在學校中有另外一種交換：

教師—學習者的交換。教師傳遞知識給學生，相反地，學生被期
待的是尊敬教師、品行端正，並且在大多數情況下，被動地接受
以真理形式傳遞下來的知識。然而，學校裡還有另一種交換，這
種交換必須由教師與行政人員（例如，校長／副校長與顧問）去
完成。重要的是，在法定的基礎上，校長與副校長在直接的意義
上控制著學校（例如：在學校的公務上）。他們擁有權威，並且
在公部門中掌握著各校私下政策的決定權。

　　行政人員與教師之間的交換，興起於他們被定義的角色之間
的距離。因為校長／副校長擁有合法與專業的權威，教師遂被要
求符合某種行為規範。這種行為需要教師提供可靠的知識、技巧、
價值與態度，以提升他們在課堂內外的工作。行政人員希望受到
尊敬也是這種交換的一部分。相對地，教師可能會獲得好的評價，
或一封可能的推薦函，以及一種特殊的理解，而這些可能需要由
校長在某些情況下對接受這種交換的教師給予親善的對待。重要
的是，我們必須問：當這種交換不存在時會發生什麼事？為什麼
這種交換不發生？當教師不接受這種交換的所有方面時，又會發
生什麼事？這在 Hillview 是一個極為重要的議題，可以視為這所
學校裡種種文化之間的緊張關係之所以形成的原因。對於Hillview
校方的與實務的例行工作之間的緊張多加留意，可以解答這些問
題。

文化之間的緊張

簡單來說，校方的例行工作以及打破例行工作，形成兩種教師文化之間的緊張關係。其中之一是校方對於教師在校的一天所為何事的看法，這正如各種官方文件中所描述的，像是《初級中學的基本要素》（*Basic Components of Middle Schools*）、《教師手冊》（*Teacher's Handbook*）、教師聘書，以及《官定初級中學分年級學習的進路》（*Official Graded Course of Study for Middle Schools*）[2]。另一個是教師實際經歷的上課日程，它要不是完全符合於書面文件中的官方要求，不然就得改變官方的規定，讓教師能好好在學校過他的日子。我們正在探究的是官方層面和實務層面兩者的二分，前者是指學校中被認為會發生的事情（標準化課程、聘書，以及其他的官方政策），後者則相對的是指教師實際的行動，可以說是實務的層面。

由於這兩種文化之間的緊張關係，因而有一種教師的反文化──也就是一種存在於實務層面的文化，它和官方觀點認為教師所應該表現出的樣子不同。這種區別以許多方式顯露出來，它可以說是一種斷裂，出現在教師與其被官方政策所假定的例行工作之間。

官方的和真實的

　　當試著去定義在 Hillview 學校——一所由六、七、八年級所組成的初級中學——之中的「官方」意謂著什麼時，關於行政部門（包括校長、副校長與顧問的位置）的某些假定就已經把行政人員應該是什麼樣子做出了定義。對教師來說，知道什麼是行政人員被官方認為應該是的樣子，以及他被理解成的樣子是很重要的。在某些地方，行政人員形成一種與教師不同的文化，這完全是受到他們不同的階層角色所界定。

　　有一些重要的議題藉著行政管理的姿態出現。我們可以提到關於領導階層的文獻，並且對領導類型的特性進行簡單的分類。然而，我沒有選擇這麼做，因為這不屬於此一特定研究的範圍。相反地，我將在《初級中學的基本要素》所定的界線內，提出行政人員之某種被要求具有的特質。

　　的確，對於初級中學——相對於小學或高中——的工作特別偏愛乃是一種必要的特性。從教師的觀點來看，行政人員最重要的特質是有效地領導所有的教職員。其中需要的是貼近的評估、能協助教師班級活動的反映性策略、能在教師之間創造和諧的氣氛、並且有能力為教師立下典範，這不光是要聆聽教師的抱怨，且是在必要的時候能起作用。就官方的角度來看，如同《初級中學的基本要素》中所描述的：行政人員應該能運用教師的長處。這意謂著行政人員知道教師比較強和比較弱的教學特色等細節，

並且鼓勵發揮他們的長處（例如：教室經營、幽默與清晰）。如此一來，最終有助於把那些會表現得更好的學生與具備特殊長處的教師編配在一起，以及把教師的弱點作為進一步加強與發展之特徵。行政人員應該展現他靈活的才能，並能促進變通。這需要了解教師的不滿、能夠判斷他們的優點或價值，以及執行改變，而這樣的結果不只對教師有益，學生也會因而受益。

　　一個優秀的領導者是一個萬事通，能扮演教職員的智囊（例如：能提供關於教學或不同類型學生的研究資訊）。一個好的領導者在時勢所需時應該能夠接管一個班級，並且贏得學生的尊敬。他會積極地領導或指導教職員的各種會議；舉例而言，他不僅會利用會議時間傳達即將到來的學校舞會的資訊，還會運用時間供教師、課程與學生的發展。最後，行政人員必定是任務取向——能夠有效地發展學校的規劃，經常訪視班級，以及對許多教師所進行的課堂表露他個人的關切。

　　一些我稱為教師的反文化行動之所以產生，是因為教師察覺到一種不適當的行政。因此，一個被認定為理當如此的行政部門，相對於教師覺察到的行政，就足以解釋某些教師的抵抗行動。

同意：對權威[3]的贊同

　　上述的特性廣泛地定義了一個有效率的行政人員的角色。一個教師撤回他的同意可能是由於教師認為行政部門懦弱無能。

　　教師與行政人員交換的基本條件是教師給予行政人員的同意

權，讓行政人員以他們的方式來領導而不會受到任何的或太多的
干涉。這種想法在 Hillview 遭到一些教師的抗拒，如同在校長與
教師的校務會議中之所見——教師們對於教學紀律老是一臉的不
以為然，或頻頻提出反對意見。這種緊張關係導致教師與行政人
員的相互規避。

　　我感受到教師希望做他們自己的事，平順地完成他們的任務，
同時也自己挑起行政工作，像是建立學年的行事曆等。而行政部
門的昏庸堅定了教師的想法：採取行動來違抗學校的官方觀點是
正當的。

　　教師撤回同意權的初步表現是意見相左的言論。對八年級教
師的訪談以及問卷調查顯示，教師斷定行政部門缺乏強而有力的
領導技巧。教師認為，他們幾乎看不到勝任的領導。這種對於無
能的領導所表示的意見不只是在校長與副校長的背後表達，甚且
也會直接在他們面前表達。X 先生評論行政部門：「我和行政部
門的關係不好，他們不能受我尊重。我沒法把他們當作是專業人
員，或認為他們出現在這兒是為了小孩子的好處。沒有領導才能
就不會受到普遍的尊重。」有一天，這位教師來找我，他對我說
他身體有恙，且生病的部分原因是「我昨晚夢到他（校長），而
今早我躺在床上一想起他就噁心。我真想吐。」

　　A 女士所關切的是校長沒有盡他的本分，這是她日常思考中
的一大要點。有時候她會聽任學生去做他們的事情，如此她才可
以利用時間去面見校長，討論一個與金錢有關的問題，譬如她認
為校長應留給她的班級一筆去作校外教學的費用。該次會面發生

在第一節課，學生當時本當在進行安靜的閱讀。雖然該教師對一個懦弱的行政部門的種種疑慮並沒有讓全班知道，但是其他教師則有同感。同一天的第二節課結束時，Y女士進入另一個班級，和該班教師開始談論校長，談到關於「處理這些事情為何是他的職責所在」，以及「他就是沒把他的工作做好」。顯然，校長遺失或遺忘了該班級校外教學的經費，而且必須自掏腰包來償還這筆經費。在某次訪談中，A女士表達了她的擔憂：「他準備要退休了，他現在不過是在打發他的時間。」A女士感到很苦惱，因為校長沒有花時間或是有耐心地詢問課堂中做了什麼事情。事實上，這位教師承認，她幾乎不曾與校長談話，「除非是需要某些東西的時候。」

關於行政部門領導能力的對立言論日復一日地出現。在另外一個事件，來自州政府的督學檢查了學校裡的體育設施、電腦的數量，以及教師寫下的、作為課程計畫的一部分教案之後，對八年級這一組教師與校長談話。那些想要對來自校外的重要人士提出關於行政部門建言的教師，壓低音量來表達他們的意見，如此一來沒有人能實際聽到他們的談話內容。A女士幾乎是在校長面前對著會議中的另一同事說：「我希望我們能有機會告訴她（州政府的督學），我們希望把他（校長）攆走，我想要和督學談談他。」結果，校長離開了會議室，允許督學單獨地與八年級教師群談話。立即地，A女士突然抓住督學，提出關於教師評鑑的下列意見：

當他說他會經常走出辦公室進入教室，我差點從椅子上
跌下來。他只是出來到走廊上。他很少處理任何的紀律問題，
他不會告訴那些沒做事的教師去做事。教職員之間有嚴重的
士氣問題，這就是為什麼學校氣氛會如此低迷……我不認為
這裡有任何人在控制，或者有任何強而有力的領導……孩子
在這裡為所欲為……在這裡想做事，諸如處理紀律的問題與
完成工作任務，就好像老是拿腦袋去撞牆。

　　A 女士對於校長無法扮演一個勝任的領導者是如此地關切，
所以在隨後與學區督導的會議中，她清楚地表達對於校長統御力
的感受。而校方對於明快處理學生風紀問題束手無策，讓她很苦
惱。當這名學區督導說到，這裡必定有「開放溝通」的管道時，
A 女士公開挑戰學區督導對校長的看法：

你在這裡告訴我們的每一件事，我們早就通通知道了。
我們只是要針對重要的議題，我以個人的立場發言，我無法
替團隊的其他人發言，我不認為我們有健全的領導。我很抱
歉我這樣說，但他就是反覆無常。

　　透過校長的各個具體行動，A 女士的這些意見其實是不斷地
被證實與強化。舉例來說，有一天 A 女士的學生在一節 S.O.A.R
〔縮寫，全名為「特殊機會去達成結果的方案」（Special Oppor-
tunities to Achieve Results Program）〕都沒有到教室上課。在早上

八點五分時，A 女士的一名學生來告訴她，所有學生都在禮堂參加與一名西點軍校畢業生有關的特殊集會。A 女士與其他教師認為，這種情況代表行政部門缺乏讓事情獲得適當控制的能力，並且不能有效地傳達訊息。因此，行政部門通常被這些教師認為是無能的。

寒假結束後返校的第一天，X 先生對著我以及他的班級說道：沒有任何人被告知，週一早上的 S.O.A.R.課已更改為統合技藝課（Unified Arts period）：「校長把這事搞砸了；牽一髮動全身嘛。我希望他們了解，他們在這個辦公室搞得一團亂。」另外一件事，當 X 先生注意到，他和副校長的會面沒有達成任何共識時，他感到心煩意亂，該次會面是談論關於一名不斷涉入風紀問題的女學生：

　　嗯，我去辦公室拿了一張風紀表格[I-90]回來，上面批說：「已和她談過。」這個女生在耍花招，而且她曉得怎樣對辦公室造成影響——這是讓我火冒三丈的另一個原因……我的意見是她應該休學。嗯，今天早上我去見她（副校長），她說這個女孩同意我的看法，承認她犯了錯。我想她至少也得要有一次的週六留校察看，然後她（副校長）告訴我，即使給她一次這樣的處罰，她也不會到校。所以我說：「你是要告訴我說，因為我被開的只是一張超速罰單，所以我不必去出庭？」

　　X 先生非常關切學校裡其他人的一舉一動。事實上，他多半是在責備行政部門的缺失，特別是對校長。談到一場由學校召開與學區督學面談的會議時，X 先生說：

　　　　校長掩飾了我們在會議中對他所說的事情。他在電話中就對督學說謊，他在遮他自己的屁股，他在這裡有權力鬥爭，他不喜歡採取柔軟的身段，他喜歡每個人待在自己的小小世界裡，沒有人會想興風作浪。他和這裡許多溝通不良的現象有關，因此沒有人知道規則是什麼……我們沒辦法遵循規則……我們根本沒有行政部門的支持。

　　X 先生在與州政府督學的會議中，明顯地表達他認為行政部門遲疑畏縮的看法。X 先生告訴督學，他想要：

　　　　能有一些權威，以及有來自行政人員的充分支持。這裡有太多溝通不良的情形、一大堆秘密。我們彼此之間以及我們和鎮上人們之間的溝通是如此地零散，根本沒有人知道任何人正在做些什麼事。

　　另一位八年級教師提到：「應該由八年級的教師來管理這個學校。」雖然我們都對這種說法發笑，不過她的語氣是認真的。她提到：「我們每一個人有不同的專業知識，在沒有校長的情況下，我們也能經營這個學校。」她還說，他們（八年級的教師）

「的確在管理這個學校，但他們並沒有為此而受到任何讚揚。」當我和這位教師談話時，我嗅到一些諷刺與力量，我也意識到絕望與無力的感覺。

在同一個議題上，另一位八年級教師提到「我們必須自己改變孩子的課程表，這是行政人員的責任，不過他們沒有做到，所以我們利用自己空餘的時間把它完成。」行政部門的這些行動，即不論是校長或副校長的，都堅定了教師對於積弱不振的行政領導缺乏立即與長程管理的意見。這促使八年級教學團隊採取某些行動去把事情完成，不論是個人單獨行動或是以團體的方式行動。

教師也評論到，這些年來他們沒有被任何持續一致的方式評鑑。即使最近有某種評鑑的形式，教師說這也是偶一為之，他們不會把它稱為評鑑。有一位老師抱怨：「他不知道我們班正在進行什麼……通常，就某些規則來說，當我關上門後我就做我想做的事情，……他們說，你應該照表操課，但他們從沒有進來看看，去了解你正在做什麼。」所以，難怪教師特別的長處或弱點都沒有被真正的知道。行政部門的行動或非行動只是一再肯定了教師的想法，即他們必須自己承擔起領導的工作。這就是學校的管理與課表的情形。

另外一起事件涉及三個八年級的男生與兩個女生，其中一個男孩被正式起訴在校外對其中一名女生性侵害。教師們很難過，因為直到這起事件發生的兩個月後他們才被告知，而除了被處以緩刑以外，校方沒有對這個男生做任何處置。事實上，他還待在學校裡，四處閒晃並且每天對這女孩做出挑釁的動作。校長解釋

說，這情況並不是在他的管轄權之內──然而八年級的全體教師
則不這麼認為。即使校長似乎已經合法地掩飾了他的無所作為（這
是八年級教師所意識到的），一封附有每個八年級教師簽署的信
函遞交給校長與學區督導。這封信的內容如下：

> 我們很難理解兩件事：(1)為什麼我們沒被告知這件事情；
> (2)為什麼沒有校方的懲戒行動去制止這些事情……從這起不
> 幸的事件中我們希望看到一些政策的改變。首先，我們認為，
> 當發生這類事件時我們必須被及時告知──而不是在兩個月
> 後。第二，學校必須以快速、有效與果決的方式對這類事件
> 做出回應 4。

　　在一場關於此一議題的年級會議上，Y 女士與 A 女士消沉地
蜷在椅子裡。有一位非裔美籍的教師坐在桌子後面，而校長與其
他教師圍繞著桌子。在校長宣稱所發生的事情不屬於他的管轄範
圍後，那位非裔美籍教師隨即提到：「校長是對的，你們都曉得，
規則就是規則。」Y 女士立即反駁：「你是想說，在你的生命中，
你從未感受到任何的壓迫與／或騷擾嗎？」雙方的意見交鋒如下：

> 非裔美籍教師：為什麼這麼問，是的，我當然感受過。
> Y 女士：既然這樣，假若你曾經感受過的話，難道你無法理
> 　　　　解，這種受壓迫的經驗可能等同於你自己的一些經
> 　　　　驗嗎？你或在座的諸位是否能表現你們的同情心，

因為或許我們能感受到發生了什麼事。

非裔美籍教師：我想我能夠。

在某種程度上，這起事件導致 Y 女士動手幫助學生籌劃有關偏見主題的詩歌，以及觀察在電影「面具」（*Mask*）中，生活是如何受到無知所影響。顯然，Y 女士在課堂外和行政部門的互動與她實際的課程內容有所關聯。不論事情沒有被妥善處理的理由是什麼，對教師來說，上述事件讓他們肯定了許多事情：校長與副校長並沒有能力去領導教職員，或者發揮他們的長處，或是處理像性別偏見這類激烈的文化議題。另一位八年級的教師提到：「他們從未走進教室，提供任何資源；他們不知道我正在教些什麼。」根據八年級團隊成員的說法，這裡根本沒有諮商。Y 女士提到：「孩子沒有得到他們需要的諮商；我們不知道諮商師待在這裡是為了什麼。」這裡有七百五十個孩子，而只有一名諮商師。這促使 Y 女士自己做起諮商工作，自己親身處理這些事務，她打電話給有個人問題的學生家長或祖父母，或者與學生討論原來該是諮商師應注意的問題，她是在放學後撥出額外的時間去做這件事情。

此外，根據八年級教師的說法，行政部門做事不知變通。這一點很清楚地表現在行政部門對於學生事件的無所作為，像是性侵害的問題。制定課程表是行政部門的正式責任，但最後卻由八年級教師完成，並且根據八年級全體教師的看法，行政部門對此並不領情。

　　因此，軟弱的領導是八年級教師所談論的關鍵議題。在他們的眼中，學校裡很少或者根本沒有領導階層。一些八年級教師之所以想要離開Hillview是因為行政部門沒有能力來作有效的領導。領導階層的缺乏以無數的方式再三向這些教師證實，因此抵銷了教師—行政之間的交換，教師都得把事情往自己身上攬。為了說明這一點，我首先要列出學校教育的正式構成要素，接著描述教師的反文化或非正式團體，在其中，教師以個體或團體的方式來挑戰學校教育結構上的缺陷。

官方規定的例行工作和實用的例行工作

初級中學的哲學

　　初級中學的哲學被正式地寫在《初級中學的基本要素》之中，它要求全校教職員連同家長與學生能以一個團隊的方式來運作。教師需要一種特別的態度，如此他們才能隨著此一年齡團體的社會、身體、情緒與智能的轉變來工作。因為初級中學的學生所特有的問題，教師被要求發展出符合學生需求的計畫方案。這種哲學也要求學生去發展獨立的學習技巧，並且要能探究抽象的概念，它引進探索這個概念作為學生應該體驗的一部分。由此種種，可知對教師的期望不只是要他們遵循，同時也要他們相信初級中學的哲學。

　　構成日課活動的某些成分寫在教師手冊的時間表中。從官方

的角度來看，教師被認為應該在上午七點三十五分抵達他們的教室，距離七點四十五分開始的級任導師時間還有整整十分鐘。直到下午三點，也就是學生放學後十五分鐘，教師們都將待在學校裡。假若教師要提早離開，必須告知校長或副校長，以便能夠安排代課教師。關於學生風紀方面，教師必須遵循嚴格的程序，同時還必須遵守矯正的尺度。在六個有關紀律的程序中，有三項是教師的特權：(1)申誡；(2)發布放學後的留校處分；(3)把學生關進隔離室（這是一個房間，學生可在此思考他們所做錯的事情）。其他三種手段——週六留校處分、留校察看（不上課，但留在學校裡工作），以及休學——只有行政部門才能動用。基本上，教師碰到前三種情況之後，他們的手就已被綁住，在官方的政策底下不能再做進一步的處置。

從官方對策轉成實用對策：例行化

《初級中學的基本要素》明確指出其期望教師乃是：(1)與學生維持一種緊密的日常接觸；(2)滿足學生的個別需求；(3)以作為個人與作為學校教師的方式展現溫暖、安全感、一致性與可預期性的特質。然而，情況並非總是如此。

對學生的實際態度

我密切觀察的八年級教師之所以想要離開 Hillview，理由之一是他們意識到行政部門的軟弱無能。另一個理由則是教師不可能完成官方設定的理想目標，這是由於 Hillview 的教師察覺到學

生的某種局限。X 先生把問題看成是「對於 Hillview 的學生，我們幫不上什麼忙」，其他八年級教師則持不同的意見。A 女士提到一個已經有了孩子的十四歲女孩，她經常帶著酒味來到學校：「我想要接觸她。我覺得我們都有過相同的經驗……但這似乎並不是她想要的。」A 女士與 Y 女士經常忙於替八年級學生準備刺激的校外教學，組織校外教學活動的種種細節：何時與何地集合，哪個老師將替外出的教師代課。這是一個錯綜複雜、耗費時間與繁文縟節的工作。W 女士很賣力地銷售糖果，所有的教師都為了學校舞會而忙著推銷糖果，並獲得家長的同意書，還要替那些沒獲得家長同意書的學生想辦法。這項研究中的教師都超鐘點地替他們的學生工作。

　　有一件事是確定的。我所密切注意的教師，除了一位例外，在 Hillview 的工作已經做得受夠了。有兩個人想要調往完全中學，而其餘的人想要調至別所初級中學。在教師會議中，校長解釋，隔年學生人數減少意謂著會有一位八年級教師失去工作。Y 女士在校長面前——此時學區的督導就坐在旁邊——對著全體教師說道：「我一直在思考著調校這件事——不管怎樣，我討厭這所學校裡的緊張關係。」八年級的教師經常說，他們對這所學校裡的緊張關係感到挫折。有一位老師說道：「我們是在初級中學裡任教而受挫的中學教師。」然而，在我的整個觀察期間，教師們有個共同點，不論是否感到挫折，抑或厭倦這種緊張的關係，他們都同意：他們在學校基本上是要「幫助學生」。為了對此有更好的理解，讓我們瞧一瞧在他們教室中所進行的事情。

　　藉由和學生談論個人議題或者週末的活動，四位教師參與了他們學生的社交。有些老師涉入較多，有些涉入較少。但是顯而易見地，談論學生的個人生活是每天實際上要做的例行工作。這是很耗費時間的工作，但對八年級學生非常重要。這種談話通常涉及學校中已經舉辦的活動，像是科學展覽計畫，或是即將來臨的八年級舞會，還有為即將到來的校外教學而銷售糖果，或甚至比一比教師們所擁有的轎車種類。因為密切地觀察教師，我才能夠了解，每位教師與學生都有很好的互動關係。不過顯而易見地，每位教師有不同的教學風格與個人特質，但學生普遍喜歡這些老師，雖然也有學生會提到：「X 先生老是讓我作功課、作功課、作功課、抄筆記。他是個嚴格的人，但他仍然是個令人滿意的老師。」這個學生還說道：A 女士「讓我們低聲地討論，而不是無聲地閱讀」，儘管 W 女士「老是遲到」，不過這沒關係。學生普遍地欣賞他們的老師。

　　然而，為了要勾勒出教師對學生的別種態度，我們必須近距離地觀察教室中所進行的談話類型。這些態度可能不同於假定的或官方替教師所設定的指導原則。迄今為止，這些態度確是落在官方期待的指導原則中，以便能為所有和課堂活動有關的人營造正面的氣氛。然而，情況並非總是如此。X 先生會對那些不專心的學生說：「有一部分的問題是你們不專心。你們確定我不是被放逐到另外一個星球嗎？」X 先生有時候會感到迷惑，不只是對學生的態度，同時也對學生的標準：

我知道，你們這些傢伙已經連自己的名字都記不得了。
你們這些傢伙根本不知道自己在幹什麼……我現在要讓你們
的腦袋再動起來，你們沒有完成作業的唯一藉口是你們陷入
昏迷，而不是你們的狗狗尿在紙上。告訴你們的父母，你們
為何沒有寫好這份作業，等到他們把你們痛打一頓以後，你
就知道他們會怎麼做。

在此，整個班級對 X 先生所說的笑話爆出哄堂大笑。雖然 X
先生顯然語帶諷刺，但是他的話裡有一種嚴肅的尖銳。在與其他
老師交談時，X 先生提到他對於學生的態度：「我的態度是幫助
那些有心學習的孩子，至於那些誤入歧途與瀕臨休學的學生我就
愛莫能助，因為我們沒有時間和支援，對於改變校董的政策，我
們無能為力。」當 X 先生對於學生的態度以及意識到學校當局政
策對他的控制因素而感到迷惑與挫折時，W 女士則多半關切如何
在她的班級中建立一種秩序感。她經常遲到，當她一手端著咖啡、
一手捧著書走進教室時，她會用高亢的嗓音對學生說：「噓，安
靜，不要吵。你們難道不能把嘴巴閉上嗎？」多數的學生沒有真
正去注意她在企圖維持秩序。最後，當某種秩序感建立起來時，
也只不過維持幾秒鐘而已。她一方面會和學生社交，但另一方面，
W 女士很快地對我說道：假若她對一個學生「要給個態度的分數，
那應該是低於F，那個討厭鬼。這個女孩連傳個柳橙都不會。」這
一類的話是 W 女士每天用來描述她的學生的臭話之一。她很少對
她學生的進步說些正面的評論。事實上，W 女士多半是以負面的

方式談論她的學生。她常說：「我不想繼續和這群乳臭未乾的小子在這裡鬼混。」

　　通常，教師會要脅學生完成某些工作。Y 女士對她的學生說：「聰明一點就是去做你們的功課，否則何必來上學？如果你的作業沒在十分鐘內完成，你就得到隔離室去待兩個小時。」Y 女士通常對學生說：「去把功課作完，停止交談，要不然就等著放學後的留校處分。假如這招還不管用的話，我會寫一份 I-90 報上去。」類似這種對學生的談話變成上課時間的家常便飯。

　　課堂外的談話也和教師對學生的態度有關。關於對所教的所有班級給考試成績的方式，X 先生說：

　　　　很可惜我必須給他們做這些客觀的測驗，但我不會用其他的考試。這是最簡單的測驗，特別是要給一百二十個人成績的時候；此外，他們不具備完整的寫作技能，很大的一部分是由於州部門、聯邦政策，以及這個學校並不希望聽到關於個人差異的問題。我們並未有效率地處理我們遭遇到的班級差異的問題。這個校長的燙手山芋就是沒做能力分班。因此，這個學校就無法認清文盲的問題。

　　再一次地，X 先生要去教師辦公室準備第三堂的共同計畫課（這實際上是用來作為休息時間的），一路上，他批評一個學生的衛生：「真是令人無法置信……他一向讓我感到噁心……我習慣說『留在原地，不要再靠近』……他大概已經一個月沒換他的

內衣。」X 先生關切的是，他教的最後一班「正常的」八年級是
在三年前。他在教師辦公室對我提到：「有一些孩子將來會以說
謊來闖出一番事業……這簡直像是咬緊牙關和他們一起工作，因
為他們做不來，他們沒有技能、背景，他們也不在乎……我們在
這裡沒有辦法為他們做什麼。」在這當兒，W 女士咆哮著走進教
師辦公室，並且說她想要「走出這個門，而且不再回頭，這實在
令人沮喪……我要這個小畜生滾出去，我累壞了，這些小混蛋，
真煩死人了。」

　　談論這些學生是教師在 Hillview 日常活動中的一大部分。這
不只在課堂中很明顯，在課堂外也一樣，特別是在教師辦公室裡。
一方面，談話的類型表現了對學生的全心奉獻，另一方面則表現
了作為一名 Hillview 八年級教師的挫折感。這些談話也展現一種
對這些教師所任教學生的負面態度，最後，這種態度也造成了活
動的例行化。

　　有個非常重要的問題是，行政部門乃是不經意促成，或直接
與教師對於學生的態度有關。根據八年級教師的說法：「假設行
政部門能改變它的政策，那我們也能夠改變。」他們相信這將會
改變這個學校的病態氣氛。因此，我們必須問道：這所學校的教
師對學生的態度是否因為一個懦弱無能的行政部門，抑或因為學
生被教師所利用，來對抗他們感受到與管理階層的緊張關係呢？
當然，回答這種問題總是要視個別學校的情況而定，但是可以推
論到第二章的一些議題與討論，像是權能賦予、霸權、去技能化
與再技能化。

官方政策——即他們對學生所假定的態度——與相對的實際作為之間的緊張關係導致一種特定的教師反文化。接下來的章節將論證這項主張。

S.O.A.R.與共同計畫的時間：官方的與實用的

早自習（perlod 0）或者 S.O.A.R 課（達成結果的特別機會課）是一種官方排定、用來提供學生個別的協助、維持安靜的閱讀、課外活動、學生行政會議、集會或是音樂練習時段。眾所周知，這堂課被當作彈性的時間，它是官方規定日課表的一部分，這段時間裡，設定學生與教師應分享著相似的活動，但它卻被用來保持全校安靜的閱讀，或是社團活動，或者是作獨立研究。除了早自習以外，第三堂課也是一種共同計畫的時間。在早自習與第三堂課的時間不進行教學活動。對八年級的教師來說，第三堂課是一種官方所定的時間，八年級的教師必須出席所謂的共同計畫時間。如同在《初級中學的基本要素》中所倡導的，對教師而言，一個團隊取向的關鍵是持續地互動與交換意見，提升與改變課程——不論這可能意謂的是什麼。理想的情況是，藉由分享教學與革新的理念，團隊的才能與技巧應變為共同的資本。

如果學生有需要的話，這門課被官方用來提供學生諮商。教師分配到許多由學校所交付的責任，像是廳室的值勤、教務助理，

或在隔離室值班。家長和教師晤談也是在這個時間。每週一次，
在週二，校長主持他所謂的團隊會議也是利用第三堂課的時間。
因為我只在學校待到第四堂課結束——或是中間休息時間——所
以我沒辦法觀察到操場或午餐時間。

實際的活動

　　X 先生通常在 S.O.A.R.課坐在他的桌子後面批改試卷，然後
把分數登記在成績冊裡，並且把學生的試卷按順序排好。在 S.O.
A.R.課，他也經常不在教室，有時候長達十五或二十分鐘。他藉
由填寫I-90 來完成風紀表格，或是與副校長追蹤風紀的問題。在
某一堂 S.O.A.R.課期間，X 先生對不同的學生做出四件懲處案，
理由是遲交作業。在S.O.A.R.的課堂時間，X 先生花在懲處學生、
對學生談論紀律，以及跑到辦公室的時間，有時候花了超過該堂
課三分之一的時間。這成為X 先生所進行日常例行工作的一部分。
有時候這事做得過頭了，根據X 先生的說法：「這是故意的，只
是想讓校長生氣。」X 先生有一種把紀律的個案轉變成例行工作
的方法來「逮住」行政部門，對於他認為應該是適當風紀程序的
事件，他不信任行政部門的處理方式。

　　X 先生不僅利用 S.O.A.R.課處理風紀問題，他還利用這段時
間做教學的準備工作。在某一堂 S.O.A.R.課，X 先生提高他的音
量對學生說：「找一些事情做，或寫些句子。」這時候一名學生
在摺紙，另一名學生在撕紙，還有一名學生在塗鴉。X 先生繼續

完成他的工作，對教室裡進行的活動視若無睹。X 先生離開他的崗位，持續他的日常例行工作，這不過花了他幾分鐘的時間，包括對行政部門提出風紀問題。對 X 先生來說，這些行動變成了日常的例行工作。雖然 X 先生完全知道，官方在初級中學安排 S.O.A.R.課的想法是要協助學生，不過 X 先生說，問題在於「沒有學生喜歡它，我也一樣。我不認為這是有效的，孩子們不知道如何去學習。這種課多半是在浪費時間，沒有學習，沒有學業成就。」當他被問到為什麼接受官方的意圖時，X 先生的評論是：「教師仍然對此滿腹牢騷，但是我們使不上力，除非所有教師發起叛變，不過我們不打算這麼做。」這裡的重點是，至少就他個人來說，X 先生在他日常的活動中做了一些事。雖然他不喜歡或不同意 S.O.A.R.課的官方目的，不過如同另一位八年級教師所說的，X 先生運用他的時間，沒有讓自己淪為「臨時褓母」，而是符合他自己的用處。混過在校一天的時間遠比按照 X 先生的方式做事來得容易。根本的想法是 X 先生抓住了學校體系的運作方式，或者就這個例子來說，S.O.A.R.課的一無是處。在這樣的理解下，X 先生處理他自己的事情並度過一天的日課。

相較之下，A 女士在 S.O.A.R.課的開始傾向和學生作社交。有一次，她稱讚她的一些學生關於科學展覽的計畫；「你們有得獎嗎？你們應該對於解決所有的困難感到自豪。」雖然大家認為每週兩節的 S.O.A.R.課應該用來作為安靜的閱讀課，但是在 A 女士的教室中，情形並非盡是如此。有一些學生隨意地不出聲閱讀，或者與鄰座低聲交談，其他學生在教室裡悠哉地走動、與其他的

學生交談。有個學生告訴我，A 女士讓學生在「低聲交談」或遵
循官方安排的例行工作之間做了選擇，而後者就是指在這段特別
的時間保持無聲的閱讀。

　　顯而易見地，A 女士利用 S.O.A.R.課來達成一些目的。有一
次，前一天沒有考字彙測驗的學生在 S.O.A.R.課進行字彙測驗。
A 女士要求一名學生為這八位前一天錯過測驗的學生進行測驗，
而這段時間，A 女士若不是準備著下一堂課，就是忙著一些行政
工作，像是為了即將到來的學校舞會準備糖果的提貨單。因此，
S.O.A.R.這堂課似乎不只是供個人學習之用，也可以供各式各樣
的教師活動使用。在我觀察 A 女士的班級時，八年級學生有兩次
被召集到禮堂。有一次是一位西點軍校的畢業生拜訪這所學校，
對學生談他的成功故事以及他一年賺進四萬三千美元。更重要的
是，八年級教師們要不是很晚才被告知 S.O.A.R.課有新的安排，
就是沒有被告知 S.O.A.R.課已經正式開始，因此，他們必須急急
忙忙地趕到禮堂，而等他們到達時，每一個人早已經就定位。

　　在其他的日子，A 女士會在 S.O.A.R.課時離開教室長達十分
鐘，為的是她所謂的「行政責任」，這可能是與校長談話，或是
閱讀緊接在 S.O.A.R.課之後的兩節課所指定的文學書籍。A 女士
允許她的學生安靜地交談，在此同時，她略作休息或是忙著準備
她自己一天的工作。她稱呼這節課是「不做事情的時段」或「偷
懶的時段」。在與 A 女士的訪談中，她提到 S.O.A.R.課的許多問
題。第一個是行政，「校長想要讓學校看來像個市中心的學校，
但是並沒有達成這種意圖……教師把S.O.A.R.課當作是浪費時間，

孩子在這段時間從事社交活動。」保持安靜的閱讀，或者當作自
修時間並不總是 A 女士教室裡的情況。了解 S.O.A.R.課的限制，
藉由讓 S.O.A.R.課成為她自己自由運用的時間，A 女士能安排她
在學校的一天時間。更重要的是，A 女士了解到 S.O.A.R.課的官
方缺陷，因而讓她能巧妙運用，把它變成實用的例行工作時間。

　　這也是 W 女士所遭遇到的情形。當被問到對 S.O.A.R.課的印
象時，她評論到：「這是浪費時間，浪費每一個人的時間，我的
時間、他們的時間。」然而，對 W 女士而言，S.O.A.R.課不光只
是浪費時間。如同其他的教師，W 女士利用 S.O.A.R.課來符合她
自己的用途，藉由「有時候做做和其他老師類似的工作，有時候
批改作業，或者在學生安靜閱讀的時候看看報紙或書籍。」和學
生社交是 W 女士在課堂時間的主要面向。如同 A 女士，這堂課的
時間用來與學生談論和學業無關的事務。當鐘聲在早上八點鐘響
起，S.O.A.R.課開始的時候，W 女士開始和學生談論個人事務，
以及關於即將到來的舞會賣糖果的事：

> W 女士：假若我們賣那麼多的糖果，那會有一筆錢留下來，
> 　　　　我們要做什麼？或許我們可以去 Wyandotte 湖。
> 學生：這不是個好主意，那邊沒有雲霄飛車耶，不好玩。

　　因為師生互動，自主地保持安靜閱讀的官方目的並沒有實現。
出席 W 女士 S.O.A.R.課的八年級學生，絕大多數沒有完成指定的
活動。W 女士並沒有追蹤學生，檢查他們是否從事該做的事。有

些學生睡覺，其他的學生畫圖，有些學生則盯著空曠的教室，或者低聲閒聊。假若沒有和學生社交的話，W女士會清清她的桌面，整理她的儲藏櫃以便存放糖果，離開教室長達十分鐘，回來的時候手上拿著咖啡，或者走到辦公室為了接下來的課做些複印。因此，難怪W女士確信S.O.A.R.課是「浪費的時間」。然而，另一方面，這個規定的時段給她機會去完成教學工作與其他涉及行政官僚的活動，不然的話，這些事情必須在一天之中的其他時間完成——例如，她自己的休息時間。

　　如同其他教師，Y女士利用S.O.A.R.課來「為一整天做準備工作」。然而，這不是被定義在《教師手冊》中的官方用途。就官方的立場而言，教師必須督導學生；相反地，Y女士關切其他議題，像是學校裡一名學生被控訴的性侵害案件。她也關切在學校中的年輕女性會如何受到影響，以及關切在性侵害指控事件中教師很晚才被告知這事實。對於這一點，她寫了一封抱怨信給督導。

　　不論是涉入學生的社交活動，或者為了任何理由離開教室——行政的事務或為了接下來的幾堂課預備課程——很明顯的，作為非正式的觀察者可以覺察到，S.O.A.R.課不只是一種指定的督導或者臨時褓母的服務，或是一節假定為協助個人的課。它是一節教師能夠調整他們的時間以符合自己需求的時段，他們用之來趕上其他在一天內要完成的事情。教師們的理解是：假若他們能巧妙運用S.O.A.R.課的官方面向，把它變成實用的例行工作，像是「逮住校長」、寫抱怨信，或做行政工作，對他們而言，在校的

一天就會變得比較可以忍受。

教學的官方面向

　　在《初級中學的基本要素》中，教學策略是在諸如下列標題下被描繪出來的，像是「教學計畫」、「講課」、「背誦講義」、「分組討論」、「模擬」、「獨立研究」、「表現契約」、「探索編序學習」，以及「興趣核心」等等。我的研究目標不在於判定一名教師是否屬於這些範疇中的哪一項，然後判斷在課堂中達到的成果是好或壞，而是要檢視實際的教學內容為何。這將會在官方的教學觀點與實用的教學觀點之間建立一種緊張關係。

　　從幼稚園到十二年級的《學習的進路》（*Course of Study*）是一本僅僅針對公立學校設計的小冊子。因此，其中據稱包含了教師所當遵循的教學課程，這是學校長官們慣稱的「一份顯要的課程檔案」[5]。每一學科都會羅列學習的一般領域，接著則是預期的成果表。舉例來說，八年級的健康學科包括營養、心理衛生、酒精與藥物等主題。在這些主要的標題之下，會有兩個以上的重點以次標題標示出來，這樣是假定能夠告訴教師該講授什麼內容。這些綱要都很簡略，沒有後續的建議或活動來協助教師選擇教材。像是關於酒精中毒的小冊，或是故事書這類教材，通常是指定的，但都屬於學校的財產或是從州政府教育廳借來的，無法讓學生帶回去看。

實用的課程活動

　　A 女士非常關心她的班級，她的班上有許多柬埔寨難民，他們現在說著相當流利的英語，不過他們在課堂上不常說話，要鼓舞他們顯得格外困難。當我觀察英文課時，在每個學生輪流朗讀完故事之後，很明顯地，一旦對學生問問題，可以發現很多學生對於故事並不了解。當時所使用的是高中教師所推薦的文學書籍，而這些年輕人即將在隔年上高中。以上代表了課程的官方部分。

　　很清楚地，A 女士無法使用課程的指導原則，結果，為了實用的目的，她必須偏離給定的課程。通常在文學課期間，A 女士會告訴她的學生，要他們忘記目前的課程來做一些其他事情：「我現在做的是要讓你們放鬆，以及閱讀不同形式的、較淺顯的文學，使用人物創造、時間與地點，思想與感受。在我們開始做任何事之前，我想要對你們讀《驢小弟變石頭》（*Sylvester and the Magic Pebble*）。」當閱讀比較簡單的故事時，學生會開始展現強烈的興趣，比起正規課程的討論更加投入。藉由提供她的班級小學三年級程度的閱讀材料，A 女士成功地符合了班上的水準。同時，她能夠貼近官方課程來利用相同的討論主題，亦即原本是訂來討論更艱澀作品的主題。起初有人認為 A 女士應該與隔壁班的八年級教師進行合班教學。A 女士先前曾依賴官方課程與另一名教師所準備的任務導向習題，現在，A 女士相信，她必須自己動手，並且與她的學生進行更多有創意的、實用的活動，而非聽從官方

的課程建議，或是用隔壁班教師為她自己班級所設計的材料。

　　儘管有時候要使用官方的課程，但使用官方課程的目的是很受質疑的。教師們總傾向於為了自己的個人需求而來使用課程，而這樣的課程對學生的學習可能有幫助，也可能沒幫助。讓我們來看這是如何運作。

　　在課程結束時，X 先生交辦學生完成一項活動。這個活動是閱讀一個主題，像是酒精中毒、疾病或藥物等。X 先生預期學生去閱讀以及回答他針對此一主題所準備的問題。X 先生班上的學生過去一向努力讀書，因此全都接受這項作業，並且安安靜靜地作完。有許多學生批評說：這份作業「無趣，太多字彙，我們花了課堂上大部分的時間在抄筆記。」就像 X 先生一樣，學生總是很忙碌。對 X 先生而言，當學生正在作習題的時候，他短暫地離開教室然後端著一杯咖啡回來，這種情況並非罕見。在其他的時間，譬如在 S.O.A.R. 課，X 先生利用這時間來登記成績、把教材歸檔、針對特別的練習準備載有答案的投影片，以及處理 I-90 風紀表格去說服校長。X 先生承認，他不想在他下班後還繼續工作，所以，他必須用一些方式來安排與設法完成他的事務，如此在學校的一天中，每件事情都能處理好。因此，雖然 X 先生持續遵守著官方課程，讓學生完成習題，但這似乎也遵循了他自己的安排，讓他能控制日常例行工作。

　　我所密切注意的每一位教師都承認，這種行為在教師之中很常見。舉例來說，電影《面具》一片在 Y 女士的班上放映，一方面是作為一種獎賞，另一方面是作為當時班上所討論的偏見主題

的補充教材。當電影正在放映的時候，Y 女士在乎的是擁有一些自由的時間，可以藉由準備其他的課程教材來安排在校的一天。Y 女士本身關注性侵害的議題，這議題是八年級全體教師一直議論紛紛的。她寫信給校長與學區督導，最後這封信果然得到八年級全體教師的連署。

以上只是眾多事例之中的少數幾個實例，說明了 Hillview 的教師如何調整官方的課程去符合他們自己的目的，不論是「刪除我不感興趣的事情」，或者自行偏離官方交辦的課程。對教師來說，這些行動成為實用的日常工作，並且讓在校的一天變得更可以駕馭與更有意義。從官方的課程調整為一種更實用的課程與其他教師所掌控的活動，變成了這些教師在 Hillview 一天的主要部分。有位老師暗示說，畢竟，「按照我的方式來做，生活會比較美好」。

因此，放眼望去，所有班級的共同之處是當學生在做課堂作業時，教師所慣常從事的實際活動。這些活動有一些涉及測試行政部門對於風紀問題的權威。正是在測試權威的活動中，這些教師能夠探查到行政部門的缺失。為了讓他們在學校的生活更輕鬆愉快些，教師把這些缺失變成他們自身的有利條件。教師可以抱怨、可以和體系對抗，至少「讓它為我們起作用」，或者「逮住校長」，這些認識揭露了一種日常的存在方式，而這最終和教師日常工作的非正式實用層面是聯繫在一起的。

教師在校的一天中，其他的官方例行工作和實用的例行工作

所有的教師都被要求準備教案。根據俄亥俄州教育廳的《修訂最低標準》（*Revised Minimum Standards*），「為了符合學生更進一步的需求，每堂課都要有教案……它應該放在日常手邊可以拿到的明顯位置，最好是放在教師的辦公桌上，以供行政部門的檢視。」在《初級中學的基本要素》中也說明了這一點，教師被期望的特質是達到初級中學特殊的工作表現，而這樣的表現不同於小學或完全中學的水準。

因此，大家期望對特定年級有偏好的教師會更能致力於初級中學的哲學與目標，譬如表現在對學生的一種正面態度，並且有意願去了解學生在教育方面與個人方面的需求，以及有意願去回應這些需求。教師的協同計畫也是被期望達成的目標，這包括開發一些團體課程，與／或教師團體能夠決定的其他教學計畫。這些事務包括要關注到風紀問題、政策、課程的同意與執行，以及以團體為基礎、合作完成的教學計畫。此外，對教師還有一項預期是會遵循學校的政策與規則，像是比學生先抵達學校，若提早離校須告知行政部門，方可找到代課教師，還有不在教室裡吃東西，從而為學生樹立一個好榜樣。因此，遵守規則即是一種官方指定的行動。

實際的課程計畫

　　不是 Hillview 初級中學的所有教師都遵循州政府指定的課程計畫。Y 女士批評：「我在課堂上做我想做的。沒有人阻撓我們，告訴我們該做些什麼。十二年來，我沒有把我的教案送交行政部門查核。」當我與 Y 女士坐在教師辦公室，並且告訴她州教育部代表即將到訪的事情，Y 女士說，她「將在週日的傍晚製作一個月的教案」。她嘲笑教案這個想法，認為教師很少會認真地採行課程計畫。

　　Y 女士不是唯一沒有預備教案的教師。W 女士公開承認，她只是想到課程計畫，幾乎不曾把內容寫下來。「我很少寫課程目標，大多數記在我的腦袋裡。我知道，在官方的政策下我必須這樣做，不過我沒有，它通常只是一種腦力思考的過程。」多數預備教案的教師也是這種做法。在 A 女士與我的訪談過程當中，她拿著五、六張紙，上面的字跡潦草凌亂。我問她，這是否是她的課程計畫，她回答：「這就是。」她提到：「你知道的，在這個學校我們不需要提交教案……在某些學校，教師必須每週提交教案。」

規則與打破規則

　　除了參加教職員團隊會議遲到以外，教師們承認，他們還違

反了其他的學校規則。很有趣的一點是，我所觀察的一位教師，在一個月期間有十次遲到了約十到十五分鐘。最後，這名教師收到來自校長的正式警告信。其他幾次，教師們在官方規定的時間，即早上的七點三十五分，已在自己的崗位上。然而，有幾次我坐在教室裡，而且學生也已就座，不過教師卻遲到了四、五分鐘。

遲到是教師團體行動的特色。X先生批評：「我們全都同意，七點三十五分站在教室門外毫無用處，所以我們始終沒有照辦。這是一種心照不宣的團體協議。」一位教師承認，她「很少在七點三十五分站在教室門外」，當我觀察這四位教師時，他們也很少遵守上午七點三十五分站在他們教室門外的規定。教師在課堂中、巡堂的時候，或者午餐時間違反了規定。這裡不是要指出從未看到教師在指定的或官方的時間站在他們教室門外，而是要指出，規則往往在個人與團體的層面上遭到違抗。這所學校的教師在課堂裡的學生面前不是喝咖啡就是吃東西，雖然官方並不允許他們這麼做。A 女士很快地承認，她在教室裡吃東西，並且隨即提到其他規則被打破的情形：「例如，當我不應該舉行派對的時候，我還是這麼做了。」的確，當我參加包含其他八年級班級的派對時，另一位八年級教師在他的班級無人照顧的情況下，也加入這場派對。我吃著甜甜圈、喝著柳橙汁，與八年級師生同樂，而其中有三位教師。然而，所進行的派對並沒有獲得權威高層的同意，這三位八年級教師甚至沒有考慮到要申請獲准。A 女士還承認她提早離開學校，並且還不只一次。關於為什麼她不向行政部門報告她要提早離校，她說：「我知道我星期一掛號看醫生。

我沒有告訴他（校長）就離校，而安排其他人幫我代課。當碰到
這種事情的時候，我們是相互幫忙的。」A 女士承認，這完全是
「一種對校長權威的挑戰」。同樣的事情值得一說的是，她對於
學生在 S.O.A.R.課之必須保持靜默閱讀所作的思考，她相信，在
某種程度上，這也是一種「對他權威的挑戰」，另一方面，她承
認她的學生喜歡「交談與閱讀較簡單的教材」。

　　大部分的教師承認，他們過度使用教師所分配到的影印數量。
A 女士說，她這麼做是出於實際的需要，因為有時候她必須為下
一堂課而影印大量文件，假若她「時間來不及」的話。W女士則
說她是「影印女王」，雖然她了解使用影印機的種種限制，但她
承認：「我偶爾會違反規則。我們所有人都是這樣。」

結論

　　總的來看，個人與我們（團體）的想法證明實際的教師日常
工作——作為相對於官方的例行工作——是正當的。前者包括教
師有意地抵抗權威，並且不把結構的限制放在眼裡。抵抗與調適
讓教師得以符合他們自己個人的需求，同時減緩他們職業上的挫
折感。當 X 先生成功地「逮住校長」，他說話的語調裡有一種成
就感與驕傲，同樣的語調也出現在 A 女士違反學校規定的時候。
這種成就感是屬於較大圖像的一部分。這些八年級教師創造出一
種不同的文化，首先是作為單獨的個體，然後是作為教師團體。

這個團體違背了官方的例行工作與學校的期望。這是一種非正式的反文化，代表這所特殊學校的新秩序。最終，問題依然是，那又怎樣？卡在兩個領域──官方的與實用的──之間，加上某些日常工作，教師該如何從此困境中脫身？這所有一切的意義何在？

這些問題驅使我進入下一階段的研究。我很在乎這項研究中我自己極端的情緒投入，不過我也認識到，在這種類型的研究中，情感的涉入對於了解教師們的實際狀況是無比的重要。此外，比起以前的寫作來說，我更在乎能否寫得出一種發展議程，好讓可能性的價值能看穿壓迫性的價值。我把批判理論視為一種運動，並且把它所強調的基本假設視為一條出路，用來描繪學校如何能作為解放可能性的場所。

對這四位教師的研究有它的限制（就像所有的個案研究所遭遇的情形），尤其是當它觸及深層的結構（規則、政策、關係等），它甚至沒有去探討教師如何改變壓迫性的文化價值，像是性別歧視、種族歧視、個人主義，以及競爭。在我著手我的下一個研究之際，我開始感受到並且急於尋找教育文獻中（以及特別是在教育之外）所謂的差異。在這種想法的引導下，我開始以一種嶄新且不同的解放角度來檢視我的研究工作。

課堂活動

1. 學生分成小組，分別描述理想的行政部門。此外，他們也要討

　　論作為教師對於行政部門的期望，以及思考這樣的期望如何能
　　與現實相符。
2.各組學生描述他們所想像的官方教學目標與實用教學目標，特
　　別是關於課程內容有何不同。

問題討論

1.在八年級教學團隊的四位教師中，你會認同哪一位教師？為什
　　麼？
2.教師是否應該各自行動？如果不是的話，他們如何顯現他們是
　　一個團體？
3.討論這些教師如何再技能化與去技能化的過程，並且將此關聯
　　到課程內容的議題以及學校的結構面向。
4.這些教師是如何地被霸權所籠罩？
5.教師在學校的生活中是否有一種自主的意識與／或控制感？
6.教師的抗拒行動如何在此表明？在這一章中，教師的行為偏差
　　看起來會像是什麼？有什麼涵義？
7.假若你置身在這些老師的處境，你會利用什麼方法來減輕這些
　　教師所遭遇的種種衝突？
8.在這一章裡，是否有教師算是批判教育者？他們是否挑戰了被
　　視為理所當然的觀點？有什麼詮釋是被挑戰到了？
9.你能夠想像自己在這樣的學校工作嗎？為什麼能，或為什麼不

能？

10. 除了行政部門的無能，還有什麼原因造成教師的緊張狀態？

11. 有沒有超越行政範圍的正向批判理論環境存在？它看起來會像什麼樣子？

12. 在這項研究中的教師如何被賦予權能？

13. 在這項研究中，潛在課程以何種方式而得以顯露？

附註

1　本研究是在俄亥俄州的 Columbus 進行，時間是一九八五至一九八六學年度。

2　*Basic Components of Middle Schools,* Columbus Public Schools, Columbus, Ohio, 1984; *Teacher's Handbook,* 1984, in-house teacher handbook; *Official Graded Course of Study for Middle Schools,* Columbus Public Schools, Columbus, Ohio, 1983; State Department Revised Minimum Standards, Ohio State Department of Education, Columbus, Ohio, 1983.

3　Willis (1977), *Learning to Labor,* p.64。談論教師──學生交換之下同意的說法如下：「教師的權威因此必須贏得與維持在道德而不是強制的基礎。這必須來自受教者的同意。」在相同的方式上，在教師──行政的典範之內，教師給予行政人員同意在道德的基礎上作為交換的發生。

4　這是八年級團隊的部分成員送給校長與督導的一封信。

5　為了匿名的緣故，描述課程檔案的長官姓名在此不提。

4

與差異建立關係

導 論

　　假若學生在閱讀本書時，覺得上一章對於行政與教師之間的關係強調得過多或過少，對這樣的想法我有必要做些辯護。為了讓大家記得，我要再一次拿我過去的歷史來提醒讀者。我在僵硬的體系中接受學校教育，因此我把行政人員，特別是校長、副校長都視為極端威權主義者。作為教師，我特別覺察到行政的控制與教師作為去技能化的勞動者，特別是透過標準化的課程與績效交代的程序。所以回頭去看第三章與在那段時間所蒐集的資料，毫無意外地，我指出絕大部分透過我眼所觀察到的是我自己學生與教學生活的反省，至少在某些部分如此。因此，我必須這樣立論：作為教育研究者與教師，我無法置身事外或作客觀於我們之外的預設。正如同我的論證總是說沒有客觀的課程一樣，我在大學課堂中對一般生與在職生都強烈地指出：沒有一位老師可以不在某種程度上把他的價值灌輸在教學上。我們即是我們與他者的歷史產物。主體性乃是透過我在第二章所描述的潛在課程，而有意識地與／或無意識地被傳遞。

　　以此而言，像是成功與競爭（推至其極端）的價值、屈從性、性別歧視、種族歧視等等態度，在不同的時間以不同的形式，都透過學校而日復一日、年復一年地完全傳輸。我告訴我的學生，以教師們全部好與不好的素質而言，我就是 Hillview 教師的綜合

體。我既偷懶又不善組織，是個社會活躍份子，以及有時是個威權主義者。我確實對學生灌輸關於社會議題的無意義活動與有意義的練習，然而，這些社會議題也會在較為不常發生的情形下過去。我也是一個會對學生威嚇的教師，大部分情形是因為我對學生的要求很多。但我也深深地關懷我的學生，並且會邀他們到我的家裡。從以前至今，我相信我是個好老師，儘管是在霸權（隱藏的與接受的宰制價值），以及在物質與結構的束縛（班級規模、由上往下交辦的課程、威權者的形象）對我的設限之下，我依然很清楚我擁有批判思考的能力。縱使以前我從未受教於有關教育的另類想法（好比批判教育學與後現代主義所表達的）之下，我仍願論證說：許多教師有相似的持續探究之心、有社會的熱忱，以及渴望改變世界的社會特質。當我問學生今日為什麼他們想要成為老師，他們通常會說：「讓世界不一樣，以及引起改變。」然後我就問他們：他們說的差異與改變是意謂什麼？而這些學生的答覆就受到諸如「要幫助孩子」，或「使學生更進一步」等等說法的限制。換句話說，縱使回應似乎聽來高尚，也很有道德，但卻缺乏深義，或並不了解他們所將進入的學校體系。然而即使如此，也仍必須說：這些回應乃是最佳的民主理念，因此也應該作更批判的探索。也就是說，驅使人們成為教師的原因之中先天地含有對教學而言係為高尚與同情的性質——只不過這些性質被錯置到具有社會效能的學校體系中，而使得老師們的這些固有性質竟爾慢慢損耗。

　　我現在愈來愈清楚當我還是個研究生時所提過的問題，以及

作為一個研究者與社會理論家時所作的觀察，其實都非常局限，就好比那些學生最初回答我他們為什麼想當老師時一樣。然而這些回答的內容卻進一步引起我對教師的好奇。假若從第三章的個案研究中我也如我在生活經驗中那般學到了什麼事情，那就是：衝突也可能是生活的方式。但衝突比我所曾經想像的還要更深沉地運作，衝突比教師因行政軟弱而致的挫敗感（雖然這也很重要）更為嚴重。衝突對我（如同我現在閱讀更多社會與教育文獻的理論部分之後），以及我所觀察的老師而言，和我們要了解差異如何在社會環境中運作，是有很大關係的。

很顯然的，我的成長正是差異的產物。在澳洲，我總是透過我的猶太認同而被人認得。通常，我聽到自己被我的非猶太籍足球隊友叫作「骯髒的猶太人」或「猶太小子」，我被我的同班同學差異地對待。我們的食物不一樣，我們的價值也不一樣。我既不敢又羞於帶非猶太人到我的家裡，甚至也沒人鼓勵我這樣做。作為移居以色列的人，我無法專精於說、讀或寫希伯來文，並覺得在這種語言上，我是個文盲。雖然我知道在當以色列的白種外國人上我有優勢，但這並不總是對我有好處。我就是一直被誤解，我那些非語言上的姿勢、群居的人格特質（我相信這是我澳洲背景的產物），以及我對於中產階級生活的觀感，使我在以色列一直被人扭曲。我面對當兵的責任，但沒有加入軍隊，被視為比不上一般的以色列人，並且普遍地被人看扁──至少我是這樣覺得。因為生活在新的外國語言環境中，通常在很簡單的地方（像是雜貨店或是銀行），一句話我都得重複說三遍以上，好讓人家知道

我要什麼。甚至在美國待了十一年了，我現在的腔調與發音依舊是不一樣，我仍被人家要求重複我說的話。我總是懷疑，這是我的錯嗎？可能沒有哪一個人是錯的！人是否有正確的說話方式呢？誰定義了這種方式？

在一九八八年七月我抵達加州一所小型的大學接受一份專業的工作，我走在街上時被那裡眾多不同的文化所震驚。在加州奧藍耶的街上，英語竟是少用的商品。比起以前我在美國其他地方訪問或居住時，在這裡更有家鄉感。在我心中無疑感覺到：以我走在差異的道路上，而且半生以來所感受的「不同」而言，加州乃是個人知識得以成長與探索的停泊之處。心中既然有此感覺，以及帶著第三章的想法，我在抵達加州時，真是滿心的期望、興奮與充滿動機。與以前相似地，我帶著一樣的熱忱進入 Parkview 小學。重要的是，我所要提的問題不同於我在第三章所探索的，然而在相同的層次上，它們都互有關聯。差異意謂什麼、教室中的社群如何建立、競爭如何能不在逼壓之下自行演出、個人主義如何不特別受重視等等，這成為我進入下一個研究議程時的焦點問題、關切與探究的議題。我想要提醒學生：我之所以會提出這些問題，不只是通過第三章的個案研究。假若我是我本身的歷史產物，同樣的問題在我作為澳洲的男孩、作為以色列的青年，以及在美國的年輕學者，這些都一直會是我生命中的焦點。

在這一章所討論的研究進行之時，對於從一九七〇年代以來開始漸增的新教育理論所具有的不尋常重要性很少懷疑。而在某部分，教育學文獻中的（以及我在第二章所探索的）批判社會理

論對於學校之被認定的確定性發出猛攻，譬如對於學生評鑑建構之中的真假對錯究竟為何，或對於哪些學生較能獲得成功有什麼刻板印象等等。

我（直到今日）對於批判教育學之中的內容很少把學校連結到成長中的解放議程上，實在愈來愈感到失望，因為這解放議程中含有實務的目的與／或平台的核心形式。在我心中，教育社會理論思想的複雜性已前進到一個更現代與後現代的分析，能認知到學生與教師如何正多方費力尋求將文化傳遞過程挖掘開來並予以人性化[1]。在我看來，似乎很少有理論與實務作品，在建構自我、差異、認同與社群的本質上，能對在職與職前教師（當他們以社會活躍份子身分現身在工作的實地之中時）提供可用的語言。

由於把上述的警告放在心上，所以本章的一個目標就是對自我、差異與社群的這些概念，提供經驗上的支持。我想首先藉由推敲 G. H. Mead 對於自我與社群的概念來展開這場探索，我覺得這對差異的更多了解有其必要。然後我將呈現一些資料來支持這些概念，這些概念以某些方式緊密地與個人主義以及競爭的宰制意識形態建構連結起來。概念雖然是外在地存在於現實世界中，但它早已經內在地耕植於我們的意識裡。本章最後的論點，是要讀者們想想關於自我與社群之間的分歧，即教育理論家與實踐者如何能連結至反霸權架構；以及想想當批判社會理論者在把抵抗建構為工具來回應宰制霸權的主流意識形態時，所要面對的不確定性。

自我與社群

　　我現在轉至 Herbert Mead 的社會理論，我要談的是自我與社群是如何地被建構。我的提議是：Mead 有一些重要的東西可提供給批判教育學者與教師去思考學校中的解放議程。了解 Mead 將使我們能夠挑戰宰制價值的意義，像是社群、個人主義與惡性的競爭。把 Mead 放入批判性的脈絡，必然包含去了解反思的過程可以在自我與社群的建構中具備什麼意義與扮演什麼角色。

　　在《心靈、自我與社會》（*Mind, Self and Society*）一書中，Mead[2] 大篇幅地描寫社會存有或個人之作為自我的過程、建構與內化。也就是說，自我與社會是纏繞在一起的。它們互相發生緊密的關聯，在持續不斷的社會體驗與社會象徵之中誕生——人們所分享的意義是在社會互動中以及了解他者的意圖中（有能力預設他人的觀點，或採取他人的角色）相互嚙合的。同理心（empathy）在這個建構上是至為重要的，也就是，Mead 至少指出自我與社群是環繞在同理心的周圍上而被建構起來的——有能力去預設他者（the other）的角色，去感受他者在生命中的位置，包括痛苦、壓迫與屈從。

　　Mead 所描述的自我由兩個部分組成：主我（I）與客我（me）。Mead 稱自我的主觀要素為主我。在此，全部自發性的行動被了解為主我的運作。也就是，我們所執行的任何行動，像是唯我論者

般（egotistic）的思考（我今天必須買車、今天去剪頭髮、今天去做日光浴、今天拜訪我的朋友等等），這都是主我的一部分。第二，自我也是個對象，因為它可以從他者的觀點而看見。也就是說，他者在你的運作當中看見你的主我（我是個教授、父親、教師、前任丈夫等等）。當自我（作為主我）發動了與他者的互動時，藉由假定他者的角色，就會使它本身變成對象（客我）。也就是，你作為行動者以相似於他者的行動來完成你的行動。你的行動，或許暫時不同於我的（mine），但在某些地方，還是可以假定一些相似性。舉例來說，當我在中學時，我是作弊體系的一份子。我的主我在運作，為了自私的理由，我希望有好的成績。其他人鄙視於此，然而我的朋友有相似的經驗，這些相似性在主我與客我間產生可能的連結，即我所謂同理心的連結。我們在作弊這件事情上分享了許多個人（主我）的唯我論目的之共同元素。在所有的社會互動中，透過個體與社群生活的延續，主我與客我被涵括進這個持續的過程裡。自我變成社會性的，並且會基於對他者的回應而回應了自身的行動。

　　對 Mead 而言，組織化社群或社會團體對個人所給予的自我統一體（unity of self）被稱為概括化他人[3]（the generalized other）。這種概括化他人是每個自我的一部分，發生在主我與對他者態度的內在對話，在社群內統一了自我與他者。結果，個體的行動與思想就包含了內化的文化規範、行為、價值、態度、象徵、姿勢與語言，這些都被鑲嵌在社群裡，也成為社群的一部分。由此，從眾、偏差與／或抵抗就都會取得一些特定的社會意義，而這是

由法律與社會規範所劃定的。自我所能去了解、同情地理解，以及採取他者角色的能力，是透過這個分享的溝通而完成的。在學校裡最典型的性別議題就是環繞著這些關切而建構起來的。男性之間的密切連帶，儘管是屬於家父長制的，也通常帶有粗鄙的傾向，其中乃預設了分享的溝通。女性的密切連帶也是分享的溝通。幼年時期的友誼通常是基於分享的社會意義。舉個例子，在我的數學課上，我回憶起 Twomey 先生性別歧視的態度。我也回憶起很多的男性如何使用這種性別歧視觀點，作為主我與客我，去發展出分享的溝通，以及他們男性社群的意識（並連結至更大的男性文化）與共同連帶的關係。

　　自我的誕生並不就此了結。就像批判教育學所倡導的：變化的社會經驗，加上對於舊自我的反省，能夠重塑每個個體，以及產生新的思考、感受與行動主體。此外，Mead 的社會再建構論（social reconstruction）之中預設了一群個體所共有的社會利益基礎，而他們的結合心智（combined minds）既已參與，又會產生再建構。批判教育者對此會主張：這種再建構中必包含了我們自己的某些改變。對批判教育學而言，改變必然起於對 Mead 的主我與客我建構的反思，改變只有在了解自我與他者的組成之時才能開始。這種非決定論以及解構地看待自我與他者如何建構的觀點，提供了關於我所謂「批判教育學自我」之建構的進一步詮釋：自我同時會反省與批判主我與客我是怎樣被連結到那影響著人的異化、壓迫以及宰制的社會關係脈絡底下。

　　其他關於自我與社群的例證在這邊緣出現。Mead 取出了兩個

有關兒童活動的構設[4]：玩耍（play）與遊戲（game）。玩耍這個概念指的是：兒童與想像的夥伴互動，且透過這個活動，他預期了他者的行為。這個階段之後才使兒童發展出參與團體玩耍的能力。我們可以在此主張說：概括化他人對遊戲的規則，及團體裡的價值、態度、規範到底是應被期待為順從的，或是非順從的。這個例證證明了在自我／個人辯證裡的發展，以及當它把自己連結到想要進入的團體或社群裡的概括化他人之間的關係。在這個個人辯證裡，批判教育學所說的自我要尋求的是去認識自我的建構如何放在壓迫性社會結構的不斷辯證裡。而主我、客我，與他者又是怎樣地在既壓迫又解放我們的情形之下辯證地運作，這對批判教育學者而言變得愈來愈重要。這些都能謹記於心的話，以下一位四年級教師與她的學生之間的一段描述，將幫助我們繪出這個自我與社群的辯證圖像。

Parkview 小學

　　Parkview[5] 是個都會小學，位於南加州鄰近工業區的主要街道上，這條街有一排小房子。充其量我們會把它描述為在勞動階級、藍領社區的學校。我在師資培育學程裡有位同事，根據他所參與的一個研究，這所學校也被他們描述為保守的。改變在此並不是個令人喜歡的字眼。許多教師在這個學校安身立命，現狀最能描述他們所有的態度：要接受官方課程——別提出任何質疑！學校的某些教室寬敞而又乾淨；其他的一些則又大又骯髒。然而從大

部分來看，所有的班級都配有電視機，也有足夠的桌椅。不像許多典型的內城學校，這所學校不是那一型的，這裡不會看到塗鴉。在冬天，教室裡有暖氣，有些班級甚至有天花板的吊扇，而且圖書館很整潔。和多數的小學一樣，遊戲場的噪音是高分貝的。整體而言，學生在 Parkview 小學似乎很能自得其樂。

Parkview 被校長描述為非常符合加州性向與能力測驗（California Aptitude and Proficiency Test，簡稱 CAP）的目標，著重數學、理科與語言藝術，不過較忽略社會科學、藝術與音樂。而在刻板印象裡，理科與數學依舊占據支配的地位，而人文學科（作為歷史上的實情）則敬陪末座。多數教師在 Parkview 有十到三十五年的年資，新老師只有一位，還有另一位教師的教齡是五年。

校長描述學校在於作育「藍領知識份子，在那裡父母是藍領的勞工，不過他們的孩子卻努力做得更好。」大多數學生是屬於少數族群，其中最多的是西班牙裔。校長評論這些學生是「就業取向，以及我不知道我們給的是否是他們想要的東西。」我對校長在學校裡殷切的招待感到驚訝，我對她熱心地運作出一個平順、有生產性、有效能的組織機制留下深刻印象。然而，我對於她社會面的無知則感到生氣。我心中暗忖：你如何假定某某特定的學生是就業取向？閱讀許多有關分流的書籍之後[6]，我發現校長是這種分類機制的典型人物。

Parkview 的學生似乎因為他們父母較低的教育程度、較低的薪資所得而陷入了刻板印象的陷阱，他們的學區與教師又沒有法外提供這些工人階級子弟平等接觸文化資本（知識、技巧、價值

與態度）的機會，好讓他們從先天決定的經濟與社會階級裡向上流動。在觀察一些教師之後，我開始檢視教師態度、無趣的教室活動（當觀察這所學校的教師過度地使用標準化課程時，會讓我想打瞌睡），以及一些無意義的考試，看出那只是在形塑學生先天決定的社會認同上為虎作倀而已。在觀察特定的班級一年之後，在我看來，自我與社群的說法對學生將自己從那些先天決定的刻板印象（這是校長和部分教師所執持的）中獲得提升有很大的效用，不論他們能不能在學校達成提升。現在，讓我轉向教師的部分，談談他們大部分是怎樣去挑戰這些刻板印象式的觀點。

Betty

在這個一九八八／一九八九學年度的特定個案研究中，四年級教師Betty（假名）被選來進行初步的觀察，因為她參與了一個我所關注的資助全球教育計畫（這個計畫在美國內部互連，並連結至世界各地）。我觀察Betty的時間前後共一年。有些時候我在她班上的時間是持續每週每日上午三小時，特別是學年的開始，與學年的結束前。

這整段時間，我變成是教育與社會研究文獻裡所描述的典型參與觀察者。我參與課堂活動，觀察學生如何學習，以及Betty如何教。在Betty班上的學生極端地對我有反應。我漸漸獲得學生們以及Betty的信任，當我教到Hanukkah這個猶太節慶課程，並在討論以色列與澳洲的部分時作課堂呈現——如同讀者知道的，我以前住過這兩個國家。由於我持續出現在班上，使得我可以在研

究者、教師，以及 Betty 與她學生朋友的角色之間移動。把這些放在心上，以及能夠決定 Betty 如何可以單獨地行動，以及與學生一起行動之後，我開始在我的研究關切上歸零。全球教育在課程、自我與社群上到底有什麼效應，對我而言成為主要的議題。學生如何回應全球教育作為了解差異與同理心的批判工具，這成為我其他的主要關切。

　　我選擇觀察 Betty，因為她似乎在她的課程中融入不同的文化觀點，特別是與差異形成關聯。她也似乎熱衷、致力於關懷她的學生與學區裡所發生的事。Betty 的班上有二十九名學生，她是第一年擔任四年級的老師。她擔任一年級教師已有多年，而現在則常常疑惑、擔心她第一次教四年級的教學經驗不知會是什麼樣子。Betty 是個非常投入的老師，她的學生就是她的生活。Betty 的學生有高比例是西班牙裔，Betty 本身也是西班牙裔，而且說著非常流利的英語與西班牙語。

　　當我走進學校，我接受到 Betty 的微笑與大方而溫暖的問候。她交給我她班上的鑰匙，並且說我可以逕自打開教室的門。前往她教室的路上，我經過一群在遊戲場的快樂兒童、老師可以坐的長板凳、一座老舊的籃球場，以及一大片當作遊戲場的青草地。當我走進 Betty 的班級，寬敞的教室使我乍然一愣。椅子整齊地放置在她的桌上。有一台電視、有規劃的圖書室、月曆，牆上懸掛著許多圖片。有一句懸掛在牆上的格言，立即地震撼我的視覺。上面寫著：「有創意的想像乃是偉大的種子。」教室訊息以大型字體橫掛在黑板上方，上面寫著：「我們的極限其實是我們的自

我設限。」這些表達立即讓我驚訝，至少在第一眼上，因為這似乎對抗著校長對這所學校學生能力的知覺。在教室中的規則也很醒目──「尊重你的鄰居、聆聽他人所說的話，以及與他人分享。」這些規則是由Betty與她的學生以對話和民主的方式所建構，不同於傳統教室標語之老是繞著「離開教室該如何」、「說話該如何」等等。

學生做的幾個印地安帳棚整齊地擺置在一張桌上，圖書室在教室的後方，還有一面牆張貼著學生先前幾天的作品──數學題解以及素描。大抵而言，學生對Betty表現出很專注的態度。甚至當學生逾越了界線，Betty就會挑選一名學生並且說道：「看Manuel的表現多好，他今天真是非常好。」學生看著Manuel，給予鼓勵，而表現不佳的學生則大多會向他看齊。Betty因此有維持秩序的神奇方式，而沒有屈從、處罰或申誡任何人。

Betty要為她的學生建立自尊。她有一部分之能實現乃是透過不斷讚美一個個學生的價值。她在每一堂課的開始會先對全班說：「把你們的眼睛閉上，感覺你們彼此更接近，把你的能量傳出來，支持你們自己。」每天早上大約八點十五分，在Betty一段開場的評論之後，全班學生會用盡肺活量大聲喊出「我的信念」：「今天是新的一天。今天我相信我自己。我尊重別人，我關懷我的朋友。今天我會好好認真，要用功學習。我很聰明，我很棒，我知道我是特別的。我很高興在這裡，我要讓今天變成最棒的一天。」Betty的班級通常就這樣經歷這個能量循環的儀式。在信念重複之後，Betty通常會把班上同學叫到教室的前面，再一次彼此感同身

受地互相支持。Betty 會告訴她的學生說：「首先我們必須每個人彼此互相支持。讓我們再一次緊握雙手，給彼此能量。閉上你的眼睛。現在，傳遞你的能量，感受能量通過你。我們現在緊緊繫在一起，我們現在能量充沛。現在我想要昨天閱讀過的人說一說你朋友的故事。」立即地，每個學生讚賞下一個學生所說的故事：

> Betty：每個人都需要彼此支持。
> 學生 1：David 讀得很好。
> 學生 2：我喜歡 Manuel 的故事，他寫得非常有趣。
> 學生 3：Lupe 有很有意思的故事。
> Betty：每個人給 Lupe 和 Manuel 大大的掌聲鼓勵。

　　透過這些練習，建立自尊、信心與尊重同儕的氣氛成為主要的主題。在 Betty 的課堂中，自我就是這樣被肯定的。學生的主我是被認知到的；學生的客我，就算沒有被了解，至少在結果上是被協商溝通、被認真對待的。環繞著這些議題，其中的主題就變成這個研究的核心。

教師的主題

自我與社群的建立：實用課程與官方課程的對抗

　　如同第三章的個案研究，官方與實用的義務、規則與課程間的差異關係始終持續著。多數修我這門課程的在職教師肯定，只有在實用課程裡才似乎能獲得唯一的自主意識──特別是當他們關起門來教自己想教的東西時。關門既是一種對權威的抵抗行動，也同時是一種如同哭喊著說「別管我」那般，一種表明沒必要再持續受到監視的行動。然後一點也不令人驚訝的是：在這所小學的教師為了一些社會研究課的目的而被官方認定要跟著看ITV（電視教學節目），並且要有成果。在藝術、音樂與社會研究方面大量依賴ITV，結合這個學區由上而下的威權決定結構，這些在在都暗示了教師們被去技能化：在這些領域中喪失課程的決定權，以及為了適應特定的課程而喪失創造力。

　　無論如何，Betty實際地做她想要做的事，或至少是嘗試如此。就大部分來說，Betty遊走在官方與實用的課程之間。她已經參與全球教育計畫四年，並且對於怎樣教小孩子認識不同國家有堅定的信念，所以Betty決定（在我試探她的觀點之後，以及她獲得校長的允許之後）創造出三週不同國家的單元。事實上，Parkview

小學並沒有在官方正式地接受全球教育計畫作為全校性的方案來
執行。全球教育對大部分教師而言是個基進的概念。在我自己天
真的想法上，我無法理解為何事情會是如此這般。慢慢地，我開
始了解為什麼多數的教師和行政者相信：任何會把老師從既有課
程中帶開，或任何聽起來荒誕不經或有所不同的事，都不該教。
事實上，這個學校裡流傳著這樣一個謠言：任何人只要嚴肅地想
要使用全球教育，那他就會被視為基進派。我問 Betty 為什麼使
用這個課程形式，Betty 說道：

> 我所經驗到的一些偏見使我想要知道其他人像什麼，以
> 及為什麼有這些歧視等等。我們的正規課程並沒有那些東西。
> 所以我所做的就是把那些以前不曾告訴我們的東西整合到課
> 程裡頭。此外，他們相信站在這裡的我。我可以在閱讀課和
> 社會研究課上使用全球教育，而仍然可以提升自尊。

使用這種課程形式似乎連結了 Betty 個人在以往生命中所面對
的各種偏見的歷史（或主體性）。在我心中，這儘管不容易成為
基進觀點，但卻是相當地實用。在不貶損 ITV 的情形下，Betty 這
樣地評論這個實用課程（再一次地，這不是由官方欽定的，而是
她認為這對她的學生最為實用）：

> ITV 是這冰山的一角。舉個例子，只有當我用生態運動把
> 世界各地的人連結起來時，這才是教學真正降臨的時刻。我

會做更多可以說是政治性的模擬。譬如說，我們會學習到某些國家的飢餓問題，以及為什麼我們必須避免這些問題。同時，當我們在認識這些理念時，我們以分組的方式來進行，為了一起做這功課和分享觀念，接受與理解不同的觀點，就這樣成為一個社群。

一般而言，Betty的班級核心指導主題：「成為一個社群」、一起工作，擴散到她與學生在一起的每一天。舉例來說，在一個學生小組的計畫中，社群與合作的日常主題常常是被強調的：

Betty：我們現在要討論我們過去一起合作完成的事情。

學生1：故事分享。

學生2：聽故事。

學生3：團隊工作。

Betty：很好。太棒了。明天我們要怎麼做得更好？

學生4：把我們的功課做完。

學生5：把自己的事做得更好。

Betty：用什麼技巧可以讓我們一起工作？

學生1：找資訊。

學生6：積極聆聽。

學生7：用平靜的聲調。

學生8：更加地合作。

Betty：舉個例說明怎樣讓小組運作得更好？

學生6：更要互相鼓勵。

因此，Betty參與的任何小組功課的準備，都會有益於直接導致社群、分享與同理心的觀念。的確，那個三週的單元方案也成為小組分享的活動。每一小組有五個成員，每個小組被指定要學習不同的國家，然後在兩週的研究之後在班上報告。每個學生被指定多重的角色：有人負責抄寫、有人準備地理或地圖資料、有的說故事與帶動唱遊戲、還有負責播放影像的人，以及負責準備參考資料／閱讀材料的人。每個學生都要負責在圖書館找資料，以及查核在該小組中其他人的資料是否是支持性的與有幫助的。在教室的後面設有一個研究站，被研究的國家分別為肯亞、俄羅斯、印尼、斯里蘭卡，以及辛巴威。

透過這個由教師創造的實用課程，關切的主題為：(1)不同的觀點（同理心的建立），以及(2)社群與競爭力的提升。

不同的觀點：同理心的建立

在我心中，Betty在淬取學生們對自身關切的觀點、班上其他人的觀點以及不同國家的觀點上，是個道上高手。她允許學生去感受他們的主我與了解客我。舉個例子，在一個練習中，Betty在教室前面的圓桌上放了一些不同的東西，學生從他們的座位看過去並列出他們看到的每件事。經過五分鐘來學習桌上的東西，然後一起進行班級討論。

Betty：你們發現了什麼？

學生1：從這個距離我看不到。

學生2：沒有任何人是完美的。

Betty：你喜歡填出一張完美的表嗎？沒有看到每一件事，你的感受是怎樣？——很好嗎？難過嗎？

學生1：很難過。有受騙的感覺，因為有些人會看到不同的事，而我們全都坐在不同的位置上。

Betty：你希望你能做什麼？

學生3：我覺得被虐待。

Betty：那你要怎樣才能得到全部訊息？

學生4：能從不同觀點去看。

學生5：找到差異的觀點。

Betty：有多少觀點呢？

學生6：很多，至少兩個。如果你站在不同的地方，你就會看到不同的事情。

Betty：那你真的很靠近的時候，能看到每一件事情嗎？

學生們：是啊。

Betty：你告訴我你的觀點是什麼？什麼能改變你的觀點呢？

學生1：當你看起來不一樣的時候？

Betty：假若我塗上化妝品或穿著不同的衣服，這會改變我的觀點嗎？你要怎樣才能改變你的觀點呢？

學生7：用用你的想像力。

Betty：你能夠學會變成一些其他人，然後接受他們的觀點嗎？

　　學生 8：可以，可以和他們分享你的理念，把他們當作你的
　　　　　　夥伴。

　　學生 1：是的，和他們一起工作。

　　Betty：有不同的觀點，你會有什麼感覺呢？

　　學生們：很好啊。

　　Betty 把一張白紙放在黑板上，並且馬上問她的學生關於人與人之間的相似性與差異性。在這個練習之後，已經提到很多的相似性與差異性，這個對話就再持續下去：

　　Betty：我們是不是都一樣？

　　學生 9：我們全都有做事。

　　學生 10：窮人沒事做。

　　學生 5：我們都有些錢。

　　Betty：所有的人都有些錢嗎？我想要知道什麼事情相似。
　　　　　　不是所有的人都有錢。

　　整體而言，Betty 教導小組的成員具備差異的觀點，以及不同的國家有不同的禮俗與習慣，這全部都繞著社群與分享的主題而發生。此外，Betty 允許個人思考的表達與分享團體的情緒。在最後，她溫暖地說道：

　　　　你們都要互相拍拍你們自己的背，支持和鼓勵每一個人，

還要說「你做得很好。」記得在這個練習裡頭，我們學到不同的觀點、不同的國家。我們不只是記住這些國家不同的事情，我們必須按著任務工作並且檢驗我們的感受，讓每個人對他自己的感受都是好的。你們都有重要的工作要做。讓我們去做功課，針對不同的國家來做研究。

社群與競爭

在 Betty 的課堂裡，有時候會不斷強調社群和競爭之間的矛盾特質。我們必須提醒自己，在美國這些主題普遍存在於各行各業；社群是有效能的，而為了在就業市場中鬥爭，我們勢必要爭取高人一等的位置，這些都是實際的例子。Betty 提到：「我總是把全班打散至小組中，為的是讓學生能夠學到在一起工作。不過許多時候小組無法好好地運作，我通常必須坐在旁邊，並與他們討論為什麼他們無法好好地在一起工作。」對學生而言，要他們黏在一起成為一個單位，其實是有困難的。部分原因是起於某些個人競爭精神使人想要變得比下一個人更為自利或更為優越，好幾次產生差異的意見。例如 Joshua 常常很沮喪，因為他沒辦法依他自己的方式做事，他看起來好像被惹得很不高興。

> Betty：我們需要合作。假若你的材料還沒有準備好，請彼此互相幫忙。你們要和別人分享。

Joshua：Cathy 要拿我的檔案夾。

Betty ：〔嚴肅地〕你看，Cathy 是負責抄寫的，她現在需要
　　　　那個。

Joshua：我想要用我的方式來做，她說我不行。

Betty ：你們難道沒辦法一起做這件事？

　　當情形變得失控時，Betty 屢次移動到 Joshua 那邊。最後 Joshua
與 Betty 一起到教室的一個角落，那裡沒有別的學生。他們在那裡
作角色互換的儀式。Joshua 化身為其他學生的角色，老師要求他感
受到其他的人。在接下來的兩天，經過更多次角色互換的儀式，
Joshua 變成小組中更能合作的成員。

　　小組之間開始相互競爭，好幾次肯亞小組或斯里蘭卡小組成
員穿梭在其他的「國家」，看看誰有「最好的方案」。Betty 主要
關切的事情，也就是一個人在全球教育計畫的一開始便參與建立
社群、分享與合作，這表達在每天為我準備的日誌上：「小組尚
未連結，這些小組間與小組內相互競爭，要把它們連結起來是對
我們所有人都有所助益的挑戰。」在這個研究的第一週結束時，
Betty 說道：「我是一艘神經兮兮的破船，我非常希望要運作得很
好。我看到小組開始安頓下來並建立很好的連結。我多麼想要每
一個孩子都感到成功，以及為他們的小組做好自己的部分。」在
全球教育計畫結束時，Betty 提到：「今天我感覺真好。所有的小
組真的都有進步，還會互相支持。當然，一些小組是超越其他小
組的，而且有些孩子需要每天都被引導。」很清楚地，Betty 已達

到她的主要目標之一。學生在奠基於每個人以及他們的個別差異
上建立起社群，也發展了信賴與相互尊重的意識。

學生的主題

對期刊問題的回應

　　我很仔細地讀過常常被人引述的 Jean Anyon（1980, 1981）關
於社會階級與學校知識的文章。在教育期刊中許多對 Anyon 作品
的批評是環繞在我稱為階級定位的決定論分析。所有的人似乎全
都各安其位，而學生與教師對這個問題的回應，也彷彿他們本是
在下層、中產、上層階級，或管理精英階級。一個典型的例子是
當 Anyon 在下層階級與中產階級學校問學生與教師：知識這個詞
彙是什麼意思？多數的回應是「獲得正確的答案」。而在上層階
級的學校，回應則是「知識是創造性的、思考的」。學生與教師
的期望一致地落入社會對於他們的社會流動之預期。勞動階級的
孩子會從事無趣的、刻板印象式的、藍領的紙筆工作（假若他們
幸運的話），而上層階級的孩子最後則占據創意性的專業職位。
他們在學校的功課包括創意性的藝術專題，在班上更常參與對話，
以及一般而言，做更多創意性的活動。
　　為了回應這些議題，以及眼看著 Betty 對於學生創造力、合作，

以及可把學生推往極致的信任，假若我可以提出類似於 Anyon 所問的問題，我堅決相信在某些層次上，我所獲得的東西將會不同於她所進行的研究。然後，我所要尋找的東西不是預先決定的答案（但有些當然就是這樣的），而是學生本身的回應，這將與學生刻板印象式的階級定位說法（如同本研究在稍早時所描繪的校長說法）相互矛盾。

在三週的全球教育單元之內，我要求學生在他們準備給我的日誌中，為知識下個定義。主要的回應有三個：⑴「變得聰明」，⑵「學習」，以及⑶「有個開放的心胸」。問到如何定義聰明，主要的回答是「伸展、成長或得到好的教育」、「有幫助的」，以及「會聆聽他人」。問到如何定義學習，主要的回答是「學習關於人類的新事物」、「在你心中獲得很多的訊息」，以及「擴展你的頭腦」。

我問學生如何定義思考，多數回答包括：「會驚異」、「會把事情整理出來」、「會創造」。問到創造意謂著什麼，多數學生的回答包括：「做一些新的事情」，以及「有個開放的心胸」。這些學生似乎比起只是在回答這些問題上有創意還又更進步一些。透過他們所做的開放、創造性，以及能引發思考的回應，許多學生的意識上似乎開始鬥爭著、抵抗著決定論式的刻板印象。因此，在這個矛盾之內的潛能是為了造成衝突，以及挑戰呆滯的觀點，並且最終能從刻板印象中解放出來。

良心的發展

在上述的矛盾裡，Betty 切入學生們的集體良心。簡言之，Betty 並不倡導個體主義，而是強調支持與社群。我提供另一段課堂討論如下：

Betty：我們有沒有互相支持呢？

全班：沒有。

Betty：那你們大家有沒有很認真想做到呢？Nick 真的覺得很難過；你們沒有支持他。現在你們說要怎樣才能得到支持呢？

學生 1：給他支持？

Betty：你怎樣給他支持？

學生 2：不要講話。

學生 3：老師要求的時候，我們用唱的。

學生 4：要聽每個人講話。

學生 5：要積極聆聽。

Betty：好的，我們的客人會來看我們的計畫。讓我們把我們的支持展現給他們看。

這個支持與社群的形式導致學生意識到要成為有道德的人。在 Hanukkah 這一課之後，學生被問到，假若有人要你去做一些你

知道對你來說是不對的事情，你會如何反應？學生的回答包括：
「找一些人來為我們所相信的事情一起戰鬥」、「不理他」、「繼
續做我已經在做的事情」、「掉頭走開」，以及「了解其他人」。
經過這一整年，以及全球教育方案的期間，學生表達了團結、正
直與正義的意識，並且也企圖要了解他人。

特別地，Betty 試著與她的學生發展良心意識，主要的努力在
於團體的形成，團體的決定變成首要之務。在師生之間，以及學
生們自己之間的互動式對話也很重要。很多時候團體會起爭執。
為了創造秩序的意識，Betty 這樣評論「肯亞」小組：「假若我們
能在一起工作，而不是拿所有的時間來反對，我想這樣會比較好。
看看斯里蘭卡小組怎樣一起工作。來吧，我們可以做到的。」為
了使小組有凝聚力，說服某人做某事的耐心是需要的。結果，小
組可以合作與成為一個單位。以下是學生在日誌上對於「團體一
起工作會像是什麼」這個問題所做的典型回應：

> 在小組中工作很有趣……我喜歡David正在做的東西，一
> 起工作很棒……我了解我的小組所做的東西，因為我們分享
> 所有的東西……有時候我不喜歡Josh，因為他不會幫我……像
> 這樣的學習滿有趣的。

教師參與

我在 Parkview 的期間，通常 Betty 會提出教師他們自己在參與像是全球教育那種事情中所產生的極度需求，特別是了解差異的方式。Betty 也了解有許多教師視她為威脅者。Betty 總是樂意嘗試新的事情，而在 Parkview 的多數教師，如 Betty 所描述的，乃是「害怕全球教育」。全球教育和現狀就是不同。她曾經提到教師總是「非常保守、非常安於現狀的人」。儘管如此，Betty 還一直是個得到校長尊重的老師。在學生報告不同國家時，我看到校長進入教室去看兩個不同的小組進行報告。Betty 也影響一些新進的教師。我待在這個學校的許多時間裡，Betty 對我提到好幾位其他教師。在她的評論之中，有兩個令人振奮的例子：「我可以動搖她。我讓其他三個班和老師都來加入行動，或許我也可以影響她們。」「我想要邀請她，我可以影響她。我沒有試過其他的老師，但她是可以開發的。或許老師們看到我所做的事情後，這樣的事就會傳開來。」清楚地，Betty 的議程已超過僅只是教她的學生而已。重要的是，這個議程包括影響別的老師進入差異、社群與分享的理念之中。簡而言之，這成為我所要描述的一種屬於她的文化政治──這些價值挑戰了我們社會中宰制、壓迫的價值。因此，課程與學校更加關注於差異、社群與分享，也開始去對抗日益蔓延的惡性競爭與個體主義的宰制價值。以這種文化政治的形式，Betty 在可能的時候就會傳遞給學生與其他教師。

　　重要的是許多教師與他們的學生在不同的時間進來參觀小組的報告。這些教師似乎會因此而具有更開放的心胸去學習與教授差異。有一位老師似乎對學生的活動特別好奇，她經常做筆記，而其他的教師也似乎感到興趣。

Barry：你對報告的想法是什麼？
教師　：很好，他們表現得很好。我會採用 Betty 的一些理念，也來做全球教育計畫。學生去學習文化差異是很重要的。
Barry：那你會在下一年採用嗎？
教師　：我會認真地考慮。作為教師，我需要更多的經驗。我在這個學校是新老師，但我喜歡 Betty 的理念。

　　而另一位教師提到：

教師　：這些孩子表現得真好。我喜歡 Betty 在這裡建立的分享與社群的概念。

結論

　　雖然 Betty 確實會影響到其他的教師，但很不幸我的研究就到

此結束。年關將屆時，我已經在準備下一個研究計畫。在這個研究中還有很多事情尚未得到結果。舉例來說，這些教師是否會採取差異的理念到他們的實際課程中？他們是否會變得更加無畏、更敢冒險？他們是否能挑戰刻板印象與決定論式的意識？縱使這些問題無法完全回答，現在重要的是能提出教師轉化的潛能、對差異的批判性賞識，以及自我與社群的建立。對我而言，這個研究所肯定的是絕不否認在社群之內的自我建構。此外，差異與對他者的了解如何使用來對抗宰制的趨勢，這對批判教育學的文化政治是相當地有意義。

在我個人知識與此研究一起成長的同時，顯然至少有了一個管道可開始在學校中為教育的批判理論者建立起一座反霸權的平台，藉由理論性的檢視而把這些理論構設與宰制霸權的價值（像是個體主義、惡性競爭與刻板印象等等）連結起來，以便能思考如何在自我與社群的鴻溝上搭起橋樑。我想，只有如此，無論宰制文化具有多少控制的效應，批判教育學都能夠肯定其自身。真正的知識抵抗行動是起於重新定義角色與主體性如何被建構。而這些行動可以同時一致地相遇並支援，好作為我們對生活世界進行集體再詮釋的基地。至少在某個部分上，這種再詮釋就是Betty在照料她的學生時所關切的。

明顯地，在本研究中，我提供的只是簡要而架構性的大綱，這必須變成教育中的批判俗民誌研究者更完善的整套研究計畫才行。我將在最後一章對此再做詳述。然而，為了能持續解放教育與社會的議程——很清楚地，這變成我的優先要務——身為熱衷

批判教育學中文化政治的年輕學者,許多的問題進入我的心中。
什麼是差異?教師是否在差異的議題上團結地行動?教師是否對
差異能有相似的同意?到底要如何來引導民主,如果真能開始的
話?在下一章,當我進入南加州一所擁有三千名大量少數民族學
生的中學時,讀者應能覺察到這些問題。

課堂活動

1. 把學生依他們對特定內容領域的專長而分組,學生團體將可創
   造出一種他們可以在教室裡用來關注文化差異的活動。各小組
   先透過開放的討論,然後應該使班上的其餘同學了解討論的內
   容。
2. 在班級的討論中,討論多種個人主義的形式——好的與不那麼
   好的,討論在學校中可以採取的是什麼類型的個人主義。
3. 班上的個別成員(有興趣的人)自擬一套模擬的課程計畫,以
   個體主義、社群與競爭的價值為主題。試教時要解釋這些價值
   要怎麼教,以及在班上碰到矛盾衝突時如何處理。

問題討論

1. 在 Betty 的班上,自我是如何跨越了差異而得以傳遞?

2. 你自己是否將差異，以及自我與概括化他人併入你的課程？

3. 對 Betty 而言，什麼是她的反霸權架構？

4. 你如何將 Betty 的反霸權概念再推進一步？

5. Betty 如何讓她的學生再技能化？ Betty 自己又是如何被再技能化？

6. 在現代（作為現代主義）的課程——不論是隱藏的還是外顯的——在 Betty 的班上，她如何處理矛盾衝突？

7. Betty 是否有潛能離開現代性的架構？如果是的話，那又是如何做到？

8. 你會把 Betty 分類為現代或後現代的教師？請解釋你自己的這個回應。

9. 後現代的自我可以是什麼樣子？

10. 在課程中使用後現代自我概念時，縱然有結構上的限制，在學校的一天中，哪裡可以用來說明這個自我的存在？

11. 對你而言，現代與後現代的課程是什麼樣子？

12. 對你而言，有什麼樣的方式能切除競爭的惡性形式？

13. Betty 對於教西班牙裔學生的觀點如何不同於校長的觀點？

14. 在你自己、別的教師與校長之間，你如何處理意識形態上的差異？

15. Betty 用什麼方式為學生賦予權能？

16. 討論歷史與課程使用的角色。Betty 是否在兩者間建立起連結？如何更進一步去做？

17. 你如何把你個人的歷史連結到課程的使用上？

附註

1　藉此我意指必須了解學生、行政人員與教師如何在學校中關於
　　種族、階級與性別上，尋求可應用的安排。

2　George H. Mead, *Mind, Self and Society* (Chicago: The University
　　of Chicago Press, 1934), 135-226.

3　譯註：其實，最接近此概念的中文字眼是「人家」。

4　譯註：在本文中 construct 譯作「構設」，以與 construction 之
　　譯為「建構」有所區別。

5　Parkview 這個小學是虛構的名字。

6　Jeannie Oakes (1985). *Keeping Track: How Schools Structure In-
　　equality.* New Haven, CT: Yale University Press.

5

多元文化論述與民主想像
的政治

導論

在第一個個案研究中（第三章），實用課程所關心的重點在於建立教師的自主性。教師對當局的抵抗極為重要，大部分是因為教師視行政部門工作不當。性別歧視的議題確定成為一兩個教師所立即關切的部分，但對其他的教師並不是很重要。這個研究也顯示，儘管教師不喜歡彼此，但在學校現場，他們針對各種不同的議題而形成了團結。在後現代傳統中，很難去定義抵抗的行動。這些行動是否算是我先前所標示的制度性抵抗（挑戰結構的限制，像是時間的管理、透過語言挑戰權威，或壓根地偏離一套既定課程等等）？或者是文化抵抗的行動（挑戰文化本質主義，像是過度競爭、刻板印象、種族主義與性別歧視[1]）？

我們也學到這個研究的限制。大體來說，教師是被去技能化了。我並不曉得他們是如何被再技能化的。不僅如此，受到這些教師的吸引，使我常常不能好好把握住轉化的可能地點。我和他們的生活交織在一起，在研究結束之前，我開始懷疑我在觀察誰──這些八年級的教師，或者我自己也身在其中。

第二個個案研究（第四章）考慮實用課程的衝擊，從這個脈絡發展出自我與社群的理論。建構這個理論帶有為批判教育學規劃一個潛在解放架構的意圖。顯而易見的，我的焦點擺在後現代類型的文獻。有此主意後，一些問題激起了我的好奇心。關於他

者和差異之間的連結是什麼？互為主體性（intersubjectivity，即在人群或群體間被社會或社群所接受的理解）在此差異架構內如何運作或扮演什麼角色？我特別感到興趣的是：如果教師確實有意識的覺察到，在學校中迫切需要環繞在多元文化差異與多樣性的轉化，那麼，多元文化教育可以是什麼？為什麼我們需要多元文化教育？

　　後現代主義在它對意義的無窮解構與沒完沒了的抗爭下，確實為聆聽他者的聲音提供了工具，也帶我們更靠近多元文化的形式，或我在第一章所說的——在差異之內的相似性。在我心中，Mead 提供了一個脈絡，藉此脈絡，把他者當成那些被整合進實用課程活動的態度與價值。此外，透過對第四章最後一個個案研究之主我與客我如何被建構的理解，我們看到互為主體的客我如何得以穿透與洞察主流意識形態的價值，像是個人主義，以及我所謂競爭的惡性形式。

　　在後現代論述中的他者將自己奉獻給一個解放的架構，此架構深化 Mead 關於主我與客我的定義，且意謂著傾聽被邊緣化社群——那些受到社會結構（種族、階級與性別的形構）所壓迫、異化與屈從的人們——之主體與互為主體的聲音。

　　根據以上的脈絡，作為和他者相互關聯的聲音所指的乃是：在社會、文化與經濟秩序內關於主體（一個人或一群人[2]）的安置。我要提醒讀者的是，要聽到某人的聲音就是要把這個聲音視為其擁有者之和權力、文化史以及經驗的關係所形塑出來的東西[3]。因此，一個人的聲音就成為自己和種族、階級與性別背景的關係。

聲音是一個人的自我之主體性要素——我的認同的形成、我所信仰的東西、我如何過我的生活，以及我所堅守的特別價值。舉例來說，我的聲音包括了我父系血統的背景，難以脫離於家父長制的教師，並牢牢鑲嵌於父權式之制化、威權主義的學校體制中。此外，我的聲音包括我在以色列的移民歷程，我對社會不義、異化與屈從的感受。我的聲音也包括我多重的社會角色與行動，而這些行動形塑且引導這些角色，像是為人父、為人兄弟、為人子、為人師，以及身為一個教授與白人中產階級男性。

　　Mead所謂的他者變成一個政治工具以及解放的參考點，用以批判宰制的價值結構。它也讓後現代理論學者進一步了解構成獨特且多重聲音、實體與權力結構之主體與互為主體的條件——特別是關於種族、階級與性別的議題。心存此念，則在此何以能被鬆散地定義為民主想像的這些條件——那些同時以不同形式、時間與地點試圖克服受制狀態的鬥爭——就既能成為導向批判的後現代教育理論之理論性考量，也會變成在多元文化社會中，為教師爭取平等形式的實務性嘗試。

　　本章將要呈現我在第二章所描述的關於差異與他者內之相似性的政治——特別要透過五位教師的故事與教學來加以檢視，這些教師在南加州擁有大量少數族群的都會學校工作。在本章中，他者一詞將採取後現代的特殊用法。也就是說，他者所指的是被邊緣化的群體、權益被剝奪的群體，較一般美國公民更為匱乏的弱勢團體。在他者的概念中，並沒有單一的現實，人們所受的壓迫不盡相同。為了理解這種說法，就是要開始去檢視為個人與社

群之民主以及──大體而言──人性的包容力與尊嚴的社會鬥爭。

教師故事的取得

　　一九八九至一九九〇學年度，有五位教師〔四位教英語作為非母語（ESL）之英語教師以及一位化學教師〕自願參與了這個研究[4]。我一開始就把信寄給Chapel中學[5]的一百二十位教師，向他們解釋研究的意圖。我以為教師們會在我的研究室外排隊，想要成為這個研究中努力的一份子。我錯得太離譜了！在距開學僅剩兩週前，校長通知我沒有任何一位志願者。我大吃一驚，後來，我聽一位教師說，我寄給教師的信夾在其他給教師的通知當中，不知道遺失到哪去了，有些教師壓根就沒收到。我因而開始對大型學校中的科層體制有了點概念。好比說，有位教師承認她把收到的郵件都當垃圾丟了，她記得這封信也扔了。我實在不該對此感到絲毫意外，我的記憶還真短暫，我還是個高中教師時就有類似的經驗。

　　當信件寄出的時候，我所想要研究的一般問題是：女性教師在學校中批判性與複雜的角色，特別是當它關係到課程的議題時。最後被選出的每一位教師（有幾位教師是校長建議我去邀請她們成為這個研究的一份子）以及學校的校長，都覺察到我這個研究的宗旨就是性別如何連結至我所謂的性別課程。縱使我這個研究帶著善意，任何蒐集寫實資料的質性研究者都會告訴你：研究者

不能帶著無疑的精確性來預測教師與學生之間的對話會冒出什麼東西，以及這些話語底下到底有什麼理論、哪些理論。

最初，我在學校裡晃了一個月，只是跟教師們閒聊，慢慢體驗教師休息室、午餐室、圖書館與學生活動中心的氣氛。總之，這個時期我就是和教師聊天，試著了解學校裡面的政治。這大概是研究中最困難的部分，我不知道該找哪位教師談話（儘管有校長引導），我常常像個活在不明疆域裡的陌生人，花了那一個月的時間才讓自己得到內在的安定感。我與一些教師建立了好交情，這些教師常常會說她們想要成為這個研究的一份子。直到我覺得有足夠的盟友，才透過訪談，錄音記錄並謄寫成文字，來蒐集教師與校長的生命傳記。這段時間我得到很多關於學生的資訊，特別是每天湧進學校的移民。人們提供我不少關於校內不同教師團體的資訊——好比說，「socios」指的是「工作輕鬆、服飾亮麗，還有個會賺錢的老公」的那些教師。有些教師抱怨，socios從來不會在學生身上用心，特別是那些有問題或迫切需要個人幫助的學生。

我對校長的印象深刻。他出生於加州的 San Bernardino，他的祖父母來自墨西哥。如同他的描述，他有著墨西哥的血統。重要的是，我問他，關於學生的事情他認同的是哪一部分。他說；

> 對這些學生而言，重要的是別為了主流而放棄他們的文化。但他們將與主流競爭，而且必須知道規則，如何在遊戲中玩得比主流的人還要好。我試著影響這些學生絕對不要放

　棄他們的文化，把絕不喪失個人認同的態度帶給他們。

　　顯而易見的，校長的意識整合了他自己與學生的認同。他為
自己的成就與學生最終將走向的同化而進行奮鬥。在保留自己真
實的聲音（文化）與不在主流中失聲這兩者之間的奮鬥，是這位
校長特別感興趣的地方。我很高興這裡有些進步的行政人員。同
時，我仍然懷疑學校該如何從結構面弭平霸權的力量，進而容許
進步，甚或可能的激進改變。所以在這個研究中，我的態度可謂
是謹慎的樂觀。

　　在這個新地點的第一個月，我被 Chapel 中學狂亂的節奏給嚇
到了。教師難得有時間去吃飯，很難在這麼狂亂的節奏中得到喘
息的機會。我也理解到，不像我以往的研究個案，在此，我無法
用任何課餘的時間把教師們湊在一起。我所選擇要追蹤的這五位
教師有不同的午餐時間——有的在十一點，其他的在正午。校務
會議一個月舉行一次，有時取消。有位教師評論道：「你沒辦法
知道這個學校的每一件事，太多事情在同時進行著。」當然，我
對這位教師的神經反射就是：她一定搞錯了。我原來不清楚這是
個善意的忠告，在這所龐然巨獸般的校園裡面，我應該專注於一
兩個面向才對。

　　正如前兩章一樣，我成為典型的參與觀察者。我在第一學期
觀察每位教師一段時間，我和每班的教師與學生發展出很好的交
情。此外，在其中的兩個班，我教西班牙裔的學生 ESL，在另一
班則指導以澳洲為主題的課。還有，在另一班（化學），我常被

點名作答──實在很尷尬，我若非答錯，就是無言以對，我實在欠缺化學的知識。不過，至少我還是得被當人看的！這段時間也用來蒐集我心目中涉及性別議題的資料，而對其他正醞釀中、日漸鮮明的主題則仍抱持開放的態度。在這些初步觀察之後，從資料檢視中可見到「差異與他者之內的相似性」這一主題逐漸浮現。此外，多元文化論述的議題也愈來愈突出了。

　　隨著研究進行，下一階段包含了更多的觀察。在第二學期，我觀察每位教師一段時間。我做這些觀察的意圖是要捕捉我當時正在醞釀之主導、發展中之主題與問題的動態，像是在差異、他者與多元文化論述內之相似性。

　　就像在其他研究中一樣，我緊貼著這些教師。我必須開始平衡作為彼此的朋友與作為研究者的關係。儘管如此，我還是同時能以曾為教師的經驗來了解事件（很像第三章中的第一個個案研究）。因為在研究中同時會和教師有所牽扯，所以我總是試圖與資料保持一段距離，藉此獲得新鮮與嶄新的觀點。我相信我在這方面是成功的。

　　我也和參與此一研究的教師與校長進行長時間的訪談，這些訪談並沒有時間的限制。我覺得把時間投入這個研究的教師需要安全感，以及她們的觀點不會被斷章取義等等。訪談用錄音帶記錄並謄寫成文字。此外，教師與我談論發展中的主題，特別是反覆發生在新移民身上者，以及學校與教師在同化過程的初期所扮演的角色。在我看來，對於教師們的自然處境，我需要有系統觀察的時期。因此，我在她們的教室以她們的方便為考量而進行訪

問。這最能夠決定教師如何應用在有關差異與他者之內相似性的新興主題，以面對試圖將弱勢族群文化同化到美國主流社會之中的挑戰。

Chapel 中學

Chapel 中學是一所位於市中心、工會化的高中，位在以西班牙裔為主要居民的南加州城市。在這間大型學校所在的街上，有成排殘破失修的房子和零零落落老舊、被砸毀的車子。但當我走近 Chapel 中學，能看到一片綠意盎然的草坪、受到悉心照顧的老樹，以及高聳的學校建築。

學校圖書館維護得非常好。教師休息室比較殘破，裡頭擺著的是磨損的沙發。午餐室裡有九張大圓桌，在午餐室外有露天中庭，教師可以在這兒沐浴著南加州的陽光而用餐、休息。中廊裡排著多年來籃球校隊與啦啦隊的大幅照片。當我走了三層樓梯到我將出席的班級時，我目睹男孩與女孩在樓梯間相擁親熱。我尷尬的通過，但通常會瞥見進行中的畫面──看他們在學校裡面會搞到什麼地步。這時，打從我八年級以來的學校生活乃活生生地浮現在腦海中──在男生特別會炫耀體育運動的性別意識下，把女生帶到足球場後面輪流親熱。我現在想來，不幸的不只是我因為在運動場上的成就而覺得光彩，事實上連女生也一樣！走上這個樓梯，讓我想起 Twomey 先生，也讓我想起生命中的一段插曲。

當時我正和一個女生交往，跟我的朋友們吹噓自己性經驗的成就。隔天，我的對手們在一場澳洲規則的足球比賽中打爛我的下顎。這個事件給我一個教訓，我閉嘴了好一陣子，學會了別再臭屁。

Chapel 中學大約有兩千八百名學生。學生人數依據入學與輟學狀況會有很大的變動（特別是西班牙裔學生）。有六成的學生是墨西哥裔美國人，有 20%的墨西哥人，其餘的學生來自東南亞與中南半島，還有 2%至 3%的白人。在我所觀察的大部分班級中，男生好漢們坐在教室的後面，女生則安安靜靜地坐在前頭，且在上課期間泰半不發言，完全被壓服在那些男生彼此嘲弄、搞笑的聲音底下。

全校一共有一百二十位教師——包括十位西班牙裔教師，一位黑人教師，以及一位西班牙裔的行政人員（校長）。有些教師把學校描述成「少數族群的棄置場」，其他人則相信這是個「真實教學可以發生」的學校。我在我的基礎課程裡提醒學生，在郊區的學校，不論教師是誰，大部分的學生都會成功。這些學生會吸取成功所需的文化資本（知識、技能、價值與態度）。我還告訴我的學生，在都會區的學校裡，教師則會造成絕大的差異。當我指派我主要是白人的大學學生去 Chapel 中學進行觀察時，許多人一想到就發抖，常會質疑說：「我們的車子會安全嗎？」的確，我也曾陷入這種刻板印象的陷阱。在某一天，剛結束晨間的觀察後，我走回我的車子，我的消音器發出很大的噪音，我在車內大叫，怒罵這個地方、這些小子、幫派、任何事，就是不罵車子。但當我換下消音器時，才知道這只是消音器耗損，只要換個新的

就行了。我因此感到羞愧。

　　Chapel 中學受困於一個我也曾陷入的特殊刻板印象，被教師視為一個「棄置場」，一個低收入、低智能、低社經與很高的幫派關聯的地區。我所觀察的校長與教師們都有承諾並有決心要扭轉這種刻板印象，或許，校長以下的評論可茲佐證：

　　　　我認同的立足點是我有西班牙裔的血統，而他們也有。我想我從學生那邊聽到對我最大的批評是：有些時候我對西班牙裔學生過度挑剔、且懲罰過度。我告訴這些學生，我們需要提振我們的名譽，我們都需要打破所背負的刻板印象。

　　　　主要的刻板印象是：因為你是西班牙裔，所以你應該朝就業來發展。

　　　　我們應該與這些學生的家長溝通，告訴他們烙在孩子身上的刻板印象。過去兩年來，我們已經切實的讓更多家長和孩子與我們一起來關心這些議題。

　　經過一年來對五位教師的觀察之後，為了解批判理論（以及批判教育學）如何能夠同時在學校的理論與實踐層面加以掌握，差異與他者之內的相似性這個想法似乎有重要的意涵。在某些方面，特別是透過教師，校長為此校學生開闢出一片公平地帶的企圖，確已有所成就。

教師及其個人歷史

　　第一章與本書的其他章節已把我的過去連結至我的現在。當我在處理這個個案且成熟的扮演一個成人、大學教師與批判理論者時，我開始了解到對主體性而言——尤其是與壓迫、異化和屈從有關者——歷史的重要性。正如在第四章中，我把Betty的過去連結到有關她目前從事全球教育課程的理解，我覺得和本研究所選的和志願來參與的教師一起做同樣的事情是很重要的。

Sarah

　　Sarah 是 Chapel 中學裡的許多 ESL 教師之一。她出生在埃及（有趣的是，我在以色列十年，並沒有阻撓我們之間的關係——很專業也很溫馨），在這個研究進行時，她已經在美國有二十二年之久。校長對她的評價是，她對學生非常的用心：「她對幫助孩子極為熱心，以至於有時候忘記從整個學校的脈絡來看事情。」儘管如此，Sarah 感受到學生們有多棒，因為他們是移民者，要面對難以跨越的同化問題。這讓我馬上想到自己的移民經驗。Sarah 評論道：

　　　　我告訴孩子們，他們很了不起。離開一個國家到新的國

度重新開始，要很帶種的。到你不知其語言、不知道其文化
的地方，剛開始的時候似乎很美好，但後來感到迷惑，被很
多事情困住，你會很沮喪。你發現你覺得自己不屬於任何地
方。他們不是百分百的美國人；他們已經離開了出生的國家。
我可以預見學習語言文化以及對事物一知半解的困難，因為
我也曾經走過那一段。

　　Sarah期待學生完成家庭作業並有所成。她期待他們能夠自立，
克服被壓迫的處境。她評論道：

　　　　有些事情你可以改變，你可以改變處境與你的外貌，第
　　一步是去接受你所無法改變的。學生必須有勇氣去改變他們
　　能夠改變的事，但這需要勇氣、毅力與膽識。他們不需要成
　　為幫派份子，不需要酗酒，他們還有其他的事情可以改變。

　　Sarah常告訴學生，隔天他們會有個測驗，但若Sarah可以做
主的話，「我就不作測驗，因為我討厭那東西。」她沒得選擇：
「我討厭測驗，假若我能做主，我不會舉行考試。在學年初我作
很多測驗，因為如果你不告訴他們將被測驗的話，他們就不學
了。」
　　Sarah既幽默又嚴格，而她的學生喜歡她。Sarah會以同理心
對待她的學生。她之所以能夠這麼做，我相信那是因為她也曾是
個移民，她充分了解新移民的同化問題。她把自己的歷史連結上

學生的生活：

　　現在讓我和你們分享一些故事，你們是新移民。一旦你們離家，家就不復以往。找個新家就像是移植樹木，這就是你離開墨西哥和我離開埃及所發生的事。對我，每件事看起來都不一樣了。並不是說你在新地方變得比較匱乏，這只意謂著你會有所改變。別忘了你的好素質，選擇美國為你提供的好事，然後你會變得與眾不同，我是這麼體會的。這是因為你們的差異並不會讓你們比較低級；我們因差異而更豐富。

　　此外，Sarah將自己身為女性的經驗連結到女學生的經驗：「我誠摯的鼓勵女性，我有很多女性經營自己的事業而有所成就的經驗，而且還在延續中。身為女性，這是很難的。我不只是個女性還是個移民。我要我的女性移民學生比較容易些。」她將自己的女性角色連結在更大的文化之內。她對我說：

　　我在一九六〇年代到這裡（美國）。價值觀已經改變了很多。這是WASP[6]的價值觀、清教徒式的、工作狂、不重樂趣、嚴肅、視娛樂為罪惡的。我對美國婦女的地位感到震驚，美國婦女受虐、過勞，很多人在婚後工作幫老公完成學業。她們被描繪成性象徵，她們被視為低俗的。女人應該為自己的行動負責，別把自己當物品一樣的市場化，這是女性移民所面臨的挑戰。我有很多女性經營自己的事業而有所成就的

經驗，而且還在延續中。我告訴她們要上大學。我告訴她們我母親反對我上大學。我母親說，婦女的工作是待在家裡，照顧先生小孩。若要有成功的事業就得犧牲我的婚姻。

當我走進Sarah的班上，我因掛在黑板上的大型彩色海報而感到震驚。上面寫著：「我們為差異感到驕傲，差異讓我們與眾不同。作為個體，我們在相同中發現樂趣，這讓我們情同手足。」我想起Sarah是怎麼對我提到移民問題與社會上其他問題的關聯：

移民不只是不同，在很多事情上，他們也是相似的。社會面臨與移民非常相似的問題。因為這是個流動頻仍的社會，移民者從一個地方搬到另一個地方，他們不認識任何人，他們也需要適應。他們離開了自己的家庭、朋友──這是非常艱辛的。這是一個孤寂的社會。我想要在人和人之間帶出相似性，尤其是那些與艱困有關的部分。

對一般走過Sarah教室的人而言，Sarah的學生看似無法無天。這是因為學生們嘲弄遲到者所發出的哄堂噪音，或是Sarah在要求作業必須完成時而提高分貝，甚或有更大的笑聲，因為Sarah或其他學生的幽默。然而，在Sarah班上持續觀察一段時間，發現呈現出來的是：這位老師正致力將學生融入主流的正規課程，以及要他們在限時完成的功課。她很少像其他教師那樣使用合作學習團體。我問她為什麼，她回答：

這個班總是在合作學習。我們只是沒打散成小組，但你會看到每個人怎樣彼此幫助。我們所做的練習不只是個別完成的，朋友們會彼此幫忙。此外，當我們開玩笑時，我們一起開懷大笑。在這個班上，我們可以互相開玩笑。合作學習不只是分組練習而已。

簡言之，Sarah 投身於社群，她的教室就是一條使社群得以發展的大道。她說道：「我們必須互相幫助。如果我犯錯，你可以幫助我。我們總是在一起做些事情。這裡有些孩子比我聰明，而我在某些領域上比他們有能力。我們必須一起正面攻擊我們的問題，而不是以人為攻擊對象。我們不能彼此嘲笑，但要肯定我們必須說出來的話。」

Nancy

Nancy 的教室在 Sarah 的隔壁。她也是 ESL 教師，教初級班的學生。她對西班牙裔少數族群的教學基本哲學是：「理解他們的心理背景；他們在新環境感到陌生，我不會嘲笑他們或苛求他們。我要為他們而把教室變成一個安全的地方。此外，我想要他們學習彼此尊重與有禮。」Nancy 相信她很了解西班牙裔文化，因為「我到處都住過──我過去住在墨西哥，在那兒我沒說半句西班牙話也生活下去了。我特別認同西班牙裔的孩子。」她還相信她對西班牙裔族群有同理心：「我也試著說西班牙話，讓他們看

看我會犯多少錯誤，所以我們彼此一起學習。我們並不孤單，我們都在學習另一種語言。」這種對文化的同理心，加上Nancy致力於教育弱勢文化，促使她評論在學校中的ESL教師時，將那些她所認同的教師稱為「我們」，而其他教師稱之為「他們」，她認為：「那些教師沒有同理心。我們在此試著要解救孩子，他們只教要上大學的孩子。這個學校非常不重視ESL學程，教師認為在ESL中的學生都是度度鳥[7]。他們沒有同理心。」大部分的時間，Nancy讓孩子為了到教室外的世界作準備，「讓他們能夠以某種類型的工作自立，在我們的文化中活下去」。而且，Nancy也覺察到到處都有無數的衝突在等著她的學生。她說：

> 種族間有很多的衝突：黑人與皮膚棕色的人種、皮膚棕色的人種與白人、黑人與白人。舉例來說，很難讓墨西哥孩子參與啦啦隊、樂團與音樂。主要是因為他們搞清楚學校裡面發生哪些事情需要花大約一年的時間。為了安全的考量，他們一直跑回ESL教室。他們不知道外面發生什麼事情，假若他們可以快一點被同化，我會督促他們。這些孩子搞不清楚學校的舞會何時進行，他們必須透過小道消息才知道發生了什麼事——有些人必須以西班牙文告訴他們。他們的感覺非常一致——他們覺得受到歧視。他們問我為什麼他們搞不清楚周遭正在發生的事情？他們覺得這是盎格魯人的事情。

我帶著這些資訊進入Nancy的班級，師生關係的非正式特質

令我吃驚。Nancy 很隨和，優雅地以手勢提醒學生，讓他們安靜，但從來不強求他們安靜。她說：「我試著吸引我的學生，特別是那些態度冷淡的……我留意到在我視線之外的角落，他們有好的作品或是他們擅長藝術之類的活動……所以我要求他們在海報上使用些文字。我喜歡讓他們參與想做的事情。」

Nancy 的班級多采多姿，教室裡安排有電視與圖書的空間。這個班級男生人數多、聲音也大，兼具數量與音量上的優勢。一群女生一起坐在教室的前頭。我被介紹給班上同學時就叫「Barry 先生」，一段時間之後，我和學生們相處融洽，我甚至教了些 ESL 的課。

Nancy 並未遵循課程所安排的嚴格進度。她有彈性，好讓學生們可以「做他們想做的，像是談論新聞事件。」Nancy 說：

> 我的孩子從來不會覺得上課很無聊，他們從來無法預期會有什麼事情發生，他們期待一個開放的教室。我不時會聽到廣播的片段，然後就改變我整個的上課計畫，好進行我認為重要的新聞事件教學。我一點也不僵化，我不相信僵化的課程進度。我的孩子來到教室從不無聊，因為他們不會知道接下來會發生什麼事。

正如 Sarah 的班級，這裡也少有合作學習。Nancy 說：「孩子不需要分組就會學習，他們有他們自己的團體。」

Pearl

　　Pearl 是 Chapel 中學唯一的女性合格化學教師。小時候，Pearl 上的是女校，「接受對婦女的扭曲觀點——成長、結婚與生孩子。」Pearl 生長在一個碰上麻煩的家庭，腦性麻痺的哥哥與酗酒的爸爸促使 Pearl 養成「批判的世界觀」。Pearl 對學校與學生批判的回應反映在她對自己特質的評論裡：「我不是那種滿足現狀的人，我相信人要捍衛自己的權利，我也這樣教導孩子，我採取行動，化學把我教成一個非常自律的人。」身為女性，Pearl 看到她的角色通常處在持續衝突的狀態：

　　　　我的思考像男人，但感覺像女人。我想化學已經影響了我整個人生以及我處世的方式。它把我教成一個非常自律也或許有些冷酷的人——就像我遇到的許多男性。至於我的女性特質，那和我的男性特質重疊……我不認為思考和性別有關。我想我們的社會認為某些素質和性別有關（男性或女性）。我認為被人說你的思考像個男人或女人是一種污辱——這全是刻板印象。在我的學校生活內外，我就是要堅持並保護自己學生的操守。不管是誰，把性別刻板印象化就是把我放進衝突的情境。

　　Pearl 教弱勢族群的哲學與教非弱勢族群的是一樣的。

　　我在九月遇到的人到了年終就會變了。我想要所有的學生，不論男女，都成功。我看到很多未來可能無家可歸的人，很多人錦衣玉食，也有很多人一無所有……我參透所有人生之路上的人們有著相似的能力與潛能……就像我去年一個最優秀的學生。她的父母是移民勞工，她非常聰明，她會拿著獎學金上加州大學Irvine分校。她連個家都沒有，她住在帳棚裡，窮到令人無法置信的地步。

　　Pearl對Chapel中學的生活意見很多——尤其是自然科部門內和她班上的男／女關係。她不吃刻板印象這套，她說道：「不論我們談的文化是什麼，我們社會以為某些素質要不是男性特質就是女性特質。我認為這是錯的，我們全體通通都是人，並且共同承擔責任。」校長盛讚Pearl，說她是「Chapel中學最有智慧的教師。」這個智慧至少反映在一個層面上，即Pearl的教學。

　　Pearl的班級以亞裔與墨西哥裔占大多數。所有的學生都已進入主流，他們的英文說寫都相當流利。當我進入Pearl的教室時，我被兩組不同的現象所震驚。首先，Pearl的實驗室部分是基於合作學習而按照性別平等區分的。合作學習是Pearl教學哲學的一部分。對Pearl而言，合作學習有許多的功能：

　　把不馴良的小孩放在一起……在合作學習團體中，孩子的思考會更周延。合作學習團體總是可以發揮功能，除非學生不想思考。這些團體會分到一個好學生與兩個較差的學生，

通常是有男有女。有時候，孩子會真的對著對方抓狂……他們把偏見赤裸裸地表現在想要和誰同一組。我嘗試以合作學習來打破這些偏見。

Pearl常為合作學習團體下註腳：「記得，你正代表你的團體，一定要一起把東西交上來。這是集體的付出……事情要一起做。」

其次，觀察 Pearl 的班級一段時間之後，Pearl 在要求學生進行思考上的強度依然讓我驚訝不已。事實上，Pearl 要求作業必須完成，或「將有個留校輔導，我希望可以讓你們及格，其他人也可以留下來複習。你們得想想你們的問題和回答。」此外，Pearl 非常重視分數，常聽她警告學生，如果他們不用功，就會被當掉。常常，Pearl 走進教室就宣布近日的考試時間表。Pearl非常成就導向，要求作業，通常單刀直入的對學生說：「別跟我來這套！你們這些傢伙，如果你們不把分內的作業完成，我會修理你們，下個禮拜有個大考。Miguel，我不會讓你浪費你的聰明的。」然而，表面上的一板一眼（我相信是Pearl對自己過去所持之強硬觀點而得來的結果）並沒有抹煞Pearl在教室裡的幽默。她常說笑話，「以放鬆班上的緊張氣氛」。我問學生他們怎麼看待Pearl，意見都是「可以從Pearl身上好好的學化學。」Pearl投入她的化學專業，和學生參與很多課後的工作坊。這份用心，隨著她對校內社會議題的堅定關切（特別是關於性別方面的），使她成為一個值得觀察與學習的有趣教師。

Joan

　　Joan 是 Chapel 中學 ESL 的主任教師，受到校長與其他教師的高度尊敬。對 Joan 的最佳寫照可說是：她非常密切地涉入學生的生活，她在放學後常留下來幫助需要幫助的孩子。她總是不斷前進。她堅信所有少數族群的學生都應該被當成有價值的人來對待，「保留我喜歡以及我希望孩子擁有的生活方式……這些學生應享有平等的機會，朝向社會諸問題的解決邁進……向民主、自由與選擇的維繫前進。」

　　Joan 對弱勢族群的學生抱持同理心的態度。她說：

　　　　因為我是女性，我已經被瞧不起，被當成弱勢……學校教育告訴我，我無法變成夠格或能提升自我的人。我成長在紐約非常多種族的區域……我吸取了不同的文化。此外，打從我在小學的經驗，我就因為身為女孩子而被人瞧不起。我覺得自己像個弱勢。在小學，別人告訴我沒唱歌的才能，所以我不能參加合唱團，但等我長大時，我發現自己有非常美妙的聲音。所以我知道教育者真的能夠啟發一個人在某方面的能力，或只靠著簡單的兩三句話，像是你給我坐下、你唱走調了，就抹煞了一個人在某領域中確實改善自己的可能性。所以當今天弱勢團體碰到問題時，我能夠同情理解他們。這不是說他們笨——而是，在特定議題上，他們需要關懷與注意。

　　對不同文化的同理心與尊重促使Joan把自己的孩子送來Chap-el中學：「連我的小孩都上這所學校，他們在這兒是極少數的白人學生。」

　　在班上，Joan精力充沛，傳達很多相關的個人經驗給她的學生。她關心學生，並用心經營彼此間的關係。她說道：

　　　　當你和高中生在一起時，你若提供協助，他們就會回頭，然後，你知道的，到最後，他們是不會忘記你的。我參加過許多學生的婚禮，許多他們的孩子都認我當教母。我要他們回來扮演模範角色，讓弱勢族群的孩子們看到，你其實可以改善你的處境。有些我以前教過的學生，當他們在大學求學階段時，會到這裡來擔任教學助理。

　　Joan的班上掛滿黑人和白人作家的照片，在教室後面規劃了一個很好的圖書室，學生的作文貼在教室的牆上。

　　Joan的學生在行為上都循規蹈矩，大體而言，很合作。Joan是獎助金（Spencer獎助金）的共同發起人，藉著這個獎助金的設立把合作學習帶進這所高中。她輕而易舉地在教室中把社群建立起來，她的解釋是：「合作學習大大地有助於文化間的相互學習。我通常有不同文化（的學生）一起工作，讓他們看到所有文化都是社群的一部分。」事實上，我走進她教室的第一天，黑板上就寫著日誌的寫作主題：「為什麼人要學會在社會、在學校、在鄰里以及工作中合作？」這套一貫的主題與合作的表現在Joan的班

上非常明顯，也是 Joan 所堅持的潛在規定之統整原則——對別人要尊重，對自己要自重。雖然學生「比我或體制還在意分數」，Joan「不喜歡他們這樣」，希望學生能揚棄這種態度。在班上，在回應學生急切的想要知道他們的成績時，甚至會出現協商分數的討論。所以 Joan 常會問要求成績的團體：「為什麼你認為你應該得到？」

Joan 的班級總是區分成合作學習團體，她把合作學習和生活連在一塊，包括下列這些對學生的各式評語：「如果你們在團體裡面搞砸了，沒法子一起工作，或互相干擾，你們就會得不到任何的分數……你們裡面有些傢伙在團體中耍寶，不讓別人幹活……因為這個問題非常難，想把這個問題搞定，你們務必要全神貫注。」Joan 認為只有一起工作才能夠觸發學生的潛能。而且，她的解釋是：「假若他們要迎向主流，他們一定得一起工作……三四個臭皮匠勝過一個諸葛亮。」不僅如此，Joan 說，學校的角色不僅是為孩子進工作場所作準備：

> 學校在每件事情上都扮演了重要的角色，這包括為他們進入職場、處理衝突預作準備，給他們面對這兩件事情最基本的能力。學校必須為將來的發展打基礎，奠定將來要面對的各種價值問題。舉例來說，我在教《殺了反舌鳥》（*To Kill a Mockingbird*）這本書時，我不是在教他們怎麼讀這本書——我是在教他們如何拿起任何一本書，分析書中的特色，分析書中的情境，然後從這些地方深入閱讀。這跟生活沒有兩樣，

你面對不同的處境、不同的人,分析這個人,然後從這兒出發開展你的生活,這正是教育之重要性所在。為了和形形色色的人溝通,為了要了解許許多多的文化,我們必須教導孩子們最基本的技能。我把我的班級當作生活訓練營。這麼做也是為了要對自己是誰、別人又是誰,保持警惕。生活就是這些議題的問題處理策略。這就是在我班級裡再現的東西。

　　Joan 非常強調在生活中力爭上游。她評論學生最近的一次測驗:「你們這些傢伙注意,我不會對考試成績感到興奮。你們要記住,如果想要繼續前進,這是你必須做的。你們中有些人可以離開這門課。你們來這只為了一個目的──那就是力爭上游。」儘管頻頻考試,Joan 卻討厭打分數。她說:「我討厭打分數,我希望我可以徹底地扔掉它們。不幸地,這常常不是體系要求的,而是孩子們⋯⋯如果一個孩子在智力測驗表現不好,這並不是說他們都不好。」

　　一般而言,Joan 與學生的交情不錯,連坐在教室後面調皮搗蛋的男生也會大聲回答 Joan 所指導的一些習題解答。

Leora

　　Leora 教的是文學與 ESL。我的觀察是圍繞著 Leora 的文學課堂──十年級的教室。Leora 至少有兩個與眾不同的特點:她是 Chapel 中學裡唯一的黑人教職員;她曾住在德國與西班牙。在弱勢族群

學生占多數的學校裡，身為弱勢族群的一份子，Leora 對這些學生的處境有深刻且獨特的了解。因為她在國外生活的經驗，Leora 對她的學生展露同理心。她說：「住在國外，我變成異鄉人。我可以和來自異國被視為局外人的人產生連結，我能珍惜其他的文化與習慣。他們許多的社經問題和我在黑人族群裡所看到的類似。」Leora 的高度同理促使她質問宰制的刻板印象。她說：

> 在這裡的一些教職員似乎把文化、種族背景和智力相提並論，但那一點兒關係也沒有。或許一些弱勢學生的表現不佳，但這並不是出於他們的文化和種族背景。一般人相信智力差異這種觀念是自我實現的預言。不論其種族或族群背景，當學生從低年級開始時，他們通常是一樣的。當他們念到六年級或七年級時，情況有了改變。學生到學校，他們面對不同媒體的轟炸——體育、電影、廣告、音樂等。不知不覺間，學生開始認為誰應該有所成就，而誰應該一無所成。學生被模式化了，分流與考試無助於解決這些問題。克服這些議題的關鍵在於要讓更多的家人來參與——讓他們相信他們的學生可以成功，尤其父母本身也是弱勢族群者，他們必須接受教育。

關於測驗，Leora 相信測驗只是「一種測量學生學到什麼東西的方式，它無法測量智力或潛能」。Leora 相信「每個人都是獨一無二的，應享有接受公平教育的權利。」Leora 更進一步闡述：

「每個人都有權接受公平的教育，但教育機會並不均等。我們每個人都有成功的潛能，作為教育工作者，我的責任就是要盡可能的促成這個潛能的實現。」照 Leora 的說法，這就是她身為教師的主要目標。為促成她的信念，Leora 組織了一個團結社（Unity Club），其基本功能是在不同的學校活動中，好比國際美食週，向所有種族敞開大門。

　　近看 Leora 的班級，幾乎是光禿禿的牆壁，沒有門，褪色的地板沾著油彩或泥巴！圖書室在教室後面。當我坐在教室後面，我清楚地聽到隔壁班教師上課的聲音。有時候這會干擾我的專注。教室的牆壁很薄。Leora 班上的學生人數很多，這個班級的男生在人數占絕對優勢，在聲音方面占主導地位。在三十三名學生中，只有十名女性，消極地坐在教室的邊邊或前面。男性坐在教室的後面或中間，通常是四、五人一堆，他們通常是干擾源，鮮有靜下來的情況。

　　Leora常把班級分成合作學習團體，通常這些團體是按照性別區分；由於在教室中男性占大多數，團體是男性主導的。儘管學生吵鬧，藉由宣布很快將有隨堂小考的訊息，Leora有能力在需要的時候取得控制。Leora運用合作學習的策略好讓學生可以像個凝聚的團體，一起弄出個名堂。她說道：「當我採用合作學習團體的策略，我通常要學生們做一個作品，一個學生擔任寫作者，另一個當審查者等等。這是個集體的過程。」

　　與差異與他者內之相似性的概念上鑲嵌的主題是同理心與衝突。接下來的幾節將描繪它們的相互關聯性。

同理心的建立即連接差異與他者的相似性

　　正如同理心與學生的相似性、差異與他者有關，同理心也藉著所有教師在其課程內的某些時刻與教室互動產生關聯，但同理心經常以不同的形式出現。

　　Joan 用兩種方式建立同理心。首先，她在告訴她的班上有關自己的生命故事時從不會退縮——當她還是個小孩子，她如何去面對與他們相似的處境，以及她必須如何的勤奮工作以有所成，特別是身為一個女性。其次，Joan 非常重視了解他者。以其在社會中的女性地位而言，這是可以理解的。這可見於兩個不同的課堂討論：一個是在公民權的課堂討論中談到奴隸的問題；另一個是討論殘障人士的議題。Joan 在第一個討論中解釋道：「奴隸沒有權利。想想你們自己……回到家中，你有個家人被賣掉。發生這種事情是難以置信的。」第二個議題的討論有更多學生互動，特別是讓學生進行身體殘障的角色扮演時。

　　Joan：什麼是殘障？
　學生 1：心理上出了些問題。
　　Joan：嗯，可能和身體、心理的限制都有關。那麼有哪些殘障呢？

學生2：不能說話或聽不到。

學生3：當你不會講英語時。

　Joan：是的，當你們在一個國家，但無法說該國的語言……
　　　　當你們來這個國家時，你們都會碰上的問題。

學生4：（微笑）沒錯。

學生5：（點頭）是啊。

　Joan：我要讓你們想想看，獨自在房間裡面，試試看閉上
　　　　眼睛，然後穿過教室走到另一頭，去體會受到限制
　　　　時的感覺，和其他人可能會覺得怎樣。

　　　在 Sarah 班上，建立同理心的開始堪為示範。她把學生讀詩
時的重點擺在「家」。

　Sarah：家代表了什麼？

學生1：一個地方。

學生2：墨西哥。

學生3：一個我們感覺很好的地方。

學生4：一個你感到安詳的地方。

學生5：我所屬的墨西哥。那裡有愛與溫暖。

學生6：我覺得孤單。

　Sarah：孤單意謂著什麼？

　　　對 Sarah 和她的學生而言，學生所言之孤單的概念有重大的

個人意義。Sarah設身於學生的處境，再次說明差異面間的關聯：
「你們不會因為你們的差異而顯得低劣。差異讓我們更豐富——
我們能夠提供他人更多的東西。我們分享我們的差異，對彼此有
更好的了解。透過對差異的了解，我們也能看到在哪些地方我們
其實是相同的。」

　　在差異與他者之內的相似性，有其他例子可見於 Nancy 的班
上。我們記得 Nancy 主要的社會使命是要幫助學生同化而進入美
國主流——「適應我們的文化。」在要求不同學生對同學講英語
時，有個同學取笑發言人的發音，Nancy 對這個同學解釋道：「有
些人會有類似的口音，但其他人也有不同的口音——我們必須看
清這點——他們的口音是與你的不同。沒有哪種口音是正確的，
它們只是不同而已。」為了得到其他學生的賞識，Nancy 常常在男
性起頭的對話中引入女性：

男性 1：弄好了，老師。

Nancy：我知道，那就讀體育版。你可以瞧瞧，看看發生了
　　　　什麼事。昨晚的曲棍球賽誰打贏了？

男性 2：加拿大人隊。

Nancy：Claudia，妳喜歡曲棍球嗎？妳喜歡的是什麼？

女性 1：我喜歡籃球。

Nancy：在墨西哥，人們打冰上曲棍球嗎？

男性　：不，不，不！

Nancy：為什麼？

男性 1：那裡沒有冰，氣候太熱了。

女性 2：他們玩籃球。

Nancy：我猜我們在這裡做的事不一樣。我也看到我們做些
類似的事。

此外，Nancy常讓女生出來寫黑板。在下面這個活動中，Nan-cy 說道：

Nancy：Edith，非常感謝妳冒險把這寫在板子上。寫在板子
上，並看出錯誤來，這對 Edith 很有幫助。謝謝妳，
Edith。要在妳所有的朋友面前站出來可真要花不少
力氣哩。妳覺得如何？

Edith：很不一樣。

接下來，學生們提出一連串問題，他們也想要連結上Edith剛
才的經驗。

在Chapel中學可以看到在差異與他者內的相似性有其不同形
式。Leora為了幫助促成她自己對於他者的信念（即我所謂的公平
與理解），所以她就帶領了團結社。這個社團有多重功能，第一，
這不是個特定種族或族群的團體。它對不同的族群團體都敞開大
門，讓所有人都可以參與活動。有個學生在社團的迎新聚會中說：
「我想讓校外人士知道，我們學校不是只有幫派，我們是負責任
的學校。我們也有很多弱勢族群。我們應該要被人看重、要拜訪

其他更不利的學校、要為有需要的孩子提供個別指導。」另一個學生說：「我們來自不同的族群背景，我們必須討論我們的關切、走出校門進入社區、一起提出我們的意見……這裡應該是沒有歧視的。」Leora解釋道：「我們不是個很大的團體，但就效能而言，我們卻是。我們有很多的功能，我們對文化差異有同理心。」

透過理解學生間的相似性而以同理心來對待差異，就成為我所訪視之大部分課堂的主題。在差異內之相似性與理解他者這兩個主題除了同理心之外還有其他要素。與同理心有關的是關於衝突的主題，它相當普遍地出現在我參訪的所有課堂中。

衝突與同理心

在這個研究中的教師們有意無意地把衝突與同理心視為她們日常工作中的一部分。教師所面對的主要衝突領域可區分成兩個教學領域：(1)內在衝突與同理心；以及(2)與性別相關的衝突與同理心。

內在的衝突與同理心

Sarah相信衝突必然和學生的個人生活有關。我們記得，身為女人與弱勢族群，Sarah被丟到衝突的處境中。為了學生們的生活，她把衝突和同理心連結起來。對此她解釋道：

　　在我們閱讀衝突之前，我給他們提供衝突的情境。我呈

現了兩種解決衝突的方式——戰鬥與逃跑。所以我說最好能
解決事情並能與我們的衝突戰鬥。他們的衝突有很多是當我
從埃及來時也曾經歷過的。對他們而言，我是個角色模範。
我也吃了不少苦頭……跟這些孩子們一樣。我曾處於類似的
情境——必須做個抉擇——戰鬥或是逃跑。我知道他們所經
歷的。我把個人衝突與他們日常所面對的一般衝突互相連結
在一起。身為移民，他們總是會有衝突。

為了示範她所要處理的衝突，許多Sarah所選的文學課程必須
和各式各樣的衝突處境有關。在其中一個故事〔Fred Stockton 的
＜小姐與老虎＞（The Lady and the Tiger）〕裡頭，Sarah 問了這
麼個問題：

Sarah：衝突是什麼意思？
學生1：是一個問題。
Sarah：什麼樣的問題？
學生2：很困難的決定。
Sarah：很好，衝突來自困難的決定。

在細究故事中的衝突後，學生們從中了解了情節、主題、特
徵與地點；針對衝突的性質，Sarah 繼續與她的學生緊密互動：

Sarah：這個故事有件很重要的事。是什麼？

學生 3：她是個個人。

學生 4：她是獨立的。

　Sarah：喔！棒極了！是的！她做她想做的事，她沒有順從
　　　　　她的父親。

學生 3：國王並不同意……他的女兒與奴隸的關係。

　Sarah：那我們在這兒又有什麼衝突？

學生 5：內在衝突。

　　學生開始理解其內在衝突的性質。至少，Sarah引發學生對衝
突現象的意識。當我問學生，他們是否知道什麼是衝突時，他們
提到「問題」、「灰色地帶」、「我們不想感受到的事情」、「不
舒服的處境」、「有待解決的事情」以及「與我們生活有關的」。
此外，僅僅一週之後，Sarah 把這個衝突關聯到什麼是理論：

　Sarah：什麼是理論？

學生 1：是個理念。

　Sarah：這個理念一定對嗎？

學生 6：不。

　Sarah：是的，有待人去證明其對錯。我們來看看哥倫布的
　　　　　理論。

學生 7：好，地球是圓的。

　Sarah：大家相信他嗎？

學生 8：並不是每一個人。

　　Sarah：在對錯之間，我們是有衝突的。

　　Joan 理解衝突所製造的問題。她解釋道：

　　我們一直有衝突──在家裡、在鄰里間、在我們對文化
的看法中。我想，衝突起於個人傳記。在《殺了反舌鳥》中，
Atticus 做了他覺得必須做的事。他把是非的觀念教給他的孩子，
要他們為認為對的事情起而奮鬥，要用聰明、有教養的方式，
即便下場可能不盡如人意。

　　Joan 非常清楚衝突既外在於學校，也在學校之內。她把學生
放進衝突情境中。她相信的不是團隊哲學，而是學校裡面的合作
評量以及與社區相關的活動。然而，她還是會把學生推入衝突的
情境：「好，你們這些傢伙！昨天我改了測驗，但我並不覺得很
刺激。你們給我記住，假若你想要更上層樓，那你就必須完成這
個功課。」就這樣，學生被傳授了矛盾的價值。就某個部分而言，
這變成他們必須處理的衝突。不管是個人的或與團體有關的，Joan
對合作學習與測驗的堅持把學生放在價值衝突之內。

性別衝突與同理心

　　對性別議題的關心以不同的方式影響著所有參與本研究的教
師，有些教師是在課堂外（好比我們提到的 Joan），有些教師是
在課堂內。

　　Pearl 的個人家庭背景帶著困難與衝突。在 Chapel 中學，她和自然科部門的戰鬥也正在進行，特別是該部門的前領導——「一隻男性大沙豬，結了五次婚還虐待婦女」。Pearl 覺得她已經被這個人口頭施虐至少有五年之久，這傢伙還拒絕為「課堂安全條件」提供「所需的物質」。在一張遞給 Chapel 中學前任校長的便條上，談到一次特別的攻擊，她說：「他在另外一個會議上攻擊 Betty 與我，整個自然科部門都為我的反擊喝采。我拒絕接受咒罵與敲牆壁的警告方式。身為我的校長，我相信你不會接受如此的行為。」當有關性別的教室權利之戰持續時，Pearl 匯集了跨部門的支持以及全校對其處境的同情。最後，自然科部門的領導由女性所取代。如今校長同意「現在有更多合作的努力，因此部門領導人有需要加以調整。前任領導並未表達弱勢或是部門全體教師的需求。」Pearl 說，到現在，經過了五年的戰鬥之後，自然科部門才安定下來。把前述個人在有關性別的奮鬥連結到整體的婦女抗爭，她說：「我們必須質問權威；不然，哪裡才會有我們的立足之地？不僅如此，提出泛泛質問的婦女要更深入非傳統領域——好比自然科學。」

　　在班上，Pearl 帶著女性能夠且必須在自然科中成功的想法。在一個亞裔男生占大多數的班上，男孩們包辦回答所有的問題。在另一班，Pearl 評道，女生占絕大多數，她們也能平等地參與化學的學習。她稱這些學生是「在這傳統上非女性領域中的女性希望。」Pearl 總是把她的學科領域連結到性別方面：

　　　　男性或女性刻板印象應該是個混合物，人就是人，不是
刻板印象——沒有像男人或像女人的思考……我認為說我具
有攻擊性或罵我賤貨便是種侮辱。我只是要定義我自己，保
護我的尊嚴。所有人，不論男女，都應該享受化學。這種學
科不應該帶有性別定義。

　　常聽到Pearl告訴她的學生：「外面有很多的工作。不是每件
事情都已經被人發現。在這兒所有的人都可以靠著化學打開自己
的一片天。」此外，出於Pearl所覺察到的刻板印象被加諸於從事
化學工作的女性，她對這種不平等感同身受：「我所得到的訊息
是，身為女性，（化學）不是我可以搞出名堂的領域。在這個意
思上，對我班上的女生，我代表著改變這個刻板印象的模範角色。
我知道她們受壓迫的經驗，我是改變這個循環的媒介。」

　　在Joan的班上，合作學習團體正在發展中，團隊被平等地分
組。無論性別，Joan致力於協助她學生的同化。即便如此，Joan相
信「男性代表嚴格律己的刻板印象，而女孩先學會的是信任，所
以更會受到傷害。為了讓女孩子在社會中力爭上游，她們必須學
會如何調適。」因此，雖然部分原因是她身為年輕女生時所受到
的不平等待遇所驅策，Joan的主要目標還是由她的期待——不論
性別的「一起工作，解決問題，並尊重彼此，這樣我們才能看到
每個人與眾不同的特質」——所驅使。這種透過合作得到的同理
之感有助於消解Joan班上的性別衝突。

　　性別衝突與同理心在Leora的班上也非常明顯。我們要記得

Leora 是 Chapel 中學唯一的黑人教師。在她的班上，男生是女生的三倍。在一個活動中，來自某團體的男生走到另一有位女同學的團體，並唐突地問道：

學生1：（假笑）我可以借用你們的秘書嗎？

學生2：（大笑）喔，當然。

學生3：（嘲笑）我們正在等秘書哩。

這個事件讓我有點困擾，我問Lupe（那位被當作秘書的女孩）怎麼可以忍受這種事情，莫非她也喜歡這樣。她率直地回答：「我不介意為他們工作。我在意的是最後的結果，所以我是為自己做的，這樣我才有學到。到最後，等考試來的時候，我對每個環節都一清二楚。」我想這和Leora有關。她似乎不驚訝男女之間的互動，她說，他們「常常展現出這些刻板印象。」她還說：「我已經對班上的女同學有所安排，我知道她們所正在經歷的。我沒辦法管到每一件事。這些學習團體是個尋求平等化的嘗試——如果可能的話，把性別的不平等中立化。可惜，顯而易見的，他們並不總是如我所願。」

結論

對我而言似乎顯而易見，多元文化論述的議題的確很複雜。

其複雜是因為部分多元文化議程不只涉及理解不同文化與它們特定的規範、價值、態度與知識形式，而且還要理解自己（尤其是中產階級白種美國人）的價值結構。多元文化論述也連結至我在本章先前所說的民主想像。顯然，這個研究點出了教師的奮鬥既是個人的，也連結到更寬廣的文化情境。還有，教師的經驗和其對弱勢族群學生的同理心之間的關聯。在此關聯下，這些教師並未有意的採取一致的行動。個別的作業、課程、價值觀與意見必然使得一致的行動無法發生。

　　請留意，我所提倡的民主中，所謂的衝突必須從不同的文化角度來看。對不同的文化而言，性別衝突也有所不同（好比說，Sarah、Joan 與 Leora 的班上都有亞裔、西班牙裔與黑人學生）。因此，可以論證多元文化論述以及對他者的理解就是有關理解民主體制內的差異與相似。差異蘊含在個別文化對於價值（個人主義、父權宰制、競爭、成功等等）的獨特回應之中，也蘊含在每個個體對這些價值的反應裡。在這種民主的想像裡，教師從尚未消除的弱勢族群刻板印象開始向前邁進。Leora 在黑人文化的假定上是個反決定論者，所有班級的合作學習逐漸擊垮刻板印象。Sarah 與其他教師帶著一種絕不忘本或「家」——如 Sarah 所言——的承諾而從容邁向主流的同化過程。在另外一個層次上，Pearl 則致力於她自己的性別鬥爭——在某些部分改變了刻板的女性教師角色。

　　就文化與個人層面而言，為了在特定文化中，能掌握各種測驗（不管是智力測驗或其他標準化測驗）或刻板印象（好比說四

肢發達的運動員、書呆子、跟屁蟲、小聰明）所代表的意義，可以也勢必與不同文化和個人如何回應涉及以上之去技能化過程有關。

　　在Chapel中學此一研究案例指出的理論洞識即在於：縱使文化與個人的確有所不同，我們還是可能都有著被異化、受屈從與被壓迫之經驗，這就是本研究中五位教師的情形。從她們的經驗中可見，她們都承認受到某些個人壓迫的形式，她們全都同意弱勢文化需要協助，她們全都開始以同理對待弱勢文化。在民主體制中，對我而言，這似乎是說，當教師把他們個人受束縛的經驗連結到學生受束縛之特定經驗時，批判的多元文化論述就出現了。也就是說，一旦學生與教師能夠了解他們在社會中受壓迫的處境，批判的多元文化論述就會開始成形。在差異內的相似性變成一個創造這種可能性的邊界[8]。而且，在此可能性中，我們可以學著了解以在差異與他者內的相似性來支持民主的想像。而在此觀點的基底則是對公民身分、積極措施、可能性與希望的獻身。不僅如此，這個觀點提供一個脈絡，在其中，批判的社會理論者與批判教育學者可嚴肅地考量反霸議程的理論與實務架構。

　　在我本人知識發展的這個當下，重要的是焦點不應只聚集於批判的多元文化論述，也應在批判的現代主義，以及批判的後現代主義如何可以整合到教室裡面。這個行動計畫就成為理論與實用的努力方向。長久以來，人們常常批評在教育領域中的批判理論家，特別是批判教育學者（好比我自己）無法實踐對平等的夢想[9]。對大部分教師而言，我們的語言與觀念好像遠離了教師們的

日常現實世界。在接下來的章節我所要提出的並不是賦予所有人的平等，而是想要去找到一個能夠讓批判教育學存在的平台。雖然我先前已引述了為促成此一努力方向，教師一般能做到的事情[10]，我希望在下一章中我所設的議程，將可為教師們在其教室中採行批判教育學理念的可能性，奠定理解的基礎。為了這個可能性，我要轉進下一章，為中學教師提供一個單元的例子，其中包括了關於以及對於批判教育學而言的實用要素。

課堂活動

1. 以民主的想像作為潛在的目標，每位同學必須在他的特定學科領域裡面，完成一份課堂教學計畫。以全班討論的方式，向同學說明為何這個計畫是民主的。

2. 根據學科內容的特殊性，分組討論：民主的想像必須包括哪些要素才算得上是民主。

3. 把班上同學分成校長、主任、諮商教師、秘書、教師、管理員與學生代表。討論在你的學校中，民主看起來像什麼。這個學校的區位特性（內城貧民區、都會區、郊區等等）必須由班上決定。

4. 討論一個女性主義者（或男或女）擔任校長的優劣。在這個人領導下，學校會有哪些特色？

問題討論

1. 本章中所討論的教師如何連結其個人的歷史與他們的教育觀？

2. 本研究中之教師以什麼方式而被賦予權能？

3. 這個學校中是否有運作中的反霸力量？它看起來像什麼？如何可以使它強化與擴大？

4. 你會怎麼描述：對這些教師而言，批判的識能指的是什麼？

5. 對這些西班牙裔的學生來說，批判的識能看起來像什麼？

6. 什麼是這些教師所用的實用課程？

7. 民主的想像可以是後現代的嗎？若是，對我們的教室而言，怎麼會是？這意謂著什麼？

8. 這些教師所面對的抗爭緊張有哪些？

9. 在這個研究中，儘管教師們並未採取共同行動，團結看起來像什麼？

10. 這個研究中的差異是什麼？

11. 當我們以「在差異內的相似性」這句話來描述在我們對他者和自我的觀點時，這句話所指的是什麼？

12. 這些教師是否能被分類為「比較傳統的」或「比較批判的」？詳述你選擇特定判斷的理由。

13. 對比於本研究中的教師，你如何看待身為教師的自己？

14. 假若這些教師有安排潛在課程的話，那是指什麼？

15. 你參與了什麼樣的性別抗爭？假若有的話，把你的歷史和這些抗爭串連起來。

16. 這些教師如何將 Mead 對主我與客我的說法和他們的社會認同連結起來？

17. 對階級結構不同（例如在內城貧民區、都會區或郊區的學區）的學校而言，民主看起來像是什麼？

附註

1　Barry Kanpol, "Institutional and Cultural Political Resistance: Necessary Conditions for the Emancipatory Agenda." *Urban Review,* 22 (3) 1989: 163-179.

2　這裡的「人」，原文用 "person"，指的是一種有主體性的個體。中文無法找到特別的字眼，因此用註腳來強調。

3　Henry Giroux, *Living Dangerously.* (New York: Peter Lang Publishers, 1993); and Peter McLaren, *Life in Schools* (New York: Longman, 1989).

4　教師的名字全部都是虛構的。

5　Chapel 是這所中學的代稱。

6　按：WASP 即 White（白種）、Anglo-Saxon（盎格魯—薩克遜）、Protestant（新教徒）。

7　意即「蠢蛋」。原文是指一種行動笨拙、沒有飛行能力的巨

鳥，已於十七世紀絕跡。

8　Henry Giroux, *Border Crossings* (New York: Routledge, 1992)。特別是在 54-59 頁，對邊界有更多的討論。

9　Henry Giroux, *Living Dangerously*;全部的章節；Jesse Goodman, "Towards a Discourse of Imagery: Critical Curriculum Theorizing." *The Educational Forum,* 56 (3): 269-289, 1992; 與 Barry Kanpol, " Critical Theorizing as Subjective Imagery: Reply to Goodman." *The Educational Forum* 57 (3): 325-330, 1993.

10　Barry Kanpol, *Towards a Theory and Practice of Teacher Cultural Politics: Continuing the Postmodern Debate* (Norwood, N.J.: Ablex, 1992).

6

可能性之批判的跨學科
平台

導　論

　　前三章已為讀者簡略地提供了關於公立學校教師實行批判教育學的若干可能性。不論教師是像 Y 小姐與她的行動主義，或是像 Betty 以及她對理解學生差異所做的承諾，或像第五章中所討論的教師們，好比 Sarah，她的教育觀被緊密地連結到她的移民史與性別。這樣我們就可以意識到：在不同的課堂裡、不同的時機下，在學校的每一工作天以及在這個國家的不同地區，都可發現批判教育學。我要很驕傲的向大家報告，有些充滿社會與批判意識的教師，他們在每學年中的每一天都在為正義而奮鬥。

　　本文的讀者應該注意到，批判教育學並沒有一種正確的「實施」方式。批判教育學（在此一特別的個案裡）是關於教師們為其生活中某些面向之掌控所做的努力——這種掌控必然涉及為教師與學生的生活追求品質更佳的生活；這種掌控必然涉及摸索出民主的方式以便能開始減緩壓迫、異化與屈從的形式。

　　然而，作為批判教育工作者，我發現自己陷入一種奇特的兩難。一方面，儘管批判教育學的修辭向來隱晦，批判教育學者（不論是女性、男性、白人或非白人）仍一直主張：語言乃是界定批判的動能之一。對此，學者們的辯護之詞是，為了建立新的典範，任何一個新興運動必須在其自身的鬥爭過程中尋找出自我界定的語言。身為批判教育學的強力支持者，我無法否定這個主張。然

而，在批判教育學內有其複雜的組成份子（女性主義者、一些自由主義份子、白人中產階級的男性、少數族裔的知識份子、不同科目領域的公立學校教師，他們全都以批判教育學作為他們個人的世界觀，分享其中的相似與差異），而這一名單還可繼續往下羅列。總之，即便批判教育學因其語言隱晦艱澀且訊息難以捉摸而受到批評，但批評者仍無法告訴我們，他們在談論的究竟是什麼類型的批判教育工作者。

　　另一方面的批評則是：假若批判教育工作者得以進入高等教育層級的教育學院，或是進入公立學校，有些事情一定得處理，以便讓批判教育學的觀念至少具有實用層面的可取及性。當然，這並不是主張應該簡單發展出一個如何「實施」批判教育學的公式。這種做法與批判教育學的傳統完全背道而馳，並也將會變成一種去技能化的舉動。但批判教育學者最終必須落實的是找出必要的替代方案，以取代愚民化且標準化的課程。假若我們想要開始去抓住批判教育學者所致力之民主夢想的起碼感覺，就有必要在某些操作方式上嘗試找出一個批判的平台。對我而言，替代方案事實上是無法以言語形容的，而最好的描述大概就是Jonathan Kozol（1991）對美國內城貧民區學校所做的猛烈批判。說得簡單一點：貧窮、社會階級的分野、不平等的勞力分配、教師惡劣的工作條件、學生困窘的學習條件，以及性別與種族的區隔，正在蹂躪著美國。

　　在此，我想我不必因為呈現一份帶有普遍或特定目標之單元計畫而向讀者道歉。這些目標可能會冒犯到某一些批判教育工作

者。我也不會因為試圖呈現帶有結構與形式的單元而道歉。我認
為批判教育學需要結構與形式，儘管它本身是反結構的，也帶有
更後現代的取向，且其哲學基礎是無窮的解構。我期待我的讀者
謹記於心，我在此所呈現的單元僅只是我在五位研究生——Jill
Deimler、Jaci Keagy、Tanya Kissell、Michele Graham Newberry 與
Angela Ryan——協助之下所做的嘗試，我們嘗試去形塑的乃是
Stanley Aronowitz 與 Henry Giroux 所謂的「可能性的語言」（lan-
guage of possibility）[1]。

單元計畫

主　　題：透過多元文化論述檢視差異之內的相似處
主題描述：本單元將嘗試揭露、探索並批判學生的多元認同之相
　　　　　似處與相異處，以及在這些文化中無所不在的刻板印
　　　　　象。為了試著去孕育對這些文化（亞裔、西班牙裔、
　　　　　非裔美國人與歐裔美國人）之差異與相似的接納，本
　　　　　單元將以文學、戲劇與美術作為主要的內容領域。單
　　　　　元結構看起來大致如下：

　　　透過多元文化論述看差異內的相似性
　　　　　　（如何以）
　　　　　　　文學
　　　　　　　戲劇

美術

（表現於）

亞裔美國人

西班牙裔

非裔美國人與

歐裔美國人的文化中

　　這個單元可用於七或八年級以上的任一年級；教材的層次需要根據班級組成、班級人數以及年齡層加以調整或強化。

單元長度

　　本單元為期三個月。

教學宗旨

　　1. 打破刻板印象思維與文化偏見的循環，並示範關於各種文化在我們的差異內之相似處。
　　2. 讓學生找到自己文化的聲音，好讓他們可以開始為他人設身處地。

主要目標

　　1. 讓學生學習如何批判自己。
　　2. 透過自我批判，讓學生學會欣賞他人的價值與尊嚴。
　　3. 讓學生能夠以同理心來尊重亞裔、西班牙裔、非裔與歐裔

美國人的文化貢獻，因為這些文化豐富了他們的個人文化與我們的國族文化。

4.讓學生對差異有所了解，因為差異與他們自己的生活和他人的生活息息相關。

班級組成

本班由三十名十年級的學生所組成：二十名女性，十名男性。種族：十八名白人、六名非裔美國人、三名西班牙裔人與三名亞裔。社經地位：在勞工階級工業區的勞工階級學校。

分月目標

第一個月

1.以文學作品為媒介，讓學生比較為學習所選定之四個文化的價值與態度。

2.讓學生探索在文學作品中，不同文化的生活經驗有多麼相似。

3.讓學生確認多元現實的依據。

4.透過文學的範例，讓學生嘗試去克服刻板印象式的文化判斷與偏見。

第二個月

除了以戲劇作為探索的媒介之外,與第一個月的目標相同。

第三個月

除了以音樂與美術作為探索的媒介之外,與第一個月的目標相同。

每一個月有四個目標,每一個目標至少是一週的教學進度。因此,本單元將有十二至十四週。然而,必須要有彈性,這樣,任何企圖理解本單元的人將可了解這些目標有時是互相交錯與重疊的。在以下的進度計畫及週與日目標都可利用此一批判教育單元之樣本與建議。這些進度計畫無關乎正確或完美,列出來只是為了能做批判。

週目標,第一週

讓學生發展對自我與其他同學的覺察。

進度計畫綱要　第一週的第一天

日目標之一:讓學生評估他們對處理跨文化教育與多元文化覺察的能力水準。

程序:個人活動。學生取得自我評量表(由老師準備給個別學生)。根據對自我的評估,學生在連續量表上的每道題目

填入合適的回答。收回這份評量表並放入學生的個人檔案中。

參考資料來源：

《多元文化教育：跨文化訓練的取向》（*Multicultural Education: A Cross Cultural Training Approach*），Margaret D. Pusch, Intercultural Press, Yarmouth, Marine, 1979。

日目標之二：讓學生決定我們是如何選擇我們所看到的東西，以及個人的背景與態度會對目標或事件的覺察產生怎樣的影響。

程序：（每位老師自行選擇圖片）向班上學生展示十秒鐘多層次圖片詮釋。每個同學寫下自己所看到的東西，學生們與同伴分享回應。由自願者以對話的方式示範對圖片的不同解釋。後續的討論在三、四人的小組以合作學習的技巧進行。

問題討論（以三至四人的小組進行）：

1. 我們如何依據知覺選擇我們想看的事物？

2. 為什麼有時候就是很難看到顯而易見的事物？

3. 我們的態度怎樣影響我們的知覺？

4. 怎樣可以打開我們的心靈，好看到那些以前可能不曾看見的事物？

注意：應讓此討論持續到它足以包容所有文化的聲音。

素材：照片、圖片、投影片、投影機、附上討論問題的卡片（一組一張）。

作業：讓學生寫一頁的自傳。

進度計畫綱要　第一週的第二天

日目標之一：讓學生嘗試學習讚美他們自己與提升自尊。

程序：要求學生以思考—找伴—分享（think-pair-share）的合作學習技巧[2]，來想想看：

1. 自己喜歡的兩項自我外在特徵。
2. 自己喜歡的兩點人格特質。
3. 自己所擁有的一項才能或技術。

完成思考並分享之後，後續的課堂討論將關注於以下的問題：

1. 你覺得這是個困難的作業嗎？為什麼是，或為什麼不是？
2. 讚美自己比較困難，還是讚美其他人比較困難？為什麼？
3. 相對於讚美，是否較多人很快的給自己或者其他人負面評論？為什麼是或為什麼不是？

日目標之二：讓學生認識個別差異的重要性並謹慎對待個人特質。

程序：

1. 發給每名學生一個柳橙。讓學生檢驗、觀察並認識自己這顆水果。要學生為水果取名字並指出其長處與短處。
2. 把柳橙集中在教室前面，然後混在一起。
3. 要求學生為他們自己的水果寫段簡短的自傳。
4. 要求同學們上前並取回他們自己的水果。

問題討論（以小組進行，每組三到四人）：

    1. 有多少人可以確定這是你原本的水果？你怎麼知道的？

    2. 在辨識水果的過程中，表皮顏色扮演什麼樣的角色？

    3. 為什麼我們不能像辨識自己的水果那樣快速的辨識人們？

    在課堂上，以起立與分享（stand and share）的合作學習技巧[3]來分享答案與反省。

素材：每個學生一個柳橙，小組問題討論的卡片。

作業：介紹學生日誌的使用。整個單元都會用到這些日誌，鼓勵學生寫下課堂活動的感受與個人詮釋。這些日誌將成為評量的一部分。

學生對今天的反省日誌：

    ・在柳橙的分化與人群的分化之間，你看到什麼平行的關係？又有哪些差異？

    ・有哪些重要的特徵幫助你把自己的柳橙和別人的柳橙區分開來？

    ・對此練習的個人反省。

評量：

    ・討論的參與情形

    ・整組的參與情形

    ・日誌的寫作情形

參考資料來源：

Kagan, Spencer. *Cooperative Learning* (San Juan Capistrano, Calif.: Kagan Cooperative Learning, 1992).

Newstrom, John W., and Edward E. Scannell. *Games Trainers Play* (New York: McGraw-Hill, 1980).

第一週的其他建議活動——由讀者或本教材使用者預備的進度計畫

1. 讓學生準備包括相片、雜誌圖片、紡織品等自傳性拼貼集錦——任何在他們的生活裡有意義的事物。舉辦一場關於信仰、背景與態度的班級討論，來幫助學生為自己的現實處境定調。

2. 學生探索他們自己的價值觀以及其他文化團體的價值觀。這個活動可以利用價值圖表來完成，圖表上依序列出由學生所提出的價值，或可利用寓言、俗諺、軼事等來澄清不同的價值體系。

3. 為促進團體的發展、融合、信賴與尊重，應包括班級經營與社群經營的活動。下列參考資料中包括許多這類的活動。

參考資料來源：

Pusch, Margaret D. *Multicultural Education: A Cross Cultural Approach* (Yarmouth, Maine: Intercultural Press, 1979).

Shaw, Vanston, *Community Building in the Classroom* (Kagan Cooperative Learning, 1992).

週目標，第二週

讓學生針對他們自己的態度與價值，與在亞洲文學作品中所

發現的態度與價值進行比較。此外，學生將覺察到刻板印象的判斷及其有害的效應。

進度計畫綱要，第二週的第一天

日目標：讓學生了解在＜我們這群危險份子＞（We the Dangerous）[4] 這首詩中的集體聲音。

程序：一開始，讓學生們自己讀這首詩。然後，學生們將在三人一組的小組中，扮演一個角色（我、我們、他們），以唱和的方式高聲朗讀這首詩歌。

素材：＜我們這群危險份子＞這首詩。

作業：討論過這首詩中關於我、我們與他們不同的認同之後，讓學生解釋他們在美國社會中的聲音；指出我的聲音、我們的聲音與他們的聲音。

評鑑：

- 參與齊聲朗誦
- 參與課堂討論
- 完成聲音作業

參考資料來源：

Mirikitani, Janice. "We the Dangerous." In *American Mosaic: Multicultural Readings in Context* (Boston: Houghton Mifflin, 1991).

第二週其他的日目標樣本

1. 讓學生對文化的概念更加敏銳。讓他們表列在短篇故

事——〈在自由人的土地上〉（In the Land of the Free）[5] 一
文中，再現出折磨許多來美新移民對文化與認同之恐懼與
失落的數種方式。

2. 讓學生從日誌著手，辨明他們的文化在有意無意之間，以
哪些方式失去了某些認同。

3. 讓學生分析 James Clancy 的動機與行為。

4. 讓學生們以一個影響他們深遠的經驗寫一首詩，或寫日誌
討論寫作對情緒宣洩的幫助。

參考資料來源：

Far, Sin Sui. "In the Land of the Free." In *American Mosaic: Multicul-
tural Readings in Context* (Boston: Houghton Mifflin, 1991).

其他補充資料來源：

Anonymous. "Immigration Blues." In *American Mosaic: Multicultural
Readings in Context* (Boston: Houghton Mifflin, 1991).

Okada, John. "No-No Boy." In *American Mosaic: Multicultural Read-
ings in Context* (Boston: Houghton Mifflin, 1991).

週目標，第三週

讓學生就他們自己的態度與價值，和他們在西班牙裔文學中
所發現的做比較。另外，讓學生了解刻板印象判斷與其有害的效
應。

建議文學作品標題與活動：閱讀短篇故事〈通過之繩〉（Ro-
pes of Passage），及詩〈奇蹟也似〉（Milagros）與 'Napa, Califor-

nia'[6]。

日目標樣本：

1. 藉著命名與討論〈奇蹟也似〉中異化的例子，讓學生學習異化的概念。

2. 藉著比較〈通過之繩〉中的西裔移民和美國移民之奮鬥與所面對之不公，讓學生對不公更加敏感。

3. 藉著了解〈通過之繩〉中的事件所例示的社會信仰與態度對 Santo 的生活造成怎樣的影響，讓學生辨識不同的信仰系統。讓學生列出一份其家庭信仰與態度的表。

4. 讓學生分析兩首詩作——'Napa, California' 和〈我們這群危險份子〉——中之「我們」的相關性。

參考資料來源：

Castillo, Amy. "Milagros." In *American Mosaic: Multicultural Readings in Context* (Boston: Houghton Mifflin, 1991).

Castillo, Amy. "Napa, California." In *American Mosaic: Multicultural Readings in Context* (Boston: Houghton Mifflin, 1991).

Rivera, Edward. "Ropes of Passage." In *American Mosaic: Multicultural Readings in Context* (Boston: Houghton Mifflin, 1991).

其他補充資料來源：

Mohr, Nicholassa, "A Thanksgiving Celebration." In *American Mosaic: Multicultural Readings in Context* (Boston: Houghton Mifflin, 1991).

Thomas, Piri. "Puerto Rican Paradise." Colon, Jesus. "Stowaway."

週目標，第四週

讓學生就自己的態度與價值，和他們在非裔美國文學中所發現者做比較。另外，讓學生覺察刻板印象的判斷與其有害的效應。

建議文學作品標題與活動：

- 看馬丁‧路德‧金恩（Martin Luther King, Jr.）的〈我有一個夢〉（I Have a Dream）錄影帶 [7]。
- 閱讀〈任何人與別人〉（Any Human to Another）以及〈一個黑人男性談收割〉（A Black Man Talks of Reaping）這兩首詩。
- 閱讀短篇故事〈汗流浹背〉（Sweat）。

日目標樣本：

1. 讓學生學到「夢」這個概念以及馬丁‧路德‧金恩博士和他們自身的關聯。讓學生討論馬丁‧路德‧金恩博士的夢想是否已在今日社會的非裔美國人身上得到實現，以及是否已經個別地實現在他們身上。

2. 讓學生分析〈大會議〉（*Big Meeting*）這幅畫如何反映在「人與他人」中所呈現的理念。

3. 讓學生學習用於播種與收割之不同文化工藝品間相似與相異之處。讓學生就〈一個黑人男性談收割〉中對收割的看法和所有人種與宗教信仰對播種與收成的方式進行比較。

4. 讓學生學習選擇的概念。讓學生分析Delia尋求白人而非黑人協助的選擇。討論在Delia的社群裡與學生自己的社群裡，

什麼選擇揭露了權力與種族間的關係。

參考資料來源：

教師自行選擇馬丁・路德・金恩博士的錄影帶。

Bontemps, Arna. "A Black Man Talks of Reaping." In *The American Experience* (Englewood Cliffs, N.J.: Prentice Hall, 1991).

Cullen, Countee. "Any Human to Another." In *The American Experience* (Englewood Cliffs, N.J.: Prentice Hall, 1991).

Hurston, Nora Zeale. "Sweat." In *American Mosaic: Multicultural Readings in Context* (Boston: Houghton Mifflin, 1991).

其他補充資料來源：

Fauset, Jesse Redmon. "There is Confusion." In *American Mosaic: Multicultural Readings in Context* (Boston: Houghton Mifflin, 1991).

Hughes, Langston. "The Negro Speaks of Rivers." In *The American Experience* (Englewood Cliffs, N.J.: Prentice Hall, 1991).

Locke, Alan. "The New Negro." In *American Mosaic: Multicultural Readings in Context* (Boston: Houghton Mifflin, 1991).

週目標，第五週

讓學生就他們自己的態度與價值，和他們在歐裔美國文學中所發現者做比較。另外，讓學生發覺刻板印象的判斷與他們有害的效應。

建議文學作品標題與活動：

閱讀短篇故事〈你所拯救的可能是你自己的生命〉（The Life You Save May Be Your Own），閱讀詩作——〈鏡子〉（Mirror）。

日目標取樣：

1. 讓學生學習殘障這個概念與他們自己和他者之生活的關係。讓學生討論殘障怎樣影響 Shiflet 的行為，以及殘障又怎麼影響其他人對他的行為。

2. 讓學生比較 Shiflet 先生對 Crator 婦女的悲劇性影響，以及某人對他們自己的生活之幸或不幸的影響。

3. 讓學生分析在〈你所拯救的可能是你自己的生命〉中的方言如何讓讀者把使用不同語言者刻板印象的當成較低等的人種。

4. 讓學生討論，在〈鏡子〉中婦女怎麼看待大多數人對年長者之態度。

參考資料來源：

O'Connor, Flannery. "The Life You Save May Be Your Own." In *The American Experience* (Englewood Cliffs, N.J.: Prentice Hall, 1991).

Plath, Sylvia. "Mirror." In *The American Experience* (Englewood Cliffs, N.J.: Prentice Hall, 1991).

其他補充資料來源：

Justice, Donald. "Poem." In *The American Experience* (Englewood Cliffs, N.J.: Prentice Hall, 1991).

Tyler, Anne. "Average Waves in Unprotected Waters." In *The American Experience* (Englewood Cliffs, N.J.: Prentice Hall, 1991).

週目標，第六週

讓學生就他們自己的態度與價值，和他們在與亞洲人有關之戲劇中所發現者做比較。另外，讓學生了解刻板印象的判斷與其有害效應和亞裔文化之關係。

建議戲劇作品標題與活動：

- 閱讀《秋月茶室》（*Teahouse of the August Moon*）（譯按：一九四五年獲普立茲戲劇獎；一九五六年搬上銀幕）的部分劇本。
- 聆聽《西貢小姐》（*Miss Saigon*）（譯按：百老匯票房音樂劇）中的〈美國夢〉（American Dream）。

日目標取樣：

1. 學生將見識到劇中的刻板印象。把這些刻板印象和稍早幾個星期所接觸到的加以比較。
2. 讓學生依據自己的觀點以及在歌曲中的表達來界定美國夢。
3. 讓學生比較在戲劇中所表達的東西方民主理念。
4. 要學生指出，儘管有明顯的差異，在戲劇中，美國人對沖繩社區與文化元素所增長的欣賞與包容。

參考資料來源：

Avian, Bob (lyricist). "The American Dream." *Miss Saigon* (New York: Geffen Records, 1988).

Patrick, John. *Teahouse of the August Moon: A Play* (New York: Crown
　　Publishers Inc., 1963).

週目標，第七週

　　學生將比較他們自己與西班牙裔的文化價值。另外，要學生
發覺對西班牙裔文化的刻板印象判斷。

建議戲劇作品標題與活動：

　　• 閱讀《西城故事》（*West Side Story*）（譯按：百老匯歌舞
　　　劇）的部分劇本並觀看其部分錄影帶。

　　• 從 *Enucuentros Culturales* 中選擇跨文化的迷你劇進行表演。

日目標取樣：

　　1. 讓學生就上週的歌曲中所發掘的美國夢觀念，以及在《西
　　　城故事》中對美國的想法進行比較，討論其異同之處。

　　2. 讓學生了解《西城故事》裡面的幫派。讓他們就此和學生
　　　對時下幫派的認識之異同加以比較。

　　3. 讓學生討論幫派觀念與種族偏見之間的關係。也要求學生
　　　討論女性在幫派中的角色，尤其是涉及《西城故事》者。

　　4. 透過《西城故事》，要學生指出在西班牙裔文化中的過分
　　　男子氣概。讓他們比較此與歐裔美國文化之過分男子氣概
　　　的異同。

參考資料來源：

Laurents, Arthur, Leonard Bernstein, Stephen Sondheim and Jerome
　　Robbins. *West Side Story. In Introduction to Theatre and Drama*

(Skokie, Ill: National Textbook Company, 1982).

Snyder, Barbara. *Encuentros Culturales* (Skokie, Ill: National Textbook Company, 1977).

<h1 style="text-align:center">週目標，第八週</h1>

讓學生就他們自己的態度與價值，和他們在與非裔美國人有關之戲劇中所發現者做比較。此外，還要學生發覺對非裔美國人的刻板印象判斷。讓學生熟悉自己的美國夢。

進度計畫綱要　第八週的第一天

目標：和《烈日下的葡萄乾》（*A Raisin in the Sun*）（在課前閱讀）（譯按：Lorraine Hansberry 於一九五八年所編之舞台劇；分別於一九六一、一九八九改編成電影與電視上演）裡面的角色相比，讓學生說出自己的夢想、希望與抱負，註明其間的異同。

程序：讓學生朗誦部分劇本。

材料：舞台劇《烈日下的葡萄乾》。

隨堂作業：列出兩份關於夢想的清單（自己的與戲劇中角色的）之後，讓學生們點出這兩份清單中雷同之處，並比較 Younger 家（譯按：在《烈日下的葡萄乾》的主要場景）的夢想以及之前討論的美國夢。

評量：

・參與討論。

・完成書面作業。

第八週的其他日目標取樣

1. 讓學生認清並表列出他們的價值。讓他們就這些價值和家中的成年人進行比較並交互對照（可以利用日誌）。

2. 讓學生認出在故事中的家庭結構內新舊之間的衝突。讓他們指出異同之處，並就這些異同和自己家裡的衝突相比較。

3. 要學生解釋 Walter（《烈日下的葡萄乾》中的男主角）對於尊嚴的定義如何從戲劇的開始到結束發生改變。他們將討論 Walter 以及他們對尊嚴之定義的異同。要學生以一則日記討論他們自己對尊嚴的看法。

4. 讓學生列出 Younger 家所經驗到之偏見的例子。讓學生就此與自己的生活異同進行比較（對自己、家庭與社群偏見他們有何看法）。

參考資料來源：

Hansberry, Lorraine. *A Raisin in the Sun*. In *Introduction to Theatre and Drama* (Skokie, Ill.: National Textbook Company, 1982).

週目標，第九週

讓學生就他們自己的態度與價值，和他們在與歐裔美國人有關之戲劇中所發現者做比較。此外，還要學生發覺對歐裔美國人的刻板印象判斷。

建議戲劇作品標題與活動：

閱讀《凡夫俗子》（*Ordinary People*）（譯按：Judith Guest 原著，於一九八○年改編後搬上銀幕）及其電影片段。

日目標取樣：

1. 要學生指出 Jarrett 一家（譯按：《凡夫俗子》中的主要場景）的家庭動態。讓學生以此和自己家庭的異同加以比較與對照。

2. 讓學生檢視 Conrad（譯按：Jarrett 家中的幼子）在他認為自己所應為與他實際上看到的自己之間所做的掙扎。要學生寫一則日記，記下在他們認為自己的應為和他們的自視之間，個人所經歷過之相似與不同的掙扎。

3. 讓學生討論 Conrad 對其兄長之死的反應以及他自殺的企圖。在合作學習團體中，讓學生討論為什麼自殺變成一般大眾逃避問題的選擇。

4. 讓學生定義 Jarrett 家版本的美國夢，以及它怎樣被粉碎了。讓學生比較 Jarrett 家的、自己的，與自己家庭等版本的美國夢之間的異同。要求學生在日誌中完成這個練習。

參考資料來源：

Guest, Judith. "*Ordinary People.*" *Literary Cavalcade,* 33 (6), March 1981.

週目標，第十週

根據前面有關文化態度與價值的發現，讓學生詮釋亞洲藝術與音樂。

建議之藝術／音樂標題與活動：

- 聆聽廣島樂團的歌曲——〈活在美國〉（Living in America）。
- 觀賞葛飾北齋的《大浪》（*The Great Wave Kanagwi*）。
- 批判喜多川歌麿（Utamaro Kiatagawa）《印刷的歷史與過程》（*Fugin Tomari Kyaku No Zu*）。
- 詮釋《在下沉中的歡樂船》（*In Sinking Pleasure Boat*）。

日目標取樣：

1. 要學生就亞洲與大眾之藝術與音樂的異同進行比較與對照。
2. 讓學生區分在亞洲藝術與音樂中性別的角色。在日誌中，要學生寫下他們從藝術品中所見到的性別差異。配合上圖書館資料查詢以及，可能的話，博物館參觀，這將成為整週的作業。
3. 透過對鈴木伸一（Sinici Suzuki）與其哲學的討論（至少要花兩堂課的時間），要學生針對亞洲的價值觀提出回應。

參考資料來源：

Hokusai, Katsushika. *The Great Wave: A History of Far Eastern Art* (New York: Harry N. Abrams, 1964).

Kuramoto, Dan and Cortez, Dean. "Living in America." *East* (New York: CBS Records, 1989).

Teraokas, Masami. "In Sinking Pleasure Boat." *Portfolio Magazine,* 11, February/March, 1980.

Utamaro Kitagawa. *Fugin Tomari Kyaku No Zu. The History and Pro-*

cess of Printmaking (New York: Holt, Rinehart and Winston, 1978).

週目標，第十一週

根據前面有關文化態度與價值的發現，讓學生詮釋西班牙裔的藝術與音樂。

建議之藝術／音樂標題與活動：

- 鑑賞〈是的，我們能夠〉（*Si Se Puede*）（譯按：墨西哥裔美國勞工畫家 Ernesto Martinez 於一九七三年的作品）與〈我們是阿茲特克人〉（*Somos Azatlan*）。
- 詮釋〈繩索與人類〉（*Rope and People*）。
- 鑑賞 *Saint Francis Road Mural*。
- 聆聽然後討論〈印地安小交響曲〉（*Sinfonia India*）（譯按：墨西哥音樂家 Carlos Chavez 於一九三五年所作的管絃樂曲。曲中採用大量墨西哥原住民的旋律，亦使用了原住民的樂器，尤其是打擊樂器）。
- 聆聽然後討論西班牙饒舌樂與民族曲調。

日目標取樣：

1. 透過西班牙裔的藝術與民族音樂，讓學生發現自己的刻板印象判斷與偏見。
2. 以對話的方式，讓學生就〈繩索與人類〉及〈印地安小交響曲〉中所激起的情緒發表心得。
3. 讓學生詮釋從西班牙饒舌樂與大壁畫中所發現的價值與態

度。要學生以日記一則針對西班牙裔與自己文化之饒舌樂
間的異同表達意見。

參考資料來源：

Chavez, Carlos. *Sinfonia India* (New York: Schivmer Inc., 1950).

Martinez, Ernesto. "Si Se Puede." Aquayo, Emilio. "Somos Aztlan."
　　Chicano Art Resistance and Affirmation, 1965-1985 (Los Angels:
　　UCLA Wight Art Gallery, 1991).

Miro, Juan. "Rope and People." *Galeria Hispanica* (New York:
　　McGraw-Hill, 1971).

週目標，第十二週

根據前面有關文化態度與價值的發現，要學生回答和詮釋非
裔美國人的藝術與音樂，並與其自身文化之藝術與音樂加以比較
（相似與相異）。

建議之藝術／音樂標題與活動：

- 鑑賞共鳴鼓（*Figures Drumming*）。
- 詮釋〈聖誕節〉（Christmas）與〈她穿著藍色的洋裝〉
  （*The Dress She Wore was Blue*）。
- 聆聽並應和靈魂音樂〈我主不護送 Daniel 嗎？〉（Didn't
  My Lord Deliver Daniel?）。
- 聆聽與詮釋 Duke Ellington 的〈因喜悅而跳躍〉（*Jump for
  Joy*）（譯按：美國知名爵士團領班兼鋼琴師，〈因喜悅而
  跳躍〉為其一九五九年的表演）。

日目標取樣：

1. 讓學生在日誌中說明從靈魂音樂中〈我主不護送 Daniel 嗎？〉中所感受到的情緒。

2. 讓學生在日誌中回答其個人經驗與前述靈魂音樂之間的關係。

3. 透過觀看〈她穿著藍色的洋裝〉與〈因喜悅而跳躍〉，讓學生回答並說明哈林文藝復興運動。

4. 讓學生解釋在非裔美國人饒舌樂與塗鴉中所發現的價值與態度，並討論其與自己文化之音樂風格的異同。

參考資料來源：

Hayden, Palmer. "Christmas." *Harlem Renaissance Art of Black America* (New York: Harry N. Abrams, 1987).

Hayden, Palmer. "The Dress She Wore Was Blue." *Harlem Renaissance Art of Black America* (New York: Harry N. Abrams, 1987).

Muntu, Mode. *Figures Drumming. African Explorers; Twentieth Century African Art* (New York: The Center for African Art, 1991).

週目標，第十三週

根據前面有關文化態度與價值的發現，讓學生面對並詮釋歐裔美國人的藝術與價值。

建議之藝術／音樂標題與活動：

- 根據〈比利小子〉（Billy the Kid）（譯按：美國當代作曲家 Aaron Copland 於一九三八年所作的芭蕾組曲）寫一則故

事。

- 根據 Charles Ives 的〈普特南在康乃迪克州的瑞丁營區〉
  （*Putnam's Camp, Redding, Connecticut*）（譯按：美國作曲
  家 Charles Ives 於一九一○年前後所完成之多樂章管絃樂
  曲──〈新英格蘭的三個地方〉（Three Places in New Eng-
  land）──的第二樂章，曲中的康乃迪克州瑞丁附近保留
  有美國獨立戰爭時期的部隊駐留遺跡）所做的描述畫一幅
  圖。
- 根據真實的生活經驗創作一首饒舌歌。
- 鑑賞〈牛仔們騎著馬登堂入室〉（In without Knocking）
  （譯按：美國西部畫家 Charles M. Russell 於一九○九年所
  作之油畫）。
- 回應無題的作品〈拿著飲料的婦女〉（Woman with Sof-
  tdrink）。

日目標取樣：

1. 讓學生鑑賞〈牛仔們騎著馬登堂入室〉和我們對歐裔美國
   人文化的刻板印象之間的關聯。
2. 讓學生們討論聆聽〈普特南在康乃迪克州的瑞丁營區〉的
   經驗有何相似與相異之處。
3. 讓學生們利用其個人相似與相異的經驗創作自己的饒舌歌
   （這是個團體活動）。

參考資料來源：

Copland, Aaron. *Billy the Kid—Ballet Suite* (New York: RCA Records,

1988).

Ives, Charles. "Putnam's Camp." *Three Places in New England* (New York: Mercury Records, 1958).

Ruossel. "In without Knocking." *Artists of the Old West* (New York: Doubleday and Company, 1965).

Unknown. *Untitled (Woman with Softdrink)* (Spiritual America, IVAM—Colleccio Centre del Carme, 1989).

進度計畫綱要　第十三週的第一天

日目標：聽過 Aaron Copland 的〈比利小子〉之後，讓學生藉著書寫與討論自己的故事或以描述的方式敘述對音樂的感受，來詮釋音樂。

程序：

- 讓學生聽〈比利小子〉的片段，並寫下他們對音樂產生什麼樣的感受。
- 讓學生們和其他同學分享他們對音樂的看法，並加以比較和相互對照。
- 讓學生寫下這個故事是否或是如何反映他們的現實生活。
- 由老師帶領討論音樂的名稱以及其背後的故事。

材料：Aaron Copland 的芭蕾組曲──〈比利小子〉。

作業：要學生們寫一則日記，描述他們從對音樂的詮釋中所發現到的自己。

評量：

‧完成故事或敘述。

‧參與課堂討論。

‧完成日誌。

進度計畫綱要　第十三週的第二天

日目標：藉由鑑賞〈牛仔們騎著馬登堂入室〉，要學生回答並詮釋這幅圖畫和歐裔美國人之態度、價值與刻板印象之間的關係。

程序：

‧複習鑑賞與其程序。

‧介紹〈牛仔們騎著馬登堂入室〉。

‧要學生寫下對文化之態度、價值與刻板印象的個人看法。

‧課堂討論的焦點如下：

△描述作品中的感覺與情緒。

△在作品中所刻劃的是哪些與歐裔美國文化相關的想法與態度？

△是否有任何刻板印象的判斷與偏見附在這個文化裡？它們在藝術作品裡是否可見？

△這些刻板印象與偏見的理由為何？

△你認為當我們使用這樣的範疇時，這個文化中的人們會怎麼想？

△你對自己的偏見作何想法？是否每個人都這麼想？

△我們領受這個作品的方式中有哪些異同之處？

△在當今社會中，有哪些改變是可以發生的？我們可以怎
樣養成較少的偏見與刻板印象？

學生應該在日誌中針對上述的部分問題提出回應。

作業：讓學生在課堂討論中作出回應，並以自己的方式（文字、
塗鴉、繪畫等）將異同處連結到他們的生活經驗中。

評量：

· 參與課堂討論。

· 完成藝術素描。

其他資料來源：

Anderson, William. *Teaching Music with a Multicultural Approach* (MENC, 1991).

Floyd, Samuel A., ed. *Black Music in the Harlem Renaissance; A Collection of Essays* (Westport, Conn.: Greenwood Publishing Group Inc., 1990).

Hermann, Evelyn. *Sinichi Suzuki: The Man and His Phiolsophy* (Athens, Ohio: Accura Music).

Koskoff, Ellen, ed. *Women and Music in Cross Cultural Perspective* (Westport, Conn.: Greenwood Publishing Group Inc., 1987).

其他藝術作品的來源

Berliner, Nancy. "Chinese Papercuts." *American Craft*, 45 (2), April/May, 1985, pp.16-21.

The Bronx Museum of the Arts. *The Latin American Spirit: Art and Artists in the United States, 1920-1970* (New York: Harry N. Abrams, 1988).

Glueckert, Alan. "Sumi-e Painting." *School Arts*, May, 1989, pp.27-29.

Lee, Sherman. "Realism in Japanese Art: Things of this World and No Other." *Portfolio Magazine*, 5 (2), March/April, 1983, pp.62-67.

Mendelowitz, Daniel M. *A History of American Art* (New York: Holt, Rinehart and Winston, 1970).

Schuman, Jo Miles. *Art from Many Hands: Multicultural Art Projects for Home and School* (Englewood Cliffs, N.J.: Prentice Hall, 1981).

Sugimura, Yuzo. *Chinese Sculpture, Bronzes and Jades in Japanese Collection*s (Honolulu: East-West Center Press, 1966).

第十四週，單元總結

一旦完成這個單元，學生將提升對自我、刻板印象、偏見以及四種文化內各種不同聲音的知覺。讓學生將此加以綜合，以小組方式表演。發表的焦點將在於差異與多元文化主義內的相似性。活動的樣式可包括詩歌朗誦、幽默短劇、歌曲選唱、幻燈片集錦與舞蹈表演。這個表演首先將在學校演出，然後，假若可以安排的話，在學區演出。若進一步可行的話，再到其他的學區演出，然後接著為社區團體演出。

結論

在某個層次上，此一批判教育學的課程發展嘗試已是個低調的經驗。然在任何類型的課程記錄中，不曾提及教師可以有意識地企圖挑戰種族、階級與性別的不公，或試圖要終結形形色色的壓迫、異化與屈從。在另外一個層次上，這類的課程發展可以提供一些指南，好把批判教育學的元素融入課程。

顯而易見的，任何視此課程計畫為最終真理之教師，將錯失創造批判教育學對不同學生主體性、認同與授與權利發言的機會。這個課程所企求的已不再是想把教師去技能化，而是要隨著再技能化的機會來幫助教師裝備其自身。我要再次地說，因為我只是個作者，我無法投身去實踐，我無權去做出課程，但你們教師是可以的。

在任何課程中，表面上符合著州的指導方針，但是否要注入批判教育學的種種文化與政治，且注入批判、開放、民主、滋養等的元素，全存乎老師一心。在這個課程中，可能性的語言不只是籲求教師傳授關乎不同國家、習慣及風俗的內容，而是因為它所涉及的社會正義及人性狀態乃是教學事業的核心議題。

我並不想要提供課程標準，而只是提供一些範例。我無法控制需要傳授這種課程的班級組成或學區。因此，潛在的行動方案——通常被稱為潛在課程——就變得相當重要。當要為自己建構這個

計畫、閱讀這個計畫，甚或教授類似這個計畫的東西，就涉及第二章所討論的概念。在潛在課程中，我會不斷地自問：我正在教的與正在建構的是不是反霸權的？或者我將會因此而清楚地意識到，以一個教師身分採取這種計畫時會有什麼霸權過程。我將自問：我以什麼樣的方式賦予學生權能——知識是以權威的方式呈現呢？或是讓學生對知識兼具有批判和轉化的空間？我將持續對我所授與之知識的民主意圖以及我想要在班上提升之個體性保持醒覺。儘管繼續使用州定的課程教學，我的潛在行動方案是要挑戰既存的壓迫、異化與屈從的結構。換句話說，我的課程遠遠不是像客觀且天真無邪的那樣；知識的文化政治潛在其中，它企圖挑戰學生，要他們重塑對自我、差異與他者的想法。在這種文化政治中，潛藏著具有現代觀的社群作為核心概念，配合上對於差異的後現代主張。後者尋求的是共享的協調而不是對立——它是一種共同信念，假若你想要的話 8。

　　無疑地，在我心中，擔負這種使命的老師將成為社會的建築師、夢想家（以及在某種意義上的傳教士）與未來學者。這類教師將努力讓自己能被他人以有意義的方式所了解，會受到尖銳的質疑、挑戰，而且常常受到鄙視。在我先前一所大學任教時的同事說，她並不喜歡我在課堂上所教授的內容時，我說，我清楚的意圖就是教「民主，希望你還能接受。」批判教育學者的意圖是高貴且有價值的，只不過它們正在挑戰造成壓迫與異化的既存社會結構。

　　對閱讀這章的教師而言，我對你們的期待是把我的想法帶進

你們的專業領域。我相信諸如社會、藝術、音樂、人文、歷史、英語、數學等領域，可以聘用社會運動者，就像教師能夠將批判教育學的元素融入他們的內容領域。

　　在我邁入最後的幾章時，我希望讀者能謹記，批判教育學者並不是相同的，我們對現實之為物都有各自的看法。這也是為什麼下一章會這麼重要。在下一章裡，對另一位批判教育學者 Svi Shapiro 的訪問將凸顯這些差異與其相似之處。

附註

1　更多關於抵抗、批判、語言和可能性的論述，請參考Aronowitz and Giroux 的《四面楚歌的教育》（*Education under Siege*）。

2　這是 Lymna, F. (1981). "The responsive classroom discussion." In Anderson, A. S. (Ed.), *Mainstreaming Digest,* College Park, MD: University of Maryland College of Education. 之中所提的一種合作學習技巧。其作法是先讓學生利用一兩分鐘自行思考，然後找個伴討論一下，之後教師可點名要求學生發表，或讓學生自願發表。互相討論過的人可以共同分擔內容的責任。讀者也可參看下述網頁：http://www.wcer.wisc.edu/nise/CL1/CL/doingcl/thinkps.htm。

3　分組討論，每個人覺得自己已經了解該組的主要想法時就可起立，待該組每一成員都起立後，則可點其中之一名代表該組發

言或報告。此合作學習的方法來自下文所引的 Spencer Kagan。
也可參看網頁：http://www.geocities.com/~maacie/article25.html。

4　Janice Mirikitani 是日裔美籍女詩人，她出版過三本詩集，目前
在舊金山擔任一個社會公益事業基金會的執行長，有關她的著
作與經歷，請參見網頁： http://www.kqed.org/w/baywindow/
speakingfreely/remarkable/janice_mirikitani.html

5　這篇短篇小說出自一半華人血統的女作家 Edith Maude Eaton
(1865-1914)，Far Sui Sin 是她的筆名（本書中作 "Far, Sin Sui"
其中的 Sin Sui 兩字恐怕有顛倒）。請參見網頁：http://www.
english.upenn.edu/~yoonmeec/todir/ssfone.html

6　以上三篇西班牙裔作家的作品都載錄於作者所用的選輯 *American Mosaic: Multicultural Readings in Context* 中。

7　馬丁·路德·金恩牧師，非裔美國人權運動的靈魂人物。本錄
影帶所錄的是他在一九六三年八月二十八日華盛頓特區林肯紀
念堂所發表的著名演講。

8　John Dewey, "Christianity and Democracy." *Religious Thought*
(Ann Arbor, Mich.: Inland Press, 1893), p. 63; 與 John Dewey, *A Common Faith* (New Haven, Conn.: Yale University Press, 1934).

7

批判教育學中持續的議題與趨勢：與 Svi Shapiro 以及一位學生的對談

導論

　　過去十年來，自從我在俄亥俄州立大學完成博士學位後，我一直用這本書裡所提到的批判教育學觀點來教育學生。使用這個參照架構所遇到的主要障礙，乃是學生對這種語言的可及性（accessibility）。批判教育學理論者所使用的批判教育學最常遭受的指責，即是使用模糊不清的語言和想法，特別是關於學校的部分。

　　舉例來說，在我的基礎課堂中一些學生很正確地論證道：批判教育學難懂的語言使得激進的教育理念幾乎不可能被掌握。他們認為這和批判教育學者的主張是矛盾的：簡言之，批判教育學乃是要切斷壓迫社會關係的工具與方法，並且也企圖終結異化與附從的關係。我的學生們主張：當一個人所使用的語言也是宰制性而且無法捉摸的時候，他要如何去挑戰宰制的理念？儘管批判教育學有著烏托邦式的內涵與意義？

　　此外，還有一些學生宣稱：批判教育學的語言既是這麼難以捉摸，那就會預設了威權的位置，而這個位置在主要的方式上和批判教育學本身所做的指控是矛盾的。的確，即使我的一些學生把批判教育學作為他們畢生的努力，但大多數其他的學生仍懷疑它的起因，他們懷疑的理由正是因為它所設立的語言與激進訊息。在某個程度上，本書就是在嘗試使理論務實化以及實務理論化。

　　在我的教育基礎課堂裡，有主動意願與社會意識的學生在此

有一種特別的難關。他們被學校的結構限制所羈絆,而不能引發改變。批判理論(提供批判教育學理念及由此而生的教學方法)卻沒能帶來緩解的機會,儘管批判理論提供高尚的想法。這是因為理論並不實用之故──儘管其中有民主、社群的理想,以及敢與學校體系內和文化中的異化、壓迫、屈從抗爭奮鬥。

　　像是其他的教育運動──不論它們是進步的、自由主義的、人道主義的、傳統的、保守的與／或新保守主義的──批判理論在教育裡也努力去結合理念,並在公共領域中被接受,特別是當它參與教育時。不過批判理論者在州層級的教育部門,或高層次的政府位置者為數極少,只有少數的批判教育者能影響大眾文化[1]。舉例來說,到底什麼才算是教育、學校課程、卓越、權能賦予、教育標準、批判思考以及多元文化主義,這對所有與教育有關的人而言都至為重要。只是這些能影響公眾的人卻都在扭曲意義。而教育界中的批判理論家並沒有成功地致力於此;然而,卻讓保守派的作者像是 Bloom 與 Hirsch 在銷售紀錄上開花結果[2]。

　　在上述列出的這些概念裡形成一個意義抗爭的戰場,支配了師資培育部門及學校,此中的利害關係的確很大。誰的知識將被吸收到大學或學校中?有所謂正確的知識嗎?假若有的話,那誰的知識才是最值得的?

　　像轉化型知識份子、現代主義與後現代主義的概念已經充斥於教育期刊中,特別是關於批判教育學。批判教育學者為教育期刊所寫的東西已經落入一些窠臼。我們是為誰而寫?為大學的同儕?為我們自己?或是為公立學校的教師?當批判教育學還要持

續做理論嘲弄，則只是又形成一股新的語言而已。我們必須問自己，像權能賦予這個概念，將變成另一場教育的流行熱潮嗎？我們真的全部被賦予權能了嗎？這些問題並沒有簡單的答案。

　　但有一件事是確定的：當我的學生們遇到批判教育學理念並且考量它們在實務上的涵義時，他們會因為面對又新又困難的龐大語言陣仗而感到挫折。就算不是絕大多數，我確信還是有許多教育的講授者會讓這些理念對他們的學生而言平易近人。我相信我所做的是透過我個人史的故事和敘事而連結至學校、性別主義與偏見（如同第一章所述）。然而，有些學生渴望對其他批判理論者的觀點、解釋與詮釋所肯定的理念獲得更進一步的釐清——特別是關於學校與更廣泛文化的理念。學生讀到McLaren[3] 的作品，對他離開小學教職回頭去抨擊那個獎勵他的體系而感到憤慨。他們讀Weiler[4] 的作品談到關於女性作為教師的議題，結果他們不是退縮回保守的地盤，就是公開地否認「性別歧視之不可避免」的說法。有些學生閱讀 Giroux 的作品，就對大眾文化的效應[5] 感到震驚。但其他學生接受了女性主義者對既有體系的挑戰，並且在進入公立學校系統後以女性主義立場自居。我相信我的學生被批判教育學所激發與肯定，然而他們不用面對太多的批判教育學，除非他們有可能在大學中上了一整學期或一季的課。

　　目前在我班上有位學生Rocky Spino，他所決定的期末計畫是找來一位有名的批判理論者，對我的課程與文本中所倡導的許多理念提出挑戰。這位學生大概是典型的新生，他想要接觸與想要學習更多的批判教育學。他相當聰明，也很有表達能力，不過他

的想法並不是非常地基進。他認為批判教育學所提供的基進觀點是有價值而高貴的主張，是一個值得為之奮鬥的理念。如他說的，這是一種訴諸「人類禮義與尊重」的語彙。在某些層次上，我們可理解 Spino 的困惑——語言僅只是其中一個議題。他就像大多數生活在資本主義美國的人們，他真的相信民主的美德。這代表他心中有一個意義的挑戰及許多理念混淆，並且通常是在相互矛盾中。

　　Spino 對 Shapiro 教授提出的問題在於理念的可取及性、理念的學術位置，以及一連串為我們公立學校學生給予一個更高優質社會的民主校園觀點的承諾。關於這一點，Shapiro 為我們證明像是後現代主義、多元文化主義、批判思考與教育這種詞彙的複雜性，是如何成為可取及的、可按部就班實施的。Spino 的問題很有洞見，它們表現出一個基進教育者在一系列的挑戰下，既要澄清自己的立場，又要以平易近人的語彙談論學校的批判議題，而這個語彙關係對人類尊嚴、同情、希望與肯定的要求。我的學生們發現當他們使用批判教育學的工具進入教學的世界後，這個訪談的文字稿很能讓人理解，而且特別能鼓舞人心。

　　接下來的訪談是在一九九三年的四月進行的，我將以 Barry 的名字插入他們的對談。而我的評論與第二章所討論的內容有關。希望這個訪談能夠(1)釐清理論上的困惑，以及(2)扮演其他批判理論者的觀點，以及在我基礎課堂中的學生觀點，來看批判教育學的任務。

　　Spino：一直以來，我們都在聽這種令人喪氣的消息。美國的

學校系統有很嚴重的問題，到處的學生都在奮鬥。但偶爾會有些
改變，比較進步的課程形式已經被提出來並放到系統中，像全語
言課程（whole language）、熟練取向（mastery approach），以及
在賓州，我們自己所鍾愛卻被打壓得很慘的成果導向教育（out-
comes-based education）。目前，我們進入到「教育的社會與文化
基礎」這門課程，十五週來不再只談論變遷，我們還談激進的改
革。事實上，根據教育理論家與運動者 Peter McLaren 的說法，中
學輟學的這個觀念與其說是在描述（description），還不如說是在
下處方（prescription）。到今天，我們已經給學生提供了這些難
以忍受的說明，而 McLaren 又寫道：「中輟根本已經不再是一個
選擇，而是為了生存所必要的行動。」[6]

今天我們很幸運地請到一位曾經對教育改革議題做過充分思
考的人來到這裡。他在許多教育期刊中對這個主題寫過很廣泛的
討論。他和這主題有關的著作標題叫作《在資本主義與民主之間：
福利國家中的教育政策》。而他為 Barry Kanpol 的著作——《朝
向教育文化政治的理論與實務：持續的後現代討論》寫了序言[7]。
他就是 Svi Shapiro 博士。

讓我帶各位回到 McLaren 的評論：事實上今天中學生的輟學
只是個生存的必要行動。對我而言，我們年復一年花了這麼多時
間與精力，在這個國家中對學生傳遞這樣的訊息，像是「留在學
校。假若沒別的事，至少留在學校」。有鑑於此，你是否覺得
McLaren 的忠告放棄了領航的責任呢？

Shapiro：我想我們確實是進退維谷，因為我認為 McLaren 對

學校的描述差不多都是正確的。我認為，特別是當一個人進入高年級，進到中學，對今日的青少年而言，學校教育是一個在異化與厭倦、挫折與不相干的恐怖經驗。我認為他說得非常對，並且其他的學者也是這樣討論此一議題。這對兒童是真正的進退兩難，或許對家長更是這樣，但在真實的狀況下，當孩子輟學的時候，我們卻因此而懲罰他們。我們使他們的生活變得非常困難，使他們更難去找到工作，去獲得他們起碼會有興趣的工作。我們是處在經濟衰敗的輪迴中。有興趣的工作、有體面薪資的工作又更難找到。實際上是我們拿著槍頂著孩子的腦袋，「假若你不留在學校的話，假若你沒拿到高中文憑，你就進不了大學，我們會讓你的日子一直很難過」。當然，即使你留下來也沒什麼保障。事實上「輟學」這回事對孩子而言，是讓他的選擇變得更少。所以，在真實的人生條件下，我看到的是：在學校裡的異化和孩子們無法持續就學而得的懲罰之間，有個可怕的兩難。

Barry：對我而言，似乎有很多去技能化與再技能化的討論，可以應用在學校體系的全部面向。學校中令人厭倦的部分製造了去技能化的學生與教師。

Spino：所以，我們提出一個巨大的控訴，因為這體系是如此地該被控訴？

Shapiro：我們提出這些控訴，至少是因為我們看到了處境的事實。我想這些事實都是實實在在的，這也是孩子所面對的。當然有些孩子，或許有點識時務的鬼腦筋，而能忍受這些東西，他們會跟著玩把戲並設法度過日子。其他的孩子，同等聰明的孩子，

到頭來在個人的意識上確定他們已經受不了，而這是人的感受。還有很多的其他孩子直接理解到學校打從一開始就對他們沒有什麼意義。McLaren其實寫了不少關於這種少數弱勢背景的孩子。美國的學校從來沒有為這些孩子做過什麼，提供他們向上流動的路子。大多數人總是有個錯覺，而不只是例外。所以，是的，我認為這個控訴是瞄對了方向。

Barry：是的，我認為在內城的學校有時會把學校系統中的階級導向用充滿希望的討論來掩飾，讓教師以為他們能被賦予權能和自主性。事實上內城的教師是非常有自主性的，那絕大多數是因為行政人員對課程以及高輟學率等等都失去了掌控，使行政人員更只關心能找到教師來填補貧民區教室的空缺而已。當我們實際看到所謂社會實踐只是提供向上流動的假象之時，那便是霸權降臨的時刻。這使我想起在洛杉磯Compton的內城學校。我在觀察實習教師，我聽到麥克風傳出行政管理者（校長）的聲音，說這所中學在這個學區裡將如何產生最佳表現、最聰明與得高分的學生。有趣的是，沒有一個學生會聆聽這個中產階級的訊息。相反地，學生只顧大聲交談、互相叫罵、打來打去，或（女生）只顧在臉上塗塗抹抹。這些學生的聲音（他們的歷史、主體性）在中產階級向上流動的錯覺裡喪失了。

Spino：在我們談到那些把你或其他人趕進這場論述之中的理論以前，讓我們先離開學校這個議題幾分鐘。我目前是個研究生，我的同班同學都在追求他們的最高學位。Kanpol博士是在知名大學中很值得景仰的教授。我們都知道你們相當有成就，對我們來

說，看起來似乎是表示整個學校體系還是可以的。

　　Shapiro：是的，但我對此實在沒有簡單的答案。我的意思是說，我的答案是曖昧的。當你說到我們在學校裡表現不錯時，我必須說，我大部分的學校教育，確定直到中學為止，是與我毫無相關和令人厭倦的經驗，但我花費了很多的精力。在這個時期，我被勞動階級出身的父母痛罵，他們關心的是不要我死在學校這條死路上，而在這一點上他們是正確的。但在此我想要澄清教育與上學之間的區分，我不想要把它們搞混。假若你說我已經跳過這個環節，並獲得了必要的教育水準，且設法在這個過程中獲得成功，答案是對的。那的確是 McLaren 與許多其他世界中的夥伴所說的真相，這是毋庸置疑的。但是我不想要把這過程等同於教育。在真實的意義上，我的教育只是有些時候來自學校，但經常還是我透過其他方式，以其他的經驗形式學到的。

　　Spino：但換句話說，你手中有相當多的資源。不管體系如何，你還是爬到了你現在所在的位置。

　　Shapiro：不管體系如何。我很幸運是在一九六○年代的晚期在英國上大學。在我就讀的大學裡，有幾位基進的教授在教基進導向的社會學。而我在此發現了我自己的天地，一個對自己而言的批判天地，我們有些人很幸運地找到了它。你無法歸類這個經驗為主流的或是典型的。在我所找到的批判空間中，教師有能力提供我理念、文本與其他經驗，這對我是格外有力和具有啟發性。但再一次地，我得將教育與學校區分開來——教育是一組經驗，它真實地幫助釋放心靈、幫助一個人從一切視之為理所當然的世

界中解放；而學校絕大多數跳過這個環節。不論是在英國或是在這個國家，分數、考試與想盡辦法來滿足課程的要求，無法讓我把它連結至真實生活的興趣、關懷與熱情之中。

Barry：對我而言，Svi，這似乎是說我雖然上學了（schooled）但卻不是你所意指的受教育（educated）。我甚至還發現某些不依循傳統而獲得分數的方法（見第一章）。

Spino：我們來談一些你所提到的強而有力的經驗。我想像那是你所擁有的東西，並且融入你自己的理念與理論中。讓我們談一些概念，事實上那都非常接近你的想法。在上了Kanpol博士的十五週課程之後，別的不說，我起碼學到了些詞彙：後現代主義、批判教育學、轉化型知識份子等等。你能夠對這些詞彙所強調的關於希望、夢想與靈感給些任何簡潔的陳述嗎？

Shapiro：是的，我想我可以。我認為這些概念所強調的東西，非常嚴肅地緊貼著美國社會中所能發現的最好與最高貴的理念。這些理念所處理的議題，像是民主與人類的權能賦予，人類尊嚴與人類價值的有效性，人類彼此幫助而不是要擊倒對方為基礎的社會與世界視野。我認為道德衝動的基底就存在於我所關切的工作裡，那都是由那些基本理念所引導的。我與其他學者所關心的議題是那些在批判教育學及批判思想內都實際嘗試要強調的，乃是那些理念和現實之間的不和諧，我認為這些理念是生活在美國社會中大多數人所珍惜的，但在他們學到如何安身立命的現實上，大部分是與強力的承諾和希望表現出尖銳的差異。

Spino：你說的哲學、理論基礎，就代表著人性上正常而道德

的理念。假若真是這樣，為何你認為有那麼多的學生，或那麼多的一般人，在 McLaren、Kanpol 或 Shapiro 的理念前退縮？

　　Shapiro：好問題，一個讓我持續苦思的問題。因為，我們的所作所為若有任何目的，真的，那一定是為了讓盡可能廣泛的大眾能夠獲得這些批判教育學的理念。所以，假若我們無法成功，而且我們確定沒有在此成功，那很明顯地，我們必須問自己為什麼。我想這並沒有簡單的理由。公平一點的說法，我想學生有時候退縮是起因於批判教育學所使用的語言。有一些我們所使用的語言太艱澀、太不透明，這或許只是在使我們更能晉升為知識份子與大學成員的狀態。批判教育學變成對很多人而言都不熟悉的語言，而且我認為這種語言確實挑釁與激怒了某些人。我認為還有其他必須被處理的理由，那就是實際上有些人，尤其是教師，基本上從這個體系中獲得利益。我的意思是對絕大多數人而言，我們正是如此，而這必須回到你先前的問題：藉由學校體系，我們表現得相當好。我們透過它而成功，並且得到工作、學位。所以，當然，何必射殺為我們下金蛋的鵝？這裡有跟隨你的同伴、你可以提名的人，而我們似乎是要把我們在其中表現得很好的體系給打碎。所以，這裡爬進來的是防衛性。而且，我想這或許還是個否認吧 8！意思是我們必須非常批判地檢視我們自己的作品及所做的事情，否則就別做。假若我們真的讓這些孩子厭倦與異化，那不就說明了我們在教室中所說的那些事情嗎？我們多半不會特別喜歡那麼誠實地檢視我們所做的事情，假若我們所做的似乎不會產生好處的話。我想這是很令人尷尬、很擾人的，然後，我想，

否認的機制會就此溜進來。

Barry：那我們怎麼能否認我們自己的就學經驗？不就是這些經驗在教我們關於上學、教育、去技能化與再技能化等等的嗎？這些問題要是有答案的話，那麼我們是如何把我們的歷史連結到種族、階級與性別，就會變成首要的知識──我們該如何為了建立一個民主的社群而把權能批判地賦予我們自身。或者我們至少知道事情不僅僅只是像現在這樣。作為批判教育者，我們必須在自身與學生之中探尋我們自己的否認形式，以致結果可以讓生活對所有人而言變得更可以過得去。

Spino：這樣我就明白了。假若你根據簡單的人類禮義與價值訊息，你就真的需要超越後現代主義的語言把你跟你教室中的學生連結在一起。現在，後現代主義的完整概念是在你的一些寫作中所談論到的，特別是在 Barry Kanpol 書中的序言。你引用後現代思想的解放權力，並且指出它可以用一種正面的方式與教育連結起來。然而 Barry Kanpol 所談的是後現代主義的曖昧性。幾乎去給它下定義就不是後現代。然而，當我想到後現代主義，我就想到大衛林區（David Lynch）的電影，有些許的黑暗與神秘。是否可以把曖昧改變成實際的價值，而假若可以的話，那又會是什麼東西？

Shapiro：是的，顯然整個的後現代知識事業是相當複雜的，並且有很多很多不同的方式可用來討論後現代主義到底是什麼。我對後現代主義的著迷正是在於它的曖昧性。但我會這樣說：對我而言，假若我想要提綱挈領來說明後現代主義，而這綱領指的

是關於人類的處境，那麼我想後現代主義的確是一個試圖捕捉人類認知不確定性的字眼。這個不確定性指的是我們對世界到底是怎樣認知的，不只是社會與人類的世界，甚至還有自然的世界，以及科學家所看著的世界。我們完整地看二十世紀，實際上，特別是在最後二十年左右，對我們去看到真實世界的樣子是有很大的限制。換句話說，對世界真實樣子的知識是如此地不確定。從人類知識探究的整個光譜來看真的是如此。當然，它所釋放出來的是兼具非常正面與非常負面的現象。在負面部分，你會意識到你所判斷的人類真實世界是未知的、脆弱的。我們只憑藉著一些有限制的掌握，而在這個世界中累積有關我們自己的所有證據，很難就此把整條命賭在某些理念或承諾上，縱使是道德的理念。這限制是來自於文化、語言與歷史。這整套觀念已經伴隨我們有四百年之久──自從啟蒙運動以來，我們一直相信：我們是以直線前進的方式推向真理，而這一套關於實體的確定認知，卻或多或少被我們一般所謂的後現代主義式探究所摧毀。對人類而言，這是非常紊亂的現象。我想這與基本教義派思想 9 在世界各地的散布不無關聯。因為對於啟蒙思想毫不懷疑，所以那樣紛擾的現象斬斷了（他們所相信的）進路、創造了人類的焦慮。有些人在暴風雨來臨前會用條板封艙，不管怎樣，他們決心要有信仰，要相信自己擁有一些確定性。現在，在其他面向上也有來自這些概念的自由。如同人們所看到的，這世界已經沒有什麼確定性，沒有清楚輪廓，幾乎對每一件事情都不再有確定的處方，有的只是來自這一點的某種自由。某種從確定的角色中解放出來的自

由——不論是女性從母親與家計的角色中解放出來，抑或是弱勢團體或性別弱勢團體，不管它是什麼，突然從世界中簡化與清楚的鐵牢籠中放開。我們任何人都一樣，我們的思想、理念、角色從一些無止境地固著在某種態度、舉止中解放了開來。我認為這就是自由開放的現象。所以從我的觀點看來，這樣的遺產確實是模稜兩可的。

Spino：那種對於自身現實能自由地去重新思考與重新評估的方式，在大學教室之外是否有它的生命與目的？

Shapiro：毫無疑問，這真的是個滲透到我們生活裡每個面向的現象。你知道，通常有個問題是「在日常生活裡作智性追求，這到底是在幹嘛？」但是事實上，不論人們是否稱此為後現代主義，尤其在西方世界，我們全都被知識與認知本身愈演愈烈的脆弱化所影響。這影響了每個人，不只是少數實際動筆撰寫這個主題書籍或文章的人。

Barry：作為一個教師，這提醒我如何能知道什麼樣的知識對學生是最好的，而且特別是這些知識是打哪裡來的？這是在後現代處境中，我持續問我自己的問題形式。

Spino：在你其他寫作中有個元素，Barry Kanpol 的，以及確定是 Peter McLaren 的，乃是批判思考的想法。到目前為止我知道作為批判的思考者就是在行動的認知上要有一定程度的熟練與獨立。不過，在你的圈子裡，成為批判思考者的說法變成社會的建築師或活躍份子。你把批判的思考放進社會的舞台，這是個概念很公平的修正嗎？

　　Shapiro：再說一次，這些用語在此是頗為混淆的。批判思考這個詞彙經常在文化中，特別是環繞在當今的學校裡，被用來指稱非常嚴謹的智識任務。這是一種解決問題的能力，在學生身上發展出分析思考的能力，或是以不同的方式分析事情，以及找到與眾不同的結論。這正是我所謂教育中主流的批判思考，或叫作教育的批判認知取向。我想，這是被普遍接受，以及相對廣泛地被推廣的。但你在批判教育學中所發現的批判性，真的是與這一點不同，批判教育學裡的是一種真正我所說的批判意識。它聚焦於我們的批判能力、提問能力，而這能力是要在日常生活世界中有目的地發現自己，而這個目的是根植於道德的視角。它必須以有尊嚴和敬重地對待人的角度去觀看世界、向世界提問，是否世界中的某個特定的個人或人民團體是被限制或宰制；或我們所寓居的世界事實上是否達到民主與人道主義的承諾。所以，我認為第一個綱領是真正嚴格的認知、知識導向，而第二個綱領則是奠基在確定的道德視角。

　　Spino：所以，你與其說是再定義這個概念，不如說是把它放進正向操作的脈絡。

　　Shapiro：也罷！我猜是有一種看待批判意識的角度，就是把批判能力真實地放進能操作的方式上。另外一種批判能力基本上是被我說得抽象了，讓我以不同的角度再來說明。在嚴格認知意義下所發展的批判能力可使用來製造更厲害的氫彈，也的確如此。他們可用此批判能力在麥迪遜大道上生產更好、更能操縱人的廣告，而他們也的確這麼做。他們用此去發現更好的產品行銷，但

不在乎它破壞環境,而他們也的確這麼做。我的意思是,事實上那些大企業的首腦以及政府的領導者,通常都是非常了不起的批判思考者。他們有高度發展的批判能力,他們念過很好的學院或大學,他們知道如何去使用這些東西。所以批判能力的本身真的就像個娼妓一樣,它可以被擺在各種用途上。正因為這是個抽象的理念,所以它可以被擺進許多不同的位置,以及放在許多不同專家的作品中。我所說的批判性,或 McLaren 或 Giroux 所說的,或 Barry Kanpol 所說的,是一種能為特定道德視角服務的批判能力,而我認為這就是真正的差別。

Spino:Barry Kanpol 在他的課堂裡呈現了一些像是後現代主義、轉化型知識份子以及批判教育學等等的詞彙,並且暗示這些應該成為令人熟悉的好概念。另外有個字在你的寫作中處理成一個必須呈現為負面的詞彙,這個字就是資本主義。資本主義為美國公共教育提供了背景,甚至是前景。但到底它出了什麼錯?

Shapiro:是的,我想我在這一點正是在最前線上。我所說的文化政治就是你們所說的民主社會主義。我相信資本主義是以我所憎恨的道德原則為前提。它所根據的原則是:人類關係在自然上、需求上或必要的條件上乃是競爭性、自我主義以及貪婪的人吃人原則。

Spino:難道驅動這個國家的哲學裡,真的沒有比較仁慈的面向嗎?

Shapiro:嗯,你已經在半路上修正了問題的方向。統治這個國家的哲學並不單純是資本主義。我想事實上以你的角度所問的

問題反映了許多人是被社會化了，而搞不清楚這個國家到底是什麼。我要提醒你，這個國家的指導原則不是只有自由市場經濟，或資本主義而已，也有非常非常不同的觀念。就意識形態上，你說資本主義的道德原則是否為人之所欲或人人能接受，我的答案是不！假若你問我，資本主義與世界中的其他體系比較，它是否成功地提供人們消費的貨品，那答案必定是已經相當地成功，尤其在第一世界更是毫無疑問的。資本主義在提供人們一定的生活水準上已經做得相當好。同時，我們也要謹記於心，對整個世界上的大多數人來說，資本主義對於第三世界，對於拉丁美洲與非洲的人們來說，則已經是整體性的災禍。資本主義對這些人而言已經是一個無法抑制的災難，更不要說是對環境的效應。從經濟的角度來看，這些問題正是我們對二十世紀的悲劇所承受的打擊。我們在資本主義體系與我們稱之為共產主義的體系之間承受著打擊，在資本主義中獲利的人是相對的少數，而共產主義體系卻是在經濟上、政治上與文化上都是整體的災難。而現在我們已經期待著進入下一個世紀，我想我們必將要再發明一種經濟，這個經濟是要為這個星球上的多數人服務。我自己當然沒有對此的藍圖。就這個國家現在的這個指導原則來說，我想要再次強調：資本主義只是美國故事的一半。另外一半的故事是民主的原則，這基本上奠基在對人類尊嚴與人類平等的肯定，而它不會輕易地與資本主義相融。我想美國的歷史，或至少對歷史的一種讀法，是去理解矛盾、衝突與不和諧總是走在資本主義經濟與追求社會的民主信念之間。這實際上是我寫這本書的中心議題，對我而言，這或

許是真實存在於美國公共生活中的核心衝突。我們該如何去調解
這兩套價值之間的持續衝突，就變得格外地重要。

Barry：我想民主想像的這個觀念是對這場鬥爭最好與最高貴
的描述。這場鬥爭用簡單的人類詞彙來說，不是反資本主義，而
是(1)挑戰壓迫、屈從與異化的經驗，以及(2)為我們的尊嚴與品質
更佳的存在而奮鬥。

Spino：所以，如你所發現的，資本主義在道德上應當受到譴
責，但它是否對教育是個不當的模型？

Shapiro：我認為人對此應該要作選擇。對我而言，當我在今
日的世界中細細思量，在教育的意義上，真正能使世界更有人性
奮鬥的，必定和能承諾去提升人類禮義、人類照顧、人類同情、
人類尊嚴與人類的權能賦予的教育形式有關。為了這個理由，我
所感興趣、我所追求與我所欲提升的是一種教育的形式——批判
教育學，或是任何最能關切這些事情的教育形式。現在，既然已
經這樣說，在任何的社會裡我可以想像，對於我們所說的訓練，
事實上我並沒有意見。也就是，我們要有工作。人都必須工作，
而且人也需要因此而被訓練。假若，舉例來說，我們這個國家有
個政府想要確立勞工為工作而受訓練，並且能在工作裡得到一份
體面的收入，我支持這樣的想法。如果有個政策是要提升一種可
能性來讓人們為自己與為家庭而工作，任何有心的公民怎能不支
持這樣的政策？我如果反對，那就是非常不負責任了。但我想說
的是：我想要回頭在職業訓練與教育之間作個清楚的區分，教育
所關切的是一套更廣泛的人類價值，而這些是不盡然相同的，是

必須分別開來說的。

　　Barry：作為一套廣泛的價值，在我心中浮現的是差異之內的相似性。

　　Spino：當你們談到一套廣泛的人類價值，我能想像的是，你們一定會把教育提升，讓它更能針對廣泛的人而存在。當然你們，McLaren 與 Kanpol 所作的討論，暗示說：這個國家的教育系統太集中在白人、中產階級意識形態，而把其他的經驗都遺漏了。那麼，我們到底要如何才能更加包容？

　　Shapiro：我認為在這個國家中，批判教育學的傳統應與其他的進步勢力結合在一起。我想著的是那些在學校中關心多元文化主義的人。我們關切女孩、婦女與社會中其他弱勢的角色，已經開始產生了影響。我認為多元文化主義這個概念有它的重要願景。而且我想這個概念是學校、教育與教室應該要能說出更接近於課堂上全部學生的經驗、傳統、背景與知識。這個理念已經傳布到廣泛的教育中，而不是它過去的樣子。在此我們已有些許的進步，至少這觀念已經廣泛流傳，學校應該要照顧到這樣的事實：美國實際上是一個族群多元、種族多元的社會，但這已不是大鎔爐的概念。而我們的教室中有些孩子真的無法符合 Ozzie and Harriet 的模式。我們已經能了解這個實相。公共教育必須符合學生眾多差異團體的需求與背景。我知道在洛杉磯的公立學校裡，孩子們說著八十種不同的語言。事實上，我想到了二〇〇〇年或二〇一〇年，我們學校大部分的學生都會是少數族裔背景的孩子。我們被迫理解多元文化的本質，而在某個程度上，學校也被迫參與學生

的差異經驗。我認為以一種充滿希望的意義把這情況放入議程，是有一種重寫課程的可能性，可引導學生把差異經驗說得更清楚。也就是，我們以孩子們的多樣經驗開始，而認知到：假若我們不這樣做，那教室中的孩子會感到異化、厭倦，並且大部分會產生抵抗。

Spino：在過去或許我們剝奪了極多的人，他們無法適應多數的模式。但是在同時，當多元文化運動掌控全局時，我們如何才不會走到另一個極端呢？是不是有可能因為對差異如此過分敏感而致寸步難行，因為怕會踩到差異的參照架構或經驗？

Shapiro：是的，我要告訴你一些事情。我對此並不會非常擔憂，因為我們已經有好長一段時間，踐踏過千千萬萬人的經驗，因此人們將會義無反顧地為此奮鬥，而這是一場好的奮鬥。在此我特別想到我自己的經驗，我是在英國長大的猶太人，我所就讀的學校卻假定每個在學校的孩子都是基督徒。學校的孩子們中有些少數團體，好比像我這種，對他們而言耶誕節並不是個節日。而你知道，有些日子當我得休假時，其他人卻都沒休假。大家是不是都會敏感地注意這一天是否有功課要做？或有考試要考？我必須說，假若大家必須在現在立刻停下來，並開始思考其他人和其他的傳統，這對我是不會有問題的。這都很好。假若我們都得為此奮鬥，那這就不是最糟的奮鬥形式。這多少讓我想起，這種奮鬥還很少發生在軍隊的議題上，好比是否應該接受同志到軍隊裡。事實上柯林頓總統將此搬到檯面上，這對國家是件好事。儘管會讓人感到不舒服，但這是需要去奮鬥的。不過底線是人們必

須理解：不同的人就在那裡，以及我們必須奮鬥去安置社會中的這些人，而能使他們感到也是我們之中的一份子。

Spino：所以，對話才是重要的？

Shapiro：對話是重要得不得了。

Spino：你提到那個時代在英國感受到猶太學生會被排除在外。是否在這些時代裡，如同 McLaren 所說的，有自尊心穿孔的現象？

Barry：他們確實是這樣子對待我的！然而我感到羞恥的不只是做個猶太人，還有作為一個排他的猶太人和評斷他人的那種猶太人，遠低於因為其他的人不是猶太人。

Shapiro：喔，絕對是這樣，沒有任何懷疑的餘地。我不用等到閱讀批判教育學或 Henry Giroux 才知道我對自己的傳統感到羞恥和尷尬。我帶非猶太籍的孩子回家並讓他們和我們一起吃東西時，會感到特別緊張。而且我們慶祝的節日也不一樣，我對此感到非常尷尬，我覺得又怪異又奇特。那是很久以前的事了。

Barry：是的，我們所有的歷史與傳統必須與我們目前的社會關係連結在一塊兒。

Spino：當我們已經要成為更好的教師，正開始以一種有意義的方式接近這種奮鬥，但我們還會一直對自己的學術表現感到憂慮。我們要如何在修訂課程的同時又能維持標準的水準呢？

Shapiro：這是個沉重的問題，真的，我不知道標準是什麼，我想這種標準的本身就是這個議題的一部分。我們必須去質疑標準是什麼，以及誰設立這個標準，還有誰又從這個標準中獲利。

所以，這是我們首先得決定的問題——這個標準是為誰設立的，然後我們要開始去回答這問題。

　　Spino：讓我說得更具體些。有時候我們聽到，在今天要讓一個學生挫敗，那就去貶低或折損他們自己的經驗與文化。所以，當我參與教育中的改革時，就是要去避免這種缺乏敏感的情況。我們賓州本身的成果導向教育，是某種好像要說我們是想要做得更好，以一種更敏感於學生本身經驗的方式來評估學生。前任教育廳長 William Bennett 說到：通常這樣的改革會使課程水準下降，或降低了標準。你的想法是什麼？

　　Shapiro：嗯！在這個議題上很難去輕易地定位我自己。因為一方面，我很難與 Bennett 站在同一邊去處理這個議題。另一方面，他所謂的「水準下降」其實有一部分是企圖去面對坐在教室中的學生之有其種種差異性。所以，他的輕蔑評論正是來自一個想要維持或支持現況的人。他的想法是像他那樣的人，就是上過耶魯、哈佛與普林斯頓等等名校的人，應該持續這樣去做，以及持續去設立標準，所以我對此並不是感到很舒服。另一方面，我認為這裡頭總有一些現實。因為孩子們體驗到學校是在異化他們，並且和他們本身毫不相干。我認為在學校中的抵抗，尤其是在中學或甚至是大學，不順從學校的一切安排，其層次就這麼加速發展開來，也已經被強化了。為了避免在教室與在學校中的衝突增強，Ira Shor 討論到一些另類於此的東西。他要接受的是在學校裡的孩子們之中一直在做的事情，而我想他指的是「表現的罷工」（performance strike）。就是說，孩子們真正在說的是，什麼用功、作

什麼功課，管他去死。而為了避免太多的衝突，在某個意義上，美國的學校在傳統所謂的標準上妥協，但卻更不接受孩子了。所以，你真的在所有可能的世界裡看到最差的狀況。你不會太想要去發展孩子們的什麼批判智能，用簡單話來說，你教的書愈來愈少。即便在慣常的標準之下，我發現在大學部的班上，坦白說，學生對世界真是所知無幾。在這個意思上，我聽來會很像是保守作者如 Hirsch 或 Bennett 的意見。但我這種提問的方式並不是要對孩子進行填鴨式教育。我的意思是，我們真的需要自問關於教育的基本問題：我們到底在教什麼，以及我們又是如何在教。

　　Spino：所以，對於正在等著領教學證照的我們來說，希望到底在哪裡？你在超越抵抗以及把行政與行政人員或整個體系視之為敵人這方面，可以告訴我們些什麼嗎？

　　Shapiro：這也是我已經發現的。我自己在這些議題的教學裡，尤其是研究生，他們正在學校裡工作，對於我所說的事情，會典型地產生一些忿怒、抗拒，或許還有否認的過程。但對大部分人而言，在這種過程的末端，我認為會有一些深層的訊息開始在教師身上露出端倪，但我們卻一直試圖在撲滅這訊息。這並不單純只是對學校作虛無主義式的解構，而是真的企圖去肯定深層的道德衝動，我想很多人在開始投身教學之時即是懷抱著這一點。也就是說，教師們並不想只成為技術員或服務生，或只簡單地作作測驗管理之類的。一般會進入教學與教育中的人都會有一股非常強而有力的驅力，就是要肯定人類的尊嚴、要去幫助孩子成長、去和所有的學生一起工作，這種事情我認為就是奮鬥的基底。對

我而言，你可以說這就是我所謂的基本民主價值。我認為教師們
是非常強烈地忠於這個人類目標。我認為我的奮鬥就是把教師、
教育者以及他們最高尚的衝動再連結起來，這種衝動原原本本地
帶著他們進入教育。然而，我認為學校的制度，在極廣泛的政治
脈絡底下，已經並且還繼續不斷試著要從內在摧毀教師。我認為
並不是我們在摧毀教師精神，使得他們覺得教學已經和那些衝力
不能連結，我認為這正是制度運作的方式。所以，儘管在教學上
有一切的限制，但我認為教學還是有可能的。雖然有可能把門關
上，但無論如何，還是有可能和孩子們一起工作，在更廣泛的意
義下教育孩子，我們還是可以繼續這樣做。你知道，在某個程度
上，在我的班上我就是這樣做。有很多教師、好老師，不管怎麼
樣，還是會這樣做。我認為這樣做是有可能的，這不單純只是抵
抗的行動，也是在從事肯定的行動。

　　Barry：是的，批判教育學就是要肯定人的個體，而不必然只
有社會批判。我會強烈地主張說：我們所從事的批判就是要去肯
定，而要肯定也就是要從事對大體系以及我們自身的批判。

　　Spino：Shapiro博士，謝謝你花時間來跟我們談這些。你不只
是以批判的方式來擴展我們教室中所討論的議題，而是同時證明
你對於準教師的關切。

　　Shapiro：非常謝謝大家。

結論

在訪談 Shapiro 教授之後，Rocky Spino 彷彿被點著了火，開始去調查更進一步學習批判教育學的可能性，以及批判教育學底層的理論。Shapiro本人則已經寫過頗能代表批判教育學而且是清晰準確的聲明。

首先，批判教育學是一個形式，在其他領域中這形式也被人描述為文化政治（cultural politics）。這也是一種關於創造與挑戰既存價值結構的一種意義生產形式，因為這種價值結構所導致的社會關係是壓迫性的、異化的與令人屈從的。批判教育學並不是來自天真或是別無選擇。因此，第二，採取批判教育學乃是對於教學風格與教學政治所作的意識選擇。批判教育學就像是其他的教育學（自由主義的、傳統人文主義的等等）一樣，它不只是個天真的局外人，而是個革命黨徒。它不是客觀的與／或價值中立的，而是主觀的，它根植於個人歷史並在當下與種種壓迫、異化與屈從的形式連結，然後它以某些方式注入於我們的教學裡，這些方式有很多就像我嘗試整合在本書裡一樣。

第三，我們學到，知識從來都不是「都給我吧」。知識永遠是可協商的，以及永遠只是局部的。現實有很多種──你的、我的與他人的。既已有此了解，則批判教育學的知識就是植根於一種文化政治的形式，它挑戰那套缺乏人道素質且已動彈不得的體

系。這是一種對主體性的多重現實提出質問的文化政治，意圖在把這些主體性所日日體驗到的壓迫情境予以斬斷。

　　第四，我們知道批判教育學在這場要終結許多屈從、壓迫與異化形式的奮鬥上並不孤獨。所以為了不異化這場運動，Shapiro論到：我們作為批判教育學者，必須把力量注入到其他的進步運動裡，把我們的領導者多年前即已為我們指出的民主路徑向前推進。假若還要再談其他的，那我們要開始理解批判教育學必須成為共同奮鬥的一環，而不是一場單獨的運動。這意謂著讓我們的作品更能接近公眾，以及更能接受其他的看法（儘管我們會認為它們有所不同），把它們整合至我們的政治抗爭之中。這並不意謂我們必須把全部的觀點作為真理來接受。理念應該是透過奮鬥、挑戰，然後才整合至人類處境的更佳位置。這個挑戰就會變成意義的一部分。我們如何一方面與保守（傳統）觀點下的標準共存，另方面又能以批判的觀點去挑戰是誰製造了這些標準？我們如何包含著他者的聲音而不排除多數的聲音？對這個問題的另一取向應該是：當包括強勢聲音的時候，我們又如何不排除他者的聲音？

　　第五，有些是修辭上的問題，我在此將不予回答，但那是我們在這個體系內運作時必須提出的問題。批判教育學不只是個工作平台，也不是另外一個叫人人都採用而卻了無意義的學科模型。為了成為一股勢力，批判教育學必須整合至傳統與／或保守和進步的主流學校環境，作為我們日常教學與生活的一部分，它可以成為任何學科教材的一部分。批判教育學已有一些合法性——正如其他的知識形式。這並不只是學校必須採取的一個批判教育學

架構。批判教育學更是關於人類深深挖掘其肝膽（心理學），對教師們的過去、學生的過去，以及這些與教學內容間的關係所做的提問與回答，並問道：這種知識如何將壓迫的社會關係斷根。批判教育學可以發生在所有的地方與時間——在教師的會議、在遊戲場、在餐廳、在家長與教師之間、在與行政人員的會議，甚至是在停車場。此外，批判教育學還能夠發生在有局限的教室裡，以及在安安靜靜的家庭中。

最後，假若我們在本書裡真有學到什麼的話，那就是：批判教育學終極的目的在於肯定其他人類的歷史感與自我意識。Shapiro教授是藉由增加意義至Spino在我的基礎課程裡面所碰到的困難教材之挑戰，而肯定了Rocky Spino。Shapiro舉證說明批判教育學為了繼續向上奮鬥並穿透到學校之內，因而必須與某些傳統同步推進。他的語言平易近人，他的理念則頗具挑戰性，而同時他的回答很不簡單。總而言之，作為人類禮義的行動，他花時間老遠跑來就為了與一位學生談談——這位學生只是想要釐清與進一步探查吸引他的理論。我們批判教育學者全都可以從這樣的生活方式上學習。

心存此念，一個人就必然能了解：批判教育學不只是個理論性的理念。它也是要把那些理念在日常生活中，不論是在工作裡外變得鮮活。在批判教育學的傳統內，民主是個活生生的理念，它總是在變動、在協商與重構之下。在這場奮鬥中，批判教育學運動比起只是線性的進步更能昂首闊步。在批判教育學的運動中，早有主張說它是兼具現代與後現代的理念，以及用傳統與非傳統

的方式看待學校的存在。而個人的敘事、歷史與主體性是和這些糾纏在一起的——成功、希望與夢想，壓迫與異化的故事。

　　在上述種種之外，批判教育學提供我們一個希望的領域，這使得我們可以探查更進一步民主的可能性。我相信，這個社會承諾（不可或缺的）必須為教師與學生的行動以及意義的產生開創新的空間。最後，批判教育學的當務之急就是在兼具革命性與熱切投入的高道德企圖之內，要使世界對所有的人類而言成為更有品質的生活之地。也許，為了到達此處，我們必須從個人開始，或是從集體開始去進行「告解」（confess）或「在自身中承擔」（own up）我們自己所意識到的道德無能。我會用最後一章來總結這些理念。

問題討論

1. 討論 Shapiro 描述就學（schooling）與教育（education）之間的差異。批判教育學如何引導教育，並且挑戰就學？

2. 你是哪一種的批判思考者？

3. 對於資本主義與基本民主價值之間的差異，你要怎麼描述？

4. 你既已回答了上述的三個問題，那麼：為什麼你選擇教學作為職業？以及在閱讀本書後，為什麼你想（或不想）維持教學的專業？

5. 假若你要為教師作為批判教育者的功能下個總結，你會怎麼說？

6.對你而言，如果採取批判教育學作為教學事業所當努力的方向，
  實際的觀點會是怎樣（在學校所定的結構限制之下）？

附註

1 Jonathan Kozol, *Savage Inequalities*. 就我所知，Kozol 是唯一在
  教育的公共討論方面產生許多重要影響的批判理論者。

2 Allan Bloom, *The Closing of the American Mind* (New York: Simon
  & Schuster, 1987)；以及 E. D. Hirsch, Jr., *Cultural Literacy* (Bos-
  ton: Houghton Mifflin, 1987).

3 Peter McLaren, *Life in Schools.*

4 Kathleen Weiler, *Women Teaching for Change* (New York: Bergin
  & Garvey, 1988).

5 Henry Giroux, *Channel Surfing* (New York: Lang, 1997).

6 Peter McLaren, *Life in Schools,* p. 215.

7 Svi Shapiro, *Between Capitalism and Democracy* (New York: Ber-
  gin & Garvey, 1990); and Barry Kanpol, *Towards a Theory and
  Practice of Teacher Cultural Politics* (Norwood, N. J.: Ablex,
  1992).

8 防衛性（defensiveness）、否認（denial）兩詞都是精神分析的
  術語。

9 基本教義派（fundamentalist thought），又譯為「基要主義」、

「原教旨主義」，是十九世紀末期在美國興起的一種保守基督教思潮。此一派思想主張完全接受聖經中的所有文字，視聖經為最高權威及唯一真理，並且反對任何對聖經加以分析或批判的作法。這一派思潮在第一次世界大戰前於美國達到高峰。

8

告解行動作為批判教育學
的必要步驟之芻議

導 論

前一章可能引發讀者思考一些問題，譬如：我們的教學是否民主？在資本主義的體制之下，我們如何能夠民主地教學？假若我們無法全盤堅信社會的效率體系，則我們的孩子是否會因此而失敗？我們作為教師的道德責任是什麼——為學生預備一個現實的「市場」世界？還是預備一個理想化的世界？和其他的眾多問題一樣，這些問題正是學生在閱讀本書之後會有的正常反應，尤其是本書的第七章。當然，這些問題的答案並不簡單。有很多我班上的學生問道：「所以，我們若從這裡開始，會走到哪兒去？」對我而言，終極的答案似乎很明顯：進入教室去，把你的高爾夫球打進沙堆，進到意義鬥爭與張力的艱鉅任務之中，就像在本書第二章所標舉的，以及在閱讀本文時，教師所必得面對的問題，還有在前章中，由 Shapiro 所指出的複雜難題。

當我們因為不夠務實的緣故而可能遭到抨擊時，我相信我們這些文化工作者、「批判教育學」工作者，特別是在本書中所要對談的教育範圍之內的工作者，在我們展現更有意義的批判性之前，我們應該要先有想法與理論上的躍進。換句話說，我們必須用想法與理論的武裝，去實踐批判實踐的任務。本章是第二版時增訂的部分，我在這裡企圖更進一步為教育者打下基礎，以便能更完全地涉入這種批判教育學，也就是或許可讓我們去對上述的

問題做更為確定與更為堅毅的回答。

　　本書的前七章意圖給批判教育學的發展打下一些基礎，而這基礎係扎根於哲學面與實務面。在第一章，透過我個人的陳述，我們檢視了學校中的結構形貌，像是過度的競爭、威權的元素、分流與個人主義、性別主義態度等等，這是如何地阻礙了我們個人的、創造的與批判的表達。我經常提醒我的學生（在職生與一般生），要更能了解社會與文化的結構，則其中至少有一個重點是要能質疑自己的個人敘事。比較好的起點是了解在社會中的自我這個角色，而不只是講講一個人的生命故事。我通常建議我的學生：個人敘事裡無可避免會承載著意識形態，以及通常染有各式各樣社會意涵的色調。在我的教育基礎課堂裡，了解一個人的自我敘事，或者至少熟悉它，這通常是了解任何課程或批判教育學之所是及其所可能是的序曲。就結果來說，我通常會要求學生做出一個家族系譜圖，他們由此可以看出在自己的歷史中，有什麼行為、思想與結構的類型。

　　第二章概念性地劃出傳統形式的教育史、教育思維，以及進步、批判形式的教師思維、行動與存有這兩者之間所具有的明顯差異。當我辯稱在這些形式之間的區分並非僅只是非黑即白的議題，我們就同時可在第三、第四、第五章裡，以兼具理論與實務的方式，回顧了某些教師是如何奮鬥以求檢視他們可運用的批判與進步的空間。在某些方面，當教師們的確挑戰了許多壓迫、屈從與異化的形式時，可以有成功之機；但就另些層面來說，則成功是有限的。畢竟，教師們若能以他們的日常生活經驗來使用批

判的教學元素時，他們會找到希望。第六章是由五位以前的在職生一起努力去建立的一個「批判的」多元文化課程單元計畫，而此一努力是建立在第二章的理論之上。簡言之，就是把理論付諸實踐。第七章所描述的是與一位學生的訪談，他正在尋求理論的釐清，因此他很懷疑地質問另一位理論家所論的批判教育學基礎。

　　讓我最為震撼的乃是：當我們根據此書而進行討論之時，在我的一般生與在職生之間，以及在他們的個人生活之間會建立起極為密切的關聯。其中有兩點我必須在此澄清：首先，特別是在職生，當他們修了批判教育學之後，大多數人會因為這相當不同的語言與想法而覺得批判教育學實在令人驚異萬分。他們似乎在此發現了一種希望的語言（language of hope，儘管有時這個詞彙的意義難以穿透），這可以反映出他們種種個人異化的感受，而這種異化的感受通常是被去技能化而帶上學校的講桌。我的學生並不常清楚地覺察到去技能化的過程，但他們卻總是能感受到！對於他們自己的去技能化，他們最初對此都有否定的回應，但後來總會產生新的習慣，而以熱切的承諾來改變他們自己和學生生活中的壓迫性社會結構。其次，在這些課堂裡，通常學生會「批判地」回應他們所報名參與的師資培育計畫。他們這些一般生與在職生的反駁係來自他們受挫折的經驗。他們看到師資培育課程、內容、意識形態與霸權過程相當露骨地對他們造成限制。學生可以看到去技能化就是活生生地在他們自己所受的教育學程裡運作。在學到批判教育學之後，他們開始去質疑自己所修過的每一門課，常會用理解的眼睛再去看去技能化是如何達成，但同時也在這樣

的視角之下，看出他們需要什麼改進：在他們日常寓居的真實世界中，應該給學生預備什麼樣的多重敘事。秉持這樣的想法，則教育學程與讀者間（不論是學程的一般生、在職教師，或一般的讀者之間）的彼此連結似乎有其必要。

　　本章是在這個版本裡新增的篇幅，以便更完整地探索這樣的理念：對於一個批判教育者而言，要能夠做到「批判」，總會有其初始的步驟。要成為批判教育者，我專注於一個我所抓出並稱之為「告解」的這個步驟上。首先我將舉出一些歷史上所建構出來的師資培育教育及其兩難困境，並會將這些困境連結到本書讀者身上。其次，我將強調從本書第一版付梓到今的一些新文獻，以便連結到本章的第三部分——個人性的告解與體制性的告解。接下來是我自己的告解，而這是從第一章的敘事裡擴延而來的。在結論部分，因為能從第二章的理論借鑑之故，我將探索告解在批判教育學中的角色——這不但有助於一般的教育學程學生，也特別能讓當今的教師們理解。

師資培育的繼續教育之兩難困境

　　師資培育的教育方案陷入了欺騙的弔詭之中。由於承載著教育教師的公共責任，要使得下一世代能夠學到必要的知識與技能，去建立一個有原則又民主的社會，他們代表了一

種重要的代理人，去做社會與經濟之高度不平等社會（所賦
予他們的）再生產與正當化工作……。從很多方面來看，師
資培育方案簡單地說，就是沒有給教師們概念上的工具，使
得他們能看出知識本身即是問題，知識是被歷史所制約，以
及知識是社會建構的現象[1]。

　　這段文字係節錄自一位卓越的教育理論家——Henry Giroux
的，雖然寫在將近二十年之前，但直到今日仍真實如故。當師資
培育系所已經開始接下責任，去教育即將在教室中當教師的人，
則這個責任放在歷史上，乃意謂著要把教師們預備成教學生去成
為勞動力的預備隊。在這種教育中的種族與性別基調直接反對著
讓教師獲得其所需要的預備，來成為批判與民主的能動者，就像
是本書中的某些教師們一樣（特別是第三章的Ms. Y，第四章的
Betty，與第五章的Sarah）。目前，師資培育系所只有極小部分提
升解放學生的教育，因此導致教師完全要靠自己去成為該被解放
的人，或甚至更進一步成為被宰制者。簡言之，師資培育教育僅
只是提供給未來的教師一套策略，好讓他們能夠克服學科的問題，
以及能在清楚定義的行為目標之下準備課程與單元計畫。科技統
治的心態充其量只是在圍困著學生而已。這種方法論至上的師資
培育教育之限制很顯然是可以證明的——一旦這種職前教師碰上
了成群的學生，而他們所具有的「方法」居然行不通之時。

　　一般對師資培育教育的種種批判所鎖定及批判的缺失與此相
似[2]。他們和上一代的評論者一樣[3]，都曾經辯稱：師資培育教育

太受「科技統治的理性」心態之限，過度強調控制、規訓，卻對
於被歷史所邊陲化的聲音缺乏敏感度。然而，這種意見直接和許
多師資培育系所對立，因為這些系所打著官樣的旗號說他們自己
是關懷的、人性的，並且支持民主的發展。在民主的理想以及利
用去技能化來培育師資的真實世界之間的兩相矛盾，把教師們逼
入精神分裂的境地。我的學生問道：在現實的世界裡「批判」只
意謂著搗蛋，或在現實世界裡「批判」是指我們必須挑戰在此受
教的東西，那麼，是什麼理由要讓我們變得批判呢？通常這些學
生是感到：在他們原先的教育學程裡，他們陷入了這種弔詭之中。
然而，許多學生通常是因為接受了學校的結構元素，導致他們把
自己出讓給壓迫、異化與屈從的歷史。我的學生就是在這種顯然
弔詭的師資培育教育裡變成一個個的犬儒。當他們發現到自己曾
經有或目前正在這種歷史之中的話，則他們的犬儒主義更會變本
加厲。換句話說，他們被迫去相信某些不真的事情，或只對特定
的特權人口才為真的事情。不幸的是，既已陷落在犬儒主義之內，
許多學生失去了希望面的眼光，而這是「成為批判者」所可以開
啟的視覺。用不同的方式來說，作為一個有批判潛力的教育者，
則他必須超越犬儒的角色，去翻轉結構中具有壓迫性的與屈從性
的地方。在師資培育教育之中，要開創批判教育學來超越僅只是
批判或犬儒主義，而到達行動可由茲發生的位置，在此學生可以
適時而愉悅地回應結構的限制，並且創造出機會來表現民主的希
望與批判的公民身分。從犬儒主義到行動、從批判到實踐、從消
極到積極、從被動到主動出擊，這種種改變之成為可能，是只有

當師資培育系所的學生與教師們都能理解到下述兩者之間所存在的歷史建構矛盾：我們的領導哲學只說我們想要什麼，和我們實際上在教室裡所作所為的又是什麼。我們必須以自身來承擔（to own up）這之間的矛盾。我們必須告解！

　　這種關於師資培育系所在目的上的混淆使我的許多學生困惑不已。有些學生是以更嚴重的犬儒主義來回應，其他一些學生則對我有人身攻擊。還有些學生給我貼上標籤，說我矛盾，是個活生生的偽善者、威權主義者，或說我的觀點顯然比他們原先希望成為的樣子更為教條。由此來說，有件事情是很確定的：作為一個批判教育學者與一位好老師，我們應該把個人經驗拿出來做公開的檢視。假若師資培育僅只是作為意識形態的薪傳──文化再生產的工具，在其中知識、技能、價值與態度僅僅反映了宰制性與壓迫性的社會秩序──則師資培育系所必須開始認真地去使他們的學生主顧困惑，藉由成為更批判、更樂於站在意識形態的對面位置，去挑戰歷史建構的壓迫形式。從 Kozol 那夢魘般的研究來看[4]，或許教育的現況已經再也不能令人滿意，還有關於我們是否應該強化學校裡核心標準化課程的火熱辯論也顯示其不可行，因為我們是以一整個國家來面對廣泛的差異／文化多元議題。

晚近文獻上的一些要點

近二十年來許多理論家已經表示，學校有需要開始把批判教育學融入他們全面的觀點或課程發展的議程之中[5]；然而在實際執行上則還不算成功。本書大部分內容就是在回應這些「批判」無法執行的原因。不管是男性或女性、白人或非白人，在這個國家裡作為回應宰制霸權的聯盟，批判教育學者們採取了大膽的立場來對抗壓迫的論述。許多人都論道：這些立場在本質上是道德性的。換言之，在某些要點上，批判教育者與他們的許多社會、文化與政治立場都必須投入一種批判探究與實踐的形式，而這無疑是先要備有道德與價值的假定，因為在挑戰多元壓迫、異化與屈從的多重形式時，還提不出其他更好的理由。就像在第二章開頭的部分所描述的，我們把這點和公立學校拉出關聯來看，這種承諾之舉就可轉譯為把教師預備為向結構挑戰，而這結構本來是不允許用另類的倫理視角去看待它的——它早已鑲嵌在一個人身上的社會效能及已建構的系統中。

批判教育者們常常太執著在他們的理論之中。批判教育學的核心成分之一應該是要用實際的方式來挑戰乃至改變壓迫的結構限制。對批判教育學而言，理論固然是必要條件，但用實踐的聯盟來支持這個理論，也是一樣必要。這些挑戰在倫理道德上本來就是在回應關於學校是什麼以及應該成為什麼的痴愚觀點。

　　我並不企圖指出批判教育學「該怎麼做」的程序；然而，我還是要發展我所確信的重要步驟，這是預備給職前與在職教師實際面對批判教育學的方式，而那創造實際可能性的必要步驟就是「告解」。要培訓目前與未來的教師，讓他們到教室裡去做出任何批判的事情，其必要的先決條件就是要用告解來作為對抗霸權限制的教育及倫理工具。

　　在討論告解之為何物的時候，其背景必有些持續的辯論，而辯論的主題環繞在學校改革以及什麼東西可以造成「好的」教育。不論我們喜歡與否，這些辯論通常會包含一些倫理與道德上正確的行為、教學、思考與價值判斷。當我們正在走向二十一世紀之時，這些辯論也就更為猛烈地持續。它們通常是政治的，極端燙手而且有時會具有易燃性。舉例來說，拿我自己所居住的一州來說，環繞在教師目標本質的辯論，像是「敬重他人、尊重差異」之所以會那麼激烈，大部分乃是因為某些政治上的票源並不那麼尊重不同的性別取向。在激烈的爭論或有敵意的互不苟同之同時，師資培育教育改革的努力則仍集中在教師績效交代模型的建立，以及如何透過像是密集排程與顯然是歷史建構以及窄化定義的市場邏輯[6]這般的管道，來增進學生的成就與生產力等等。那些進步左派的人士仍然確信：整體來說，學校並沒有被視為社會、文化衝突與不協調的場域，同時也太過強調學校與勞動力的關係。他們對於學校功能的解讀頂多只是本質論[7]。他們所辯論的話題會有像是「構成差異的因素何在」正可為之證明。來自批判教育者的回應必須兼具小心檢視以及誠信倫理。假若他們要造成嚴肅衝

擊的話，則他們的回應必須先浸潤在另類理論的與在地的觀點之中。

　　由我們會對這些倫理的兩難念茲在茲來看，我們已經生存在不確定性漸增的年代裡，不知如何才能把公立學校環境給「修理」好，因為像 Kozol[8] 所描述的「野蠻的不平等」在其中正日漸加劇。「修理」這個字眼的意味當然模擬兩可，因為這完全要靠誰在權力中，以及是誰做出特定教育領域中的決定才能知曉。就其極致來說，修理會帶有政治的調調，因為這會相當依賴那個動手修理的人持有什麼價值與信念的定見。這個字眼又還指涉著問題需要被認真地檢視。這就是批判教育學的許多起始主張之能源所在。

　　在本書裡，基本的意圖擺在對一般大眾與日常教師可以企及的語言與觀念上，把批判教育學的可能性大要說出來，就是要挑戰那過去一直存在、將來也還會存在的異化、屈從與壓迫，這是許多人都已經驗過的，特別是在公立學校環境中的教師與學生們。在前述的章節裡，我已經對初步社會運動者教師從兼具理論與實務的面向介紹過：在課程裡面與公立學校的其他結構限制之下，社會意識提升有何可能性與限制，因為這是批判教育立場的起點。要在另類意義決定的系統下挑戰國定課程，企圖消除他們自己與別人的刻板印象，策動公平的競爭來促使全部學生都有成功的機會，並且重新定義教師與學生的權威等等，這對教師而言可是個不小的創舉。為了要終結各種形式的不平等，教師所面對的這一連串挑戰似乎也是永無止境的。

　　批判教育學不論從它的哲學領域來說，或透過其實務的引入，

都已經是格外地重要，但我的感覺是：批判教育學用來回應目前
公立學校的病態狀況時，仍是被低度使用、低度呈現與誤解。雖
然有人探聽到批判教育學的政治位置是基進的乃至極端的，但它
在意圖上是民主的，就像 Shapiro 在第七章中所指出的，當民主受
到阻撓的時候，批判教育學對此是格外地批判。而其最為批判的
主張，是對於一個社會之可以允許「野蠻不平等」發生，會表現
最高度的懷疑，就像 Kozol[9] 提醒我們的一樣。批判教育學就像本
書中許多教師所描繪的，也強烈抨擊以性、種族與階級為基礎的
種種教育變態。批判教育學是以平等的熱情來對待教師、學生與
行政人員，要讓他們可以進入適當的位置而成為他們自身意義決
定系統的創造者。這些系統若以批判的方式來使用，能夠阻斷壓
迫、異化與屈從的經驗，以及轉化這些遭遇成為公平與正義社會
關係的愉悅表達。有了這些情操之後，還必須指出：批判教育學
不只是白人對於目前垂死般的公立學校狀態的回應。相反的，批
判教育者是在種種不同的傳統與思想遺產之下出身，其中包括教
育之內與教育以外的領域。像是 Cornel West, bell hooks, Antonio
Darder, Michael Lerner, Beverly Gordon 與 Sonia Nieto 均證明這樣
的說法[10]。

　　對我而言，就像許多其他的批判教育者一樣，批判教育學是
多向度的。它不只關切都市的學校，也包括了郊區、鄉下與私立
學校。批判教育學所關切的領域，可以涉入任何與學校以及更大
的文化脈絡有關的事務。舉例來說，到底批判教育學與多元文化
論述的關係是什麼？它又如何與性別、種族連結？批判教育學給

教育領導者提供的是什麼？批判教育學如何連結到文化識能、專業主義、教育改革、通俗文化與宗教信仰？在本書的前幾章裡，已經暗示性地回答了部分的問題，而這些問題都與批判教育學和倫理之間的關係有關。在生活的其他許多面向中，這些關係必定會引導批判教育者的解釋與詮釋。最後，批判教育學假若能打入主流文化裡的話，則它必須認真地採用大眾運動的路線，而不僅是在學術精英圈子裡面使用詰屈聱牙的語言。

　　我自己的直覺，加上我聽過許多在職學生的故事，訪視過許多公立學校（都市、郊區與鄉下的），以及我個人的經驗，使我認為：就一般而言，教師在日常事務底下，無可避免地陷落在學校的例行工作之中，使他們無法採取批判的立場。也就是說，他們似乎很少有時間，或甚至根本沒時間去反省教師工作的意義——無論是從個體或從團體的意義來說。為了要把任何批判教育學的意識注入學校的體系之中，這就須使教師們理解到批判教育學是個社會運動。批判教育學就是關於意識提升，而在意圖上它也就是道德的，在本質上是倫理的，以尋求正義作為終點。但在上述的這些之外，批判教育學也是關於我所稱之為「告解」的。告解在 bell hooks 所描述的「見證」（testimony）之中已經給了前奏。在她與 Cornel West 的對話之中，她曾評論道：

　　　　見證的精神在書寫的文本中是難以傳達的精神，所以當我開始想到你我實際在一起進行的對話，那是遠比我們在耶魯所進行的那次對話還多，而這樣的對話中有一種意義可以

讓我們的相互目擊與見證更加明顯。我把這樣的意義連結到耶魯黑人教會裡定期舉行的聖餐禮拜之中，在那裡，我們常站成一圈，並且吟唱著「讓我們跪著分麵包」那首聖歌。其中有幾句是：「當我面對著初升的太陽而跪下，喔！主啊！請對我垂憐。」我很喜歡整個社群在一起掰開麵包、分享麵包的概念，也把對話和憐惜連在一起，因為憐惜是說到我們對同情、接納、理解與同理都有的需求。……因此我們有慾望去和其他人分享這些討論、分享有信仰的社群，不必然是宗教的社群，而是志同道合的社群，一同尋求來深化我們精神上的體驗和政治上的團結[11]。

　　這些話來自一位傑出的理論家與社會運動者hooks，她指出了好幾個可以連結到批判教育學的重要議題。首先，對批判教育學必要的是「相互的目擊」與「見證」。還有，批判教育學之中也包括了批判的「對話」與「社群」。它包含了一起分享麵包、接納、同情與同理。在許多方面，批判教育學的文獻都和hooks的說法一致。然而要區分出hooks的批判，應在於這樣的觀念：若要使批判教育學能真實地彰顯，則理論家與運動者認真地從事反省的對話時，那就必得是披肝瀝膽地誠實，以及絕絕對對不是在裝模作樣。這樣，當批判教育者們的廣泛理論洞識應該受到喝采的時候，今天在他們的分析之外真正被遺漏的正是那種誠實與不裝模作樣的形式，而這些東西被放棄的理由乃是為了在吹噓著要建立理論的什麼周延排斥性。換句話說，假若理論使作者、讀者遠離

了社會行動,那批判教育學實際上引入的到底還有什麼用處?這不是在反對建立理論的主張,因為我相信那就是我目前所從事的工作,但我所申論的是如何連結理論到某種形式的行動,這樣才能夠導致社會的改變。在hooks的說法背後所強調的,乃是在這個過程中有個重要的需求——創造出個人的見證。我相信hooks所謂的「見證」意謂我們都應該公開自身在社會秩序底下所承擔的功能。在接下來的部分,我想在這個觀念之上申論:作見證的必要條件乃在於個人與體制性的告解。

個人與體制性的告解

對我來說,為了要自身承擔某事,或對事件作出見證時,我應該先理解到我是如何成為這些事件的一部分。而為了要這樣做,我就需要成為這個告解行動的一部分。告解在這裡的意思並不只是宗教性的懺悔科儀,或作為掌握犯罪行為的方式。「進行告解」這個動詞意謂著自身承擔,或以個人的目擊,來作為創制出不義的體制之中的一份子。在這裡,個人告解與體制告解之間的區別是很重要的。

個人的告解包括每一個人首先可以覺察到他們是如何捲入壓迫的社會結構中。我在第一章中開啟了這個過程。覺醒是我們應該反覆提到的,但它只是「戰役計畫」(battle plan)中的一個成分。告解也開啟了另一個行動成分。在對於社會不平等與不正義

的再生產中我個人扮演了什麼角色做出告解之後，那麼個人就必須致力去矯正其中所提到的那個特定處境。舉個例子來說，要理解性別歧視的角色，以及個人如何調整不公平的性別歧視行為和想法，就需要自己先能承擔此經驗，然後就像Lerner[12]所寫的，去進行「修復與治療」（repair and heal）。承認自己的種族歧視，或其他任何歧視，都是帶著挑戰自己的意圖去終結個人的壓迫傾向，而這是個人告解之所以能導向行動的一部分原因。自己提出告解是個艱困的任務，需要誠實、謙卑與堅毅，以及對於我們所寓居的社會結構有深刻的理解與體察。舉例來說，要討論生存在身體、種族、性別與精神的邊界上會是什麼樣子，那就會如同Clark在她的告解中所說的：

> 我以面對著邊界生活如何對我造成衝擊的方式而對我的自傳開始做再分析。我開始特別想起我的性別與階級認同，邊界究竟是如何環繞著這些認同而建構在我的生命中，我又如何以及為何學會去觀察、跨越，以及在某些狀況下也抹除這些邊界，而從此發生的這些意識又是如何衍生到其他；人種的意識、族群的意識、性偏好或性取向的意識、本身有能的意識等等[13]。

　　對Clark而言，個人分析的必要條件似乎是解構或向他自己告解出被社會建構的體制性意識。與此相關地，在 Cornel West 的《種族大有事》（Race Matters）一書中[14]，他呼籲中產階級黑人

要個體地看待他們自己為有問題的資本主義統治權之一部分。在
他的另一著作《預言的發表》（*Prophesy Deliverance*）中 [15]，他
對讀者啟蒙基督信仰的重要角色在於保存這樣的一種信息：歷史
描述了體制性的抗爭，以及黑人乃是對壓迫作抗爭的一部分，正
如基督本身一樣。West 的信息鼓勵質疑與自身承擔一個人如何在
這類抗爭中結構性地捲入種族、階級與性別方面（以及其他方面）
的再生產，並且指出：革命的基督徒必須挑戰我們社會中到處橫
流的壓迫之體制性結構。在《後現代中的預言思想》（*Prophetic
Thought in Postmodern Times*）一書中 [16]，West 把告解視為「預言」
思想的一部分，在其中個體在體制內參與抗爭之需要是連結在信
仰上，也連結在「認真地看待個體之平等狀態的倫理義務上」（頁
64）。同樣的論點也出現在 Michael Lerner 的《猶太復興》（*Jewish
Renewal*） 一書 [17]，在其中他所作的相似論點是關於美國的猶太
人。

　　這個有關個體與體制告解的簡述可以告訴批判教育者，即便
兩者之間的差別似乎灰暗，通常個別的告解和體制性的告解總會
相連。首先，對批判教育者而言，告解是什麼意思？有個起點是
承認個人對壓迫性意識形態結構的投資，譬如像是過度競爭的結
構，或像 Shapiro 與 Purpel 描述的「永恆與分裂式的內鬥……緊
張的對抗……和競爭與攻擊同樣的風氣等等都有內耗的效應」[18]。
自身承擔也需要最高度的誠實。譬如說，我的白種人這個性質是
牽連在社會結構中的，它使我比起其他種族的人而言，更具有獲
得終身教授職位的可能性，這就應該成為我個人探索與告解的主

要題材。縱然我不能因為身為白人而受譴責，但就我的告解之其他部分來說，我仍應該覺察到我自己因為族群屬性而獲利。同樣的，當批判教育者利用自己的性別或種族來作為王牌時，那是象徵著過度的個人主義，以及在學術結構內想要勝人一籌的需求。最佳的告解例子是 Henry Giroux 的近著《逛頻道》（*Channel Surfing*）[19]。Giroux 分析他自己的白種性是為歷史建構的種族認同（其中也預設有結構上的優越性），以及此一認同在自己所屬的體制結構之內有何罪責。Giroux 檢視了通俗文化是如何以媒介的方式運作，來搭架他的個人認同與體制認同的結構。這些例子僅只是在個人與體制告解中達成其解構作用的冰山一角而已。接下來，透過我自己的一些生命故事，我還要把這樣的例子更推進一步，並且為批判教育學與師資培育的未來，討論告解倫理的各種分支。

告解

　　本書第一章的生命故事是和學校及個人（有時則是和宗教）生活有關。我的故事沒有一則會離開於教室、玄關，或我的父母對學業標準的態度等等。就像 Henry Giroux 一樣，我的意識絕無法脫離通俗文化的效應。對此 Giroux 有個說法：

> 我所繼承的語言是當我還在孩提之時，來自家庭、朋友、學校以及更廣大的通俗文化。在這些領域裡面，我很難得碰

到一個詞彙可以打斷或挑戰那些不斷增強種族、階級區分的
偏見，或物質關係中的刻板印象。只有後來到了六〇年代，
我在公民權和反戰運動當中才發現異議的語言與可能性的語
言，幫助我去思索我自己對青年、種族偏見與階級歧視的記
憶 20 。

Giroux 所下的斷言是很有道理的，因為在某個意義上，他呼
籲批判教育者去目擊 Sharon Welch 所描述的「危險的記憶」21 ，
其中包含著對於一個人如何成為壓迫者與／或受壓迫者的理解。
在六〇年代的階段，我還沒長得像Giroux那麼大；在我的年代裡，
對年輕的孩子來說，通俗文化早已經浸泡在宰制、支持種族與性
別歧視的假定之內。當時的電視情境劇裡都隱藏有此意涵，好比
*Mr. Ed*與*Dobie Gillis*（在本書的第一章有此討論），以及*I Dream
of Jeannie, The Beverly Hillbillies, Gilligan's Island, Happy Days,
McHale's Navy, All in the Family, Family Ties* 以及 *Diff'rent Strokes* 等
等均是(a)白種男人宰制與控制工作及議程的決定；(b)權力是以白
人為基礎；(c)女性是可以看，但無法聽見的；(d)差異必定是屈從
的，或用來製造笑料的（像是 *The Munsters* 這齣情境劇）以及(e)
在情境劇裡面，並沒有上述所提者之外的另類觀點。在我的個人
生命裡，我以身心來環抱這些假定。一些男性在更衣室裡大談女
性解剖學，這就是個證據，還有，在我內隱與有時外顯的信念裡，
女性雖是人類，但她們也是物類。顯然地，這些價值在學校中被
強化。我記得某一晚，我告訴我的朋友我「曾經」如何和某一個

女人發生了關係。我記得那熾熱的滿足感、那男子氣概、那吹牛皮！生為一個猶太人，我總是感到被歧視，但同時我也扮演著歧視者／壓迫者的角色。「他們」那些非猶太人，一定不夠好、不正確，反正就是不一樣。後來，個人的告解使我能夠自身承擔種族歧視。當我還在孩提之時，任何標新立異都不被允許，人家告訴我說「玩」起任何差異就是不對的。我在以色列生活的十年，在我意識裡根深柢固地認為：我碰到的任何少數文化都是落後的，易言之，就是低劣。種族歧視的經驗就是最高的統治權。家庭生活以及周遭鄰居像是層層堡壘，以多重的方式護住這套令人厭憎的假定：勞動的分工、決策的權力、控制和操縱的議題等等。這些價值至少有一部分透過我自己第一次失敗的婚姻而具體發作出來。透過外顯或內隱的方式，一些相似的價值也被社會建構地移入我自己孩子的意識中，儘管我在某限度內對此已有覺察。在這個層次的告解就是要對這些記憶留住目擊經驗，去為此抗爭或哀哭，以及深刻地去感受到這些個人與社會牽連中的痛楚。

　　像這樣的個人告解其實只是「自我」認同建構上的冰山一角。雖然在我寫到這些例子時，我可以說它不只是銘刻在我的身體上，而且也需要受到挑戰，但在此我不作討論，因為這並不是本章的中心議題。我只是要提到：我們身為教師便有這樣的社會與道德責任，要藉由挑戰來扭轉這些價值。因此，對我而言，批判教育學的確是一生的工作，要對於那些已經被歷史建構的，特別是關於壓迫、異化與屈從的種種做出反學習。等我開始寫到體制性告解的大要時，讀者們請記住：個人的告解和體制性的告解定有親

密的連結。

我們生活在「野蠻不平等」之浩劫後的世界裡。Kozol[22]與許多其他的學者提供的許多統計資料支持了這樣的論點。然而,我雖是個社會運動者,但現在我舒舒服服地坐在郊區的家裡,至少離野蠻凶暴、社會羞辱與放縱冶蕩的地方有七哩之遠。我看到周遭的鄰居,在這裡許多人都相當友善,但我很訝異:為什麼他們大多數都是白人呢?為什麼郊區的大草坪比起城市裡的柏油路,看起來總是綠油油的一片?所以我必須告解:我是特權種族、特權階級與特權性別的一份子。

作為預備教師的督導員,我常會去訪視郊區的學校。一走進去就能看到整齊、乾淨的置物櫃,而其中的學生與教職員大多數是白人。行政人員清一色是白人。有一位教師這麼說:「這些學生來到這裡只為了一件事——成功,我只給他們要上大學所需要的東西,反正家長要的就是這些。別提創造力,誰會有時間來管這個。」但只有兩哩之隔的地方,我也走訪了在 Harrisburg 主要的市區學校。石棉瓦的外觀,圖書館書架上只有四分之一放了書,零零落落的電腦,老舊到要報廢的家具,髒亂的置物櫃,整個行政體系都是黑人,以及少數幾位在此奉獻的員工。體制性的告解可讓我們對目前社會階級體系中的野蠻不義進行目擊。讓我們想想:這樣兩個學校卻必須採用同一套標準化測驗!這就是體制原罪的形式。當我走在這個市區學校的大廳時,我感到悲哀,但也深刻地想起另外一個由 Yeo[23] 作了生動描述的路易斯安那州Compton的學校:玻璃總是被打破,到處有塗鴉,一班就有四十五個孩

子，一年有270%的教師流動率——這全都是體制性的告解。我也從電影〈危險心靈〉（*Dangerous Minds*）裡所散發的隱藏訊息得到提醒。看過這部電影之後，Giroux[24] 很聰慧地分析出其中的白種性（whiteness）在學校世界中儼然成為一種標記，可為什麼是可接受或不可接受的東西下定義。而黑人的教職員只是在那裡間接強化宰制與威權主義，以及刻版印象。孩子的歷史、聲音與經驗被否認與瑣碎化。其他如最近的電影〈*187*〉，也是這樣一個傷心的個案，只是其中的行政人員更加明顯地透過由上而下的威權結構來進一步對邊緣化的聲音進行壓迫與消音。體制性的告解意謂著要體制自身來承擔這樣壓迫性的教育策略。

在我先前的一部著作中[25]，我回憶起最近在市區進行的在職教師案——他們正在教導關於多樣性（diversity）的題材。在某一個學區中，一個全部皆為白人的行政體系決定了我放給孩子看的該是什麼影片的片段才夠反映多樣性。我所訪視的大多數學校雖仍有高度比例的少數族裔人口，但任何可能引起爭論的影片都被列為危險級。〈綠野仙蹤〉（*The Wizard of Oz*）這部片子意謂著可以教導孩子們什麼是刻板印象的不義之處，但在看完之後，有個黑人學生評論道：「那無聊透了，對我沒有任何意義。」對於這個意見，我並不感到意外。我原想用另一部片子來呈現孩子們所必須面對的、更具有代表性的多樣性議題，包括咒罵的語言——譬如「雜種」（Bastard）——但行政人員聽到我想要放的片子，竟是這樣的回應：「假如你放的片子是講那種話，那只要有一個孩子去告訴他／她的父母，我們就有麻煩了。除此之外，

如果你真的那樣做，你和我們一起的工作就沒了……還有，你的整個生涯就會被毀了。」體制的成員因此必須告解！有一週，在我訪視的學區內，有兩個人來參與家長之夜。諷刺的是他們拿了我有關多樣性議題的演講作品出來，那是很成功的出版品，但那兩位中有一人是報社記者，而另一位也根本不是家長。

　　個人的告解與體制性告解之間的區別似乎模糊不明，但其中有一件事是肯定的。當我在做個人告解時，我若相信自己不屬於我所要告解的機構之一份子，那就是愚蠢不堪。在體制的壓迫、屈從與異化之中，深陷著我的身體作為政治之存有狀態（body-be-ing-politic），儘管我是心存善意，也具有「批判的」意志。

告解在師資培育中的角色

　　師資培育方案看來是無能於產生有批判性的公民，但在本章裡先前提到師資培育之中的弔詭，它會減低告解在挑戰此方案之時的重要性。雖然滿載著一些教學策略也佩帶著課程與單元計畫的武裝，但未來的教師在都會區或其他地區的學校中工作時，要挑戰各種各樣的壓迫、異化與屈從，他們在概念上仍是配備不足的 26。我自己在職前教育中的經驗，本書的第一章就描述過，正是針對此議題說的。當此階段，有個新時尚在談些什麼教育「全人」的兒童（teaching the "whole" child）、「高階的思考」（higher order thinking）、「整體的語言」（holistic language）或「做

最佳練習」（best practices）等等，然而當教師沒有辦法在他自己
與學生所寓居的世界裡以體系性問題的一部分來做告解時，這些
新詞彙就完全沒意義。因此，假若那些準備課程的人無法把自己
提問為問題的一部分，而試圖去解決的話，則冀望使科際整合及
多元文化的教學單元進入師資培育的課程裡面，就沒什麼意義了。
作為師資培育者，我們想到課程與我們的認同之時，一定要能一
起連結至更大的社會、文化、經濟的層次，而這就涉及理解我們
自己的意識形態偏向、好惡與傾斜。舉例來說，在我的職前與在
職的基礎必修課程裡，未來的與現在的教師都須對以下的現實條
件展開思考：(a)學校的功能在於再生產種族、階級與性別的不平
等；(b)職前與在職教師都是此一問題的一部分；(c)他們所學到的
教學策略都和更大的社會議題有所關聯；以及(d)教師應該具備一
種有意識的社會視野，而比起讓「我想要幫助孩子」的理念生效
而言，應更有問題的包括性。

　　告解的行動應該足以或能夠去挑戰上述這些假定。假若告解
這個概念可以被引介至師資培育的課程裡，則其結果就是對話的，
可因茲而擴展師資培育的視域。當然，告解的行動也可能變成示
威，正因為要在鏡子裡看見自我本身絕對不容易。在解放的「時
刻」到來之時[27]，我們這些師資培育者應該以個人與公開的方式
來告解自己對他人的壓迫，以致能因此而擴展我們受限的視野。
信任在師資培育系所之所以能夠提升，是當誠實的倫理可以公開
地展布，而不只是能私相授受的時候。倘若沒有這些倫理的標準，
則通常的教學策略雖然是重要的體制性行動，但作為社會與解放

的行動而言就是無意義的 28。課程與單元計畫若不能掌握批判的
洞察力，以及變成只是技術、只是像機器人一般的操作，就僅僅
只是讓教授與未來教師都去技能化。高層次的思考本來可以在個
人與體制之不義的對話中使用，但這種思考卻都只用在教室的日
常練習題上──譬如只用來做布魯姆氏分類練習 29！

　　我的批判並不是想要叫人放棄標準化的師資培育方法論。作
為一個批判者，我只是呼籲我們應使批判的可能性增加其分量。
換句話說，要成為批判行事者，則其必要條件是師資教育者應開
始兼用個人性與體制性的告解，來作為他們日常教學策略的一部
分，以便能在他們的學生之中創造出相同的心靈裝備。很顯然這
是個艱困的工作，但要在其中，方可使信任、照顧與積極肯定的
養成都變成倫理的理想。沒有這樣的告解，我們所能留下的就只
是貧瘠的方法論與無能的專業，不能用來預備技術的匠師和專業
的人才，讓他們具備倫理道德的視野，並知道自己的作為有何理
由。

結論

　　告解的行動可當成教育的工具，以跨學科的方式使用，儘管
有些師資培育者在使用這工具的時候，會感到有點不舒服。舉例
而言，我最近在我任職的大學裡擔任一個社會學教授職位聘任委
員會的委員。委員會中有兩位女性成員很不欣賞一位男性候選人

在面試時視線沒有與女性委員交會，而且看來也是忽視了她們所提的問題。我當時受到候選人很強的背景條件之催眠，以致完全無法察覺此事。然而，我知道自己當時確有干擾到一位女性委員對候選人的發問。當候選人在後來的會議上被惡意攻擊為性別歧視者，我就選擇了向委員會的女性成員「告解」，宣稱我才是個真正的性別歧視者，而候選人之所以被理解為性別歧視的表現，其實是來自我當時的干擾，來自我自己的那種性別歧視。我應該也受質疑，而不只是那位候選人。在這個場面裡，自我的批判與改變通常會很嚇人，也具有下馬威的性質。自身承擔通常都是這樣。我們的對話必須考慮到性別歧視的多重形式，而不只是針對候選人那點被發現的性別歧視表現。另外一個難作告解的例子是發生在教育系的系務會議上，當時男性正掌控著議程。我非常厭倦在討論課程改革之時，只會用技術統治主義、不用頭腦、毫無願景的視野。當女性的聲音與空間很明顯地遭到拒絕的時候，我決定冒險對全系教授提出下述的問題：「為什麼我們竟是如此地父權？」透過告解的行動，我挑戰自己的父權態度，同時也挑戰其他人，叫大家去看看自己那受限的、技術統治主義的視野。在此一個案裡，我早料到教授們（特別是男性）會厭憎我的意見，而他們之所以有此反應是因為他們覺得正受到攻擊。他們當然會受攻擊！不過，告解並不是一種製造敵對的理念，因為在整體的倫理上它都是和關懷、滋養與社會正義相關的。我們必須跨越以結構挑戰作為敵對的橋樑，而走到彼岸去看到他們也為真心、誠實與關懷而展開的抵抗行動。

　　基礎必修課程是一條明顯的管道，可用來發展這個告解的工具，特別是可用來討論種族、階級與性別方面的懸殊差異，也可用來討論個體主義、過度競爭、社會控制與操弄、威權主義、我族中心主義等等的議題，而師資培育的其他課程也可以延續這些議題。然而，對此的必要條件是師資培育系所有使用告解作為教育工具的願景與承諾。我確信在師資培育的傳統領域，像是檔案評量、高階思考、班級經營、閱讀策略，以及師資培育的導論等等，都能夠使用告解的概念與方法來作為培育教師關於中小學中差異現實的準備。為了要用告解來克服外在與內在的鬥爭，當然會使一整群的師資培育者們花費相當多的時間和精力。

　　當我們要討論如何去執行告解的時候，我們必須先了解告解具有場合的特殊性，也就是說，告解在不同領域中的外觀和感覺也是不同的，它是體驗導向的，而且總是著重在挑戰壓迫、屈從與異化的領域。換句話說，性別歧視、種族歧視，或其他任何的歧視，在不同的地方看起來不盡相同且有不同的成分。然後，時間與承諾對告解而言是必要但非充分的條件，批判的視角與倫理也必須一併加入。

　　當然，在此都是有預設的。讓我轉至 Lin Goodwin 最近的一篇文章：

　　　　師資培育系所學程必須幫助準教師們檢視他們自己對有色人種兒童的假定、預期與知覺。使他們能對於自身關於多樣性、不可見的特權、族群的認同等理解多作檢視是必要的，

如果他們對於可見的種族／族群兒童之各種能力帶有錯誤的
想法、隱藏的假定以及偏見,且要使之浮出檯面的話。當然,
這些建議的前提是師資培育者本身已經有美國教育脈絡以及
社會政治史的理解,並且也的確需要自己發展出前後一貫且
有社會啟發性的哲學[30]。

　　Goodwin大膽建議師資培育系所應該做的事,以及我對職前與
在職教師的建議,其中共有的預設是:我們必須要自願地在後現
代社會中做必要的改變,藉由重構師資培育以及公立學校教師所
扮演的文化生產角色,不論是在市區、郊區或鄉下的學區。假若
我們有此意願的話,告解的倫理乃是發展啟發哲學與形塑社會實
踐的必要條件,而這些條件才可裝載批判的元素,並且把教師預
備成啟蒙與解放變遷的行事者,不只是為了他們自己,也是為了
他們的學生。只有在這個時候,教師內在的意義張力抗爭(如第
二章所暗示者)才能成為公開宣稱的、倫理的、批判的、實踐的,
致使一場公立學校中的民主復興可以發生,也可以使公立學校成
為誠實與承諾之德盛行的地方,成為啟蒙的、「批判的」與正義
的教育場所。然後,告解的行動才會值得它所產生的痛苦與抗爭,
而批判教育學將會有更好的位置去鋪設一條打入宰制文化的大道。

問題討論

1. 本章中所討論的批判教育學與「告解」之間有何連結？

2. 本章裡所描述的告解行動，對你而言，是成為更好的教師之必要行動嗎？若是，那是為什麼？

3. 在學校的一天裡，什麼時候該使用「告解」的行動？

4. 在你與學生所在的教室裡、在與其他教師一起的會議裡，以及在面對學校的高層當局時，你如何使用「告解」作為一種工具，來將解放的時間表（liberating agenda）移至正向的角度？

5. 在你所相信的議題裡面，什麼議題有可能作個人的與公開的告解？

6. 在你所任教的科目，你如何使其內容允許你自己，以及你的學生，去反省他們與社會結構的關係，特別是有壓迫性的部分？

附註

1　Henry Giroux, "Teacher Education and the Ideology of Social Control." *Journal of Education,* 162 (11), 1980, p. 19.

2　Barry Kanpol and Jeanne Brady, "Teacher Education and the Multicultural Dilemma: A 'Critical' Thinking Response." *Unpublished*

Manuscript, Barry Kanpol (ed.) (forthcoming). Fred Yeo, *Urban Education: From the Traditional to the Pragmatic* (New Jersey: Hampton Press, 1997). Barry Kanpol and Fred Yeo, "Inner-City Realities: Democracy within Difference, Theory and Practice." *The Urban Review,* 27 (1), 1995, pp.77-91. Fred Yeo, "Teacher Preparation and Inner-City Schools: Sustaining Educational Failure." *The Urban Review,* 29 (2), 1997, 127-143; Carl Grant, "Best Practices in Teacher Preparation for Urban Schools: Lessons from the Multicultural Teacher Education Literature." *Action in Teacher Education,* 26 (3), 1994, pp.1-18; Linda J. Tiessa and Beverly E. Cross, "Utilizing Research on Prospective Teachers' Beliefs to Inform Urban Field Experiences." *The Urban Review,* 29 (2), 1997, pp.113-125; Sharon L. Gilbert, "The Four Commonplaces of Teaching: Prospective Teachers' Beliefs about Teaching in Urban Schools." *The Urban Review,* 29 (2), 1997, pp. 81-96.

3 Thomas Popkewitz (ed.), *Critical Studies in Teacher Education* (New York: Falmer Press, 1987); Thomas Popkewitz, *Ideology and Social Formation in Teacher Education* (New York: Falmer Press, 1987); Henry Giroux and Peter McLaren, "Teacher Education and the Politics of Engagement: The Case for Democratic Schooling." *Harvard Educational Review,* 56 (3), 1986, pp. 213-238; Michael Apple, *Teachers and Texts* (New York: Routledge, 1986).

4 Jonathan Kozol, *Savage Inequalities* (New York: Crown, 1991).

5 見 Henry Giroux, *Channel Surfing* (New York: St. Martin's Press, 1997); Peter McLaren, *Life in Schools* (New York: Longman, 1994); Barry Kanpol, *Issues and Trends in Critical Pedagogy* (New Jersey: Hampton Press, 1997); Patrick Slattery, *Curriculum Development in the Postmodern Era* (New York: Garland, 1995); Antonio Darder, *Culture and Difference* (Westport, Conn.: Bergin & Garvey, 1995); Andy Hargreaves, *Changing Teachers, Changing Times* (London: Teachers College Press, 1994); Fred Yeo, *Urban Education, Multiculturalism and Teacher Education* (New York: Garland, 1997); Svi Shapiro and David Purpel (eds.), *Beyond Liberation and Excellence* (Westport, Conn.: Bergin & Garvey, 1995).

6 D. Jules and Michael Apple, "The State and Education Reform," in William Pink & George Noblit (eds.), *The Futures of Sociology of Education* (Norwood, N.J.: Ablex, 1995).

7 C. Capper and M. Jamison, "Outcomes Based Education Reexamined: From Structural Functionalism to Poststructuralism." *Educational Policy* (4), 1993, pp. 427-446; Barry Kanpol, "Outcome-Based Education and Democratic Commitment: Hopes and Possibilities." *Educational Policy,* 9 (4), 1995, pp. 359-374; Michael Apple, *Cultural Politics & Education* (New York: Teachers College Press, 1996).

8 Kozol, *Savage Inequalities.*

9 Ibid; Jonathan, Kozol, *Amazing Grace* (New York: Crown, 1994).

10 Cornel West, *Prophesy Deliverance: An African-American Revolutionary Christianity* (Philadelphia, Pa.: Westminister Press, 1992); Cornel West, *Prophetic Reflections: Notes on Race and Power in America* (Monroe, Maine: Common Courage Press, 1993); bell hooks, *Education as Freedom* (New York: Routledge, 1994); bell hook, Talking Back: *Thinking Feminist, Thinking Black* (Boston, Mass.: South End Press, 1989); Antonio Darder, *Culture and Power in the Classroom* (Westport, Conn: Bergin & Garvey, 1991); Anotonio Darder, (ed.), *Culture and Difference* (Westport, Conn.: Bergin & Garvey, 1995); Beverly Gordon, "The Fringe Dwellers: Afro-American Women in the Postmodern Era," in Barry Kanpol and Peter McLaren (eds.) *Critical Multiculturalism: Uncommon Voices in a Common Struggle* (Westport, Conn.: Bergin & Garvey, 1995), pp. 59-88; Sonia Nieto, *Affirming Diversity* (New York: Longman, 1996).

11 bell hooks and Cornel West, *Breaking Bread* (Boston, Mass.: South End Press, 1991 pp. 1-2).

12 Michael Lerner, *Jewish Renewal* (New York: Putnam, 1994).

13 Christine Clark, "The Social Construction of Borders and Trends Towards their Deconstruction: Implications for the Pedagogical Engagement of Students Identified as Behaviorally Special Needs." *Unpublished Manuscript,* 1997, p. 4.

14 Cornel West, *Race Matters* (New York: Vintage Books, 1993).

15 West, *Prophesy Deliverance.*

16 Cornel West, *Prophetic Thought in postmodern times* (Monroe, Maine: Common Courage Press, 1993).

17 Lerner, *Jewish Renewal.*

18 Shapiro and Purpel, *Beyond Liberation and Excellence,* p. 120.

19 Giroux, *Channel Surfing.*

20 Ibid., p. 12.

21 Sharon Welch, *A Feminist Ethic of Risk* (Minneapolis, Minn: Fortress Press, 1990).

22 Kozol, *Savage Inequalities.*

23 Yeo, *Urban Education, Multiculturalism and Teacher Education.*

24 Giroux, *Channel Surfing.*

25 Barry Kanpol, "Teacher In-Services in the Trenches: Can a Critical Mission Survive?" *Critical Pedagogy Networker,* 10 (3), 1997, pp. 1-7.

26 Yeo, "Teacher Preparation and Inner-City Schools: Sustaining Educational Failure."

27 譯註：作者在此使用了單數形的 "moment" 和複數形的 "moments"，這在中文翻譯裡是無法表現的，但值得一註。「時刻到臨」之說太像是一種彌賽亞信仰，因此一方面在套用那種宗教性，另一方面作者也有自覺到，那不會只是一次神聖的時刻，而是一段在人生中艱險的革命之路，需要反覆的再臨，才會有成功可言。

28 在我自己的系裡面，我目前與其他十位師資培育者共同編輯一本都會區教育的書。當我們了解到我們在撰寫都會教育時的智識限制時，持續的對話到實現，作為我們這個團體如何去建構我們對他者的壓迫。然而，我們持續的討論揭露了很多相異的事，相信可花時間去建構。見 Kanpol, *Urban Education: From the Traditional to the Pragmatic.*

29 譯註：Bloomian taxonomy 是一種對於知識內容的認知分析，通常是把一段文本（文章內容）分作 knowledge, comprehension, application, analysis, synthesis, and evaluation 等層次。作者用此例來調侃師資培育系所如何把高層次思考拿來作低層次的「技術」練習。

30 Lin Goodwin, "Multicultural Stories: Preservice Teachers' Conceptions of and Responses to Issues of Diversity." *Urban Education,* 32 (1), 1997, pp. 117-145.

參考文獻

Anderson, G. 1988. *A Legitimation Role for the School Administrator: A Critical Ethnography of Elementary School Principals*. Doctoral dissertation, Ohio State University.

Anyon, J. 1980. "Social Class and the Hidden Curriculum of Work." *Journal of Education*, 162 (2): 67–92.

Anyon, J. 1981. "Social Class and School Knowledge." *Journal of Curriculum Inquiry*, 11 (1): 3–42.

Apple, M. 1982. *Education and Power*. Boston: Routledge & Kegan Paul.

Apple, M. 1983. "Curriculum in the Year 2000: Tensions and Possibilities." *Phi Delta Kappan*, 64 (5): 321–326.

Apple, M. 1986. *Teachers and Texts*. New York: Routledge & Kegan Paul.

Apple, M. 1996. *Cultural Politics and Education*. New York: Teachers College Press.

Aronowitz, S., and Giroux, H. A. 1991. *Postmodern Education: Politics, Culture and Social Criticism*. Minneapolis: University of Minnesota Press.

Aronowitz, S., and Giroux, H. A. 1993. *Education Still under Siege*. South Hadley, Mass.: Bergin & Garvey.

Banks, J. 1994. *Multiethnic Education*. Boston: Allyn & Bacon.

Bennett, K., and LeCompte, M.D. 1990. *The Way Schools Work*. New York: Longman.

Bigelow, W. 1990. "Inside the Classroom: Social Vision and Critical Pedagogy." *Teachers College Record*, 91 (3): 437–448.

Bloom, A. 1987. *The Closing of the American Mind*. New York: Simon & Schuster.

Bowles, S., and Gintis, H. 1976. *Schooling in Capitalist America*. New York: Basic Books.

Britzman, P. 1991. *Practice Makes Practice*. Albany: State University of New York Press.

Capper C., and Jamison, M. 1993. "Outcomes-Based Education Reexamined: From Structural Functionalism to Poststructuralism." *Educational Policy* 1 (4): 427–441.

Chambers, J. 1983. *The Achievement of Education*. Lanham, Md.: University Press of America.

Connell, R. W. 1985. *Teacher Work*. Boston: George Allen and Unwin.

Connell, R. W. et al. 1982. *Making the Difference*, Sydney, Australia: George Allen and Unwin.

Darder, A. 1991. *Culture and Power in the Classroom*. New York: Bergin & Garvey.

Darder, A., ed. 1995. *Culture and Difference*. Westport, Conn.: Bergin & Garvey.

Denescombe, M., and Walker, S., eds. 1983. *Social Crisis and Educational Research*. London: Croon & Helm, pp. 48–74.

Dewey, J. 1916. *Democracy and Education*. New York: Free Press.

Dreeban, R. 1968. *On What Is Learned in Schools*. Reading, Mass.: Addison-Wesley.

Dreeban, R. 1973. "The School as Workplace." In J. H. Ballantine, ed., *Schools and Society*. Palo Alto and London: Mayfield, pp. 367–372.

Freire, P. 1973. *Education for Critical Consciousness*. New York: Seabury Press.

Ginsburg, M., and Newman, K. "Social Inequities, Schooling, and Teacher Education." *Journal of Teacher Education*, 36 (March/April): 49–54.

Giroux, H. 1980. "Teacher Education and the Ideology of Social Control." *Journal of Education*, 162 (11): 5–27.

Giroux, H. 1983. *Theory and Resistance in Education*. New York: Bergin & Garvey.

Giroux, H. 1985. "Critical Pedagogy, Cultural Politics and the Discourse of Experience." *Journal of Education*, 167 (2): 2–21.

Giroux, H. 1990. "The Politics of Postmodernism: Rethinking the Boundaries of Race and Ethnicity." *Journal of Urban and Cultural Studies*, 1 (1): 5–38.

Giroux, H. 1992. *Border Crossings*. New York: Routledge & Kegan Paul.

Giroux, H. 1993. *Living Dangerously*. New York: Peter Lang Publishers.

Giroux, H. 1994. *Disturbing Pleasures*. New York: Routledge.

Giroux, H. 1997. *Channel Surfing*. New York: St. Martin's Press.

Giroux, H., and McLaren, P. 1986. "Teacher Education and the Politics of Engagement: The Case for Democratic Schooling." *Harvard Educational Review*, 56 (3): 213–238.

Giroux, H., and McLaren, P., eds. 1989. *Critical Pedagogy, the State, and Cultural Struggle*. New York: State University of New York Press.

Giroux, H., and McLaren, P., eds. 1994. *Between Borders*. New York: Routledge.

Gitlin, A., and Smyth, J. 1989. *Teacher Evaluation: Educative Alternatives*. Philadelphia: Falmer Press.

Godzich, W. 1993. "Reading against Literacy." In Jean François Lyotard, *The Postmodern Explained*. Minneapolis: University of Minnesota Press, pp. 109–136.

Goodman, J. 1988. "The Disenfranchisement of Elementary Teachers and Strategies for Resistance." *Journal of Curriculum and Supervision*, 3 (3): 201–220.

Grossberg, L. 1992. *We Gotta Get Out of This Place*. New York: Routledge & Kegan Paul.

Grumet, M. 1988. *Bitter Milk: Women and Teaching*. Amherst: University of Massachusetts Press.

Habermas, J. 1981. *The Theory of Communicative Action; Reason and Rationality in Society*. Boston: Beacon Press.

Hargreaves, A. 1994. *Changing Teachers, Changing Times*. London: Teachers College Press.

Harris, K. 1979. *Education and Knowledge*. London: Routledge & Kegan Paul.

Harris, K. 1982. *Teachers and Classes: A Marxist Analysis*. London: Routledge & Kegan Paul.

Hirsch, E. D. 1987. *Cultural Literacy*. Boston: Houghton Mifflin.

hooks, b. 1989. *Talking Back*. Boston: South End Press.

hooks, b. 1991. *Breaking Bread*. Boston: South End Press.

hooks, b. 1994. *Education as Freedom*. New York: Routledge.

Jackson, P. W. 1968. *Life in Schools*. New York: Holt, Rinehart and Winston.

Jules, D. and Apple, M. 1995. "The State and Educational Reform." In William Pink and George Noblit, eds. *The Futures of Sociology of Education*. Norwood, N.J.: Ablex.

Kanpol, B. 1988. "Teacher Work Tasks as Forms of Resistance and Accommodations to the Structural Factors of Schooling." *Urban Education*, 23 (2): 173–187.

Kanpol, B. 1989a. "Institutional and Cultural Political Resistance: Necessary Conditions for the Transformative Intellectual." *Urban Review*, 21 (3): 163–179.

Kanpol, B. 1989b. "The Concept of Resistance: Further Scrutiny." *Critical Pedagogy Networker*, 1 (4): 1–5.

Kanpol, B. 1990. "Empowerment: The Institution and Cultural Aspects for Teachers and Principals." *NASSP Bulletin*, 74 (528): 104–107.

Kanpol, B. 1991. "Teacher Group Formation as Emancipatory Critique: Necessary Conditions for Teacher Resistance." *Journal of Educational Thought*, 25 (2): 134–149.

Kanpol, B. 1992. "The Politics of Similarity within Difference: A Pedagogy for the Other." *Urban Review*, 24 (2): 105–131.

Kanpol, B. 1993. "Critical Curriculum Theorizing as Subjective Imagery: Reply to Goodman." *Educational Forum*, 57 (30): 325–330.

Kanpol, B. 1993. "The Pragmatic Curriculum: Teacher Reskilling as Cultural Politics." *Journal of Educational Thought*, 27 (20): 200–215.

Kanpol, B. 1997. *Issues and Trends in Critical Pedagogy*. Cresskill, N.J.: Hampton Press.

Kanpol, B. 1997. "Teacher In-Service: Can a Critical Mission Survive?" *Critical Pedagogy Networker*, 10 (3): 1–7.

Kanpol, B. 1998. *Teachers Talking Back and Breaking Bread*. Cresskill, N.J.: Hampton Press.

Kanpol, B., and McLaren, P. 1995. *Critical Multiculturalism: Uncommon Voices in a Common Struggle*. Westport, Conn.: Bergin & Garvey.

Kanpol, B. and Brady, J. 1998. "Teacher Education and the Multicultural Dilemma: A Critical Thinking Response." *Journal of Critical Pedagogy*, Vol. 2, electronic mail.

Kozol, J. 1991. *Savage Inequalities*. New York: Crown.

Kozol, J. 1994. *Amazing Grace*. New York: Crown.

Leach, M. 1990. "Toward Writing Feminist Scholarship into History of Education." *Educational Theory*, 40 (4): 453–461.

Lerner, M. 1994. *Jewish Renewal*. New York: Putnam.

Liston, D. 1990. *Capitalistic Schools*. New York: Routledge & Kegan Paul.

Livingstone, D. and contributors. 1987. *Critical Pedagogy and Cultural Power*. South Hadley, Mass.: Bergin & Garvey.

Lortie, D. C. 1975. *Schoolteacher*. London: University of Chicago Press.

Lyons, N. 1983. "Two Perspectives: On Self, Relationships and Morality." *Harvard Educational Review*, 53 (2): 125–143.

Lyotard, J. F. 1984. *The Postmodern Condition: A Report on Knowledge*. Minneapolis: University of Minnesota Press.

Lyotard, J. F. 1993. *The Postmodern Explained*. Translation edited by Julian Pefanis and Morgan Thomas. Minneapolis: University of Minnesota Press.

Maher, F. A. 1987. "Toward a Richer Theory of Feminist Pedagogy: A Comparison of 'Liberation,' and 'Gender' Models for Teaching and Learning." *Journal of Education*, 163 (3): 91–100.

McCall, N. 1997. *What's Going On*. New York: Random House.

McLaren, P. 1986. *Schooling as a Ritual Performance: Towards a Political Economy of Education Symbols and Gestures*. London: Routledge & Kegan Paul.

McLaren, P. 1988. "Language, Social Structure and the Production of Subjectivity." *Critical Pedagogy Networker*, 1 (2&3): 1–10.

McLaren, P. 1994. *Life in Schools*. New York: Longman.

McLaren, P. 1997. *Revolutionary Multiculturalism*. Boulder, Colo.: Westview Press.

Nieto, S. 1996. *Affirming Diversity*. New York: Longman.

Oakes, J. 1985. *Keeping Track: How Schools Structure Inequality*. New Haven, Conn.: Yale University Press.

Peters, M., Ed. *Lyotard and Education*. Forthcoming.

Pignatelli, F. 1993. "Towards a Postprogressive Theory of Education." *Educational Foundation*, 7 (3): 7–26.

Popkewitz, T. S. 1987. *Ideology and Social Formation in Teacher Education*. New York: Falmer Press.

Purpel, D. 1989. *The Moral and Spiritual Crisis in Education*. New York: Bergin & Garvey.

Putnam, H., and Putnam, R. 1993. "Education for Democracy." *Educational Theory*, 43 (4): 361–376.

Rosenthal, S. 1993. "Democracy and Education: A Deweyian Approach." *Educational Theory*, 43 (4): 377–390.

Shapiro, S. 1990. *Between Capitalism and Democracy*. New York: Bergin & Garvey.

Shapiro, S., and Purpel, D., eds. 1993. *Critical Social Issues in American Education*. New York: Longman.

Shapiro, S. and Purpel, D., eds. 1995. *Beyond Liberation and Excellence*. Westport, Conn.: Bergin & Garvey.

Simon, R. 1992. *Teaching against the Grain*. New York: Bergin & Garvey.

Slattery, P. 1995. *Curriculum Development in the Postmodern Era*. New York: Garland.

Smyth, J. 1989. "A Critical Pedagogy of Classroom Practice." *Journal of Curriculum Studies* 21 (6): 483–502.

Waller, R. 1932. *The Sociology of Teaching*. New York: Wiley.

Weiler, K. 1987. *Women Teaching for Change*: Gender, Class and Power. South Hadley, Mass.: Bergin & Garvey.

Welch, S. 1990. *A Feminist Ethic of Risk*. Minneapolis, Minn.: Fortress Press.

West, C. 1982. *Prophesy Deliverance: An African-American Revolutionary Christianity*. Philadelphia, Pa.: Westminster Press.

West, C. 1990. "The New Cultural Politics of Difference." *October*, 53 (3): 93–109.

West, C. 1993. *Prophetic Thought in Postmodern Times*. Monroe, Maine: Common Courage Press.

West, C. 1993. *Race Matters*. New York: Vintage Books.

West, C. 1997. *Restoring Hope*. Boston: Beacon Press.

Wexler, P. 1985. "Organizing the Unconscious: Toward a Social Psychology of Education." In L. Barton and S. Walker, eds., *Education and Social Change*. London: Biddles, pp. 218–228.

Wexler, P. 1987. *Social Analysis of Education: After the New Sociology*. New York: Routledge & Kegan Paul.

Whitty, G. 1985. *Sociology of School Knowledge*. London: Methuen.

Willis, P. 1977. *Learning to Labor*. Lexington, Mass.: D. C. Heath.

Willis, P. 1990. *Common Culture*. San Francisco: Westview Press.

Woods, P. 1986. *Inside Schools*. New York: Routledge & Kegan Paul.

Wright, E. 1983. *Class, Crisis and the State*. London: Thetford Press Limited.

Wuthnow, R. et al. 1984. *Cultural Analysis. The Work of Peter Berger, Mary Douglas, Michel Foucault and Jurgen Habermas*. Boston: Routledge & Kegan Paul.

Yeo, F. 1992. "The Inner-city School: A Conflict in Rhetoric." *Critical Pedagogy Networker*, 5 (3): 1–4.

Yeo, F. 1997. *Urban Education, Multiculturalism and Teacher Education.* New York: Garland.

Yeo, F. 1997. "Teacher Preparation and Inner-City Schools: Sustaining Educational Failure." *The Urban Review*, 29 (2): 127–143.

國家圖書館出版品預行編目資料

批判教育學導論／Barry Kanpol 著；張盈堃等譯.--初版.--
臺北市：心理，2004（民93）
面； 公分.--（一般教育；73）
參考書目：面
譯自：Critical pedagogy: an introduction, 2ⁿᵈ ed.
ISBN 957-702-693-1（平裝）

1.教育－哲學, 原理

520.1   93012475

一般教育 73　　批判教育學導論

作　　者：Barry Kanpol
審　　訂：宋文里
譯　　者：張盈堃、彭秉權、蔡宜剛、劉益誠
責任編輯：李靜宜
執行編輯：陳文玲
總 編 輯：林敬堯
發 行 人：邱維城
出 版 者：心理出版社股份有限公司
社　　址：台北市和平東路一段 180 號 7 樓
總　　機：(02) 23671490　傳　　真：(02) 23671457
郵　　撥：19293172　心理出版社股份有限公司
電子信箱：psychoco@ms15.hinet.net
網　　址：www.psy.com.tw
駐美代表：Lisa Wu　Tel：973 546-5845　Fax：973 546-7651
登 記 證：局版北市業字第 1372 號
電腦排版：臻圓打字印刷有限公司
印 刷 者：玖進印刷有限公司
初版一刷：2004 年 8 月

本書獲有原出版者全球繁體中文版出版發行獨家授權，請勿翻印
Copyright © 2004 by Psychological Publishing Co., Ltd.
定價：新台幣 400 元　■ 有著作權‧翻印必究 ■
ISBN 957-702-693-1

讀者意見回函卡

No. _____ 　　　　　　　　　填寫日期：　年　月　日

感謝您購買本公司出版品。為提升我們的服務品質，請惠填以下資料寄回本社【或傳真(02)2367-1457】提供我們出書、修訂及辦活動之參考。您將不定期收到本公司最新出版及活動訊息。謝謝您！

姓名：_____　　　性別：1□男　2□女

職業：1□教師 2□學生 3□上班族 4□家庭主婦 5□自由業 6□其他____

學歷：1□博士 2□碩士 3□大學 4□專科 5□高中 6□國中 7□國中以下

服務單位：_____　部門：_____　職稱：_____

服務地址：_____　電話：_____　傳真：_____

住家地址：_____　電話：_____　傳真：_____

電子郵件地址：_____

書名：_____

一、您認為本書的優點：（可複選）

　❶□內容 ❷□文筆 ❸□校對 ❹□編排 ❺□封面 ❻□其他____

二、您認為本書需再加強的地方：（可複選）

　❶□內容 ❷□文筆 ❸□校對 ❹□編排 ❺□封面 ❻□其他____

三、您購買本書的消息來源：（請單選）

　❶□本公司 ❷□逛書局⇒_____書局 ❸□老師或親友介紹

　❹□書展⇒____書展 ❺□心理心雜誌 ❻□書評 ❼其他_____

四、您希望我們舉辦何種活動：（可複選）

　❶□作者演講 ❷□研習會 ❸□研討會 ❹□書展 ❺□其他____

五、您購買本書的原因：（可複選）

　❶□對主題感興趣 ❷□上課教材⇒課程名稱_____

　❸□舉辦活動 ❹□其他_____　　（請翻頁繼續）

廣　告　回　信
台　北　郵　局　登　記　證
台 北 廣 字 第 940 號

（免貼郵票）

 心理出版社 股份有限公司

台北市 106 和平東路一段 180 號 7 樓

TEL: (02) 2367-1490
FAX: (02) 2367-1457
EMAIL:psychoco@ms15.hinet.net

沿線對折訂好後寄回

六、您希望我們多出版何種類型的書籍

　❶□心理　❷□輔導　❸□教育　❹□社工　❺□測驗　❻□其他

七、如果您是老師，是否有撰寫教科書的計劃：□有□無

　　書名／課程：＿＿＿＿＿＿＿＿＿＿＿＿＿＿＿＿＿＿＿＿＿＿

八、您教授／修習的課程：

上學期：＿＿＿＿＿＿＿＿＿＿＿＿＿＿＿＿＿＿＿＿＿＿＿＿＿

下學期：＿＿＿＿＿＿＿＿＿＿＿＿＿＿＿＿＿＿＿＿＿＿＿＿＿

進修班：＿＿＿＿＿＿＿＿＿＿＿＿＿＿＿＿＿＿＿＿＿＿＿＿＿

暑　假：＿＿＿＿＿＿＿＿＿＿＿＿＿＿＿＿＿＿＿＿＿＿＿＿＿

寒　假：＿＿＿＿＿＿＿＿＿＿＿＿＿＿＿＿＿＿＿＿＿＿＿＿＿

學分班：＿＿＿＿＿＿＿＿＿＿＿＿＿＿＿＿＿＿＿＿＿＿＿＿＿

九、您的其他意見

謝謝您的指教！　　　　　　　　　　　　　　　　　41073